미니모의고사로 만나는 수능연계 우수 문항집

수능 특강 Q 미니모의고사

14회분 수록

국어영역
국어 Hyper

1 흔들리지 않는 수능 실전력 완성

2 역대 수능 연계교재 고퀄리티 문항 수록

이 책의 **구성과 특징**

EBS 수능특강 Q 미니모의고사 **국어**

| 응시 날짜 20 년 월 일 |

01회 미니모의고사

EBS 수능특강 Q 미니모의고사 **국어**

○ 알고 맞힘 /8 △ 헷갈림 /8 ✕ 모르고 틀림 /8

[1~4] 다음 글을 읽고 물음에 답하시오.

(가) 1

절정(絶頂)에 가까울수록 뻐꾹채꽃 키가 점점 소모(消耗)된다. 한 마루 오르면 허리가 슬어지고 다시 한 마루 우에서 모가지가 없고 나종에는 얼굴만 갸웃 내다본다. **화문(花紋)처럼 판(版) 박힌다.** 바람이 차기가 함경도 끝과 맞서는 데서 뻐꾹채 키는 아주 없어지고도 팔월 한철엔 **흩어진 성신(星辰)처럼 난만(爛漫)하다.** 산 그림자 어둑어둑하면 그러지 않아도 뻐꾹채 꽃밭에서 별들이 켜든다. 제자리에서 별이 옮긴다. 나는 여기서 기진했다.

2

암고란(巖古蘭), 환약(丸藥)같이 어여쁜 열매로 목을 축이고 살아 일어섰다.

3

백화(白樺) 옆에서 백화가 촉루(髑髏)*가 되기까지 산다. 내가 죽어 백화처럼 흴 것이 숭없지* 않다.

4

귀신도 쓸쓸하여 살지 않는 한 모롱이, 도체비꽃이 낮에도 혼자 무서워 파랗게 질린다.

5

바야흐로 해발 육천 척 위에서 마소가 사람을 대수롭게 아니 여기고 산다. 말이 말끼리, 소가 소끼리 망아지가 어미 소를, 송아지가 어미 말을, 따르다가 이내 헤어진다.

6

첫 새끼를 낳느라고 암소가 몹시 혼이 났다. 얼결에 산길 백 리를 돌아 서귀포로 달아났다. 물도 마르기 전에 **어미를 여윈 송아지**는 움매애 움매애 울었다. 말을 보고도 등산객을 보고도 **마구 매어 달렸다. 우리 새끼들도 모색(毛色)이 다른 어미한테 맡길 것을** 나는 울었다.

7

풍란(風蘭)이 풍기는 향기, 꾀꼬리 서로 부르는 소리, ㉠제주 휘파람새 휘파람 부는 소리, 돌에 물이 따로 구르는 소리, 먼 데서 바다가 구길 때 **솨아 솨아 솔 소리,** 물푸레 동백 떡갈나무 속에서 나는 길을 잘못 들었다가 다시 칡넌출 기여간 **흰 돌바기*** **고부랑길**로 나섰다. 문득 마주친 아롱점말이 피하지 않는다.

8

고비고사리 더덕순 도라지꽃 취 삿갓나물 대풀 석용(石茸) 별과 같은 방울을 달은 고산 식물을 새기며 취(醉)하며 자며 한다. 백록담 조찰한 물을 그리어 산맥 우에서 짓는 행렬이 구름보다 장엄하다. 소나기 놋낫* 맞으며 무지개에 말리우며 궁둥이에 꽃물 이겨 붙인 채로 살이 붓는다.

9

가재도 긔지 않는 백록담 **푸른 물**에 하늘이 돈다. 불구(不具)에 가깝도록 고단한 나의 다리를 돌아 소가 갔다. 쫓겨 온 **실구름 일말(一抹)에도** 백록담은 **흐리운다.** 나의 얼굴에 한나절 포긴 백록담은 쓸쓸하다. **나는 깨다 졸다 기도(祈禱)조차 잊었**더니라.

– 정지용, 「백록담」

* **촉루**: 해골.
* **숭없지**: 말이나 행동 따위가 불쾌할 정도로 흉하지.
* **흰 돌바기**: 흰 돌 박힌.
* **놋낫**: 빗발이 굵고 곧게 뻗치며 내리쏟아지는 모양.

(나) 산이 날더러는
흙이나 파먹으라 한다
날더러는 삽이나 들라 하고
쑥굴헝에 박혀
쑥이 되라 한다
늘퍼진 날 산은
㉡쑥국새 울고
저만치 홀로 서서 날더러는
쑥국새마냥 울라 하고
흙 파먹다 죽은 아비
굶주림에 지쳐
쑥굴헝에 나자빠진
에미처럼 울라 한다
산이 날더러
흙이나 파먹다 죽으라 한다

– 정희성, 「저 산이

- 한국교육과정평가원이 감수한 과년도 EBS 수능 연계교재의 우수 문항을 선제하여 미니모의고사 형태로 구성하였습니다.
- 목표 시간 내에 문제를 푸는 연습을 통해 실전에 대비할 수 있습니다.

정답과 해설

EBS 수능특강 Q 미니모의고사 **국어**

01회 미니모의고사

본문 4~8쪽

1 ⑤	2 ④	3 ⑤	4 ⑤
5 ②	6 ①	7 ④	8 ⑤

[1~4] 현대시

(가) 정지용, 「백록담」

해제 | 이 작품은 한라산의 풍경과 그에 따른 화자의 정서를 형상화한 시이다. 화자가 한라산의 정상에 이르는 과정과 정상에서의 상황이 잘 드러나 있다. 화자는 한라산에서 어미를 여윈 송아지를 보면서 일제 강점기에 정체성을 잃은 우리 민족의 모습을 연상하고 있으며, 백록담의 맑고 순수한 모습에서 몰아의 경지를 느끼고 있다.

주제 | 한라산의 아름다운 경치와 백록담에서 느끼는 신비로움

구성 |
- 1연: 절정에 가까이 와서 기진함.
- 2연: 휴식을 취함.
- 3연: 자작나무를 봄.
- 4연: 도체비꽃을 봄.
- 5연: 해발 육천 척 위에서 마소를 만남.
- 6연: 어미를 여윈 송아지를 보고 슬픔을 느낌.
- 7연: 한라산을 오르다가 아롱점말을 마주침.
- 8연: 동물들이 여러 식물을 취하며 살아감.
- 9연: 백록담을 보며 몰아의 경지를 느낌.

(나) 정희성, 「저 산이 날더러 – 목월 시 운을 빌려」

해제 | 이 작품은 박목월의 「산이 날 에워싸고」의 시상 전개 방식과 유사한 전개 방식을 통해 힘들게 살아가는 화자의 모습을 형상화한 시이다. 박목월의 「산이 날 에워싸고」는 화자의 소망을 '산'이 화자에게 명령하는 것처럼 표현함으로써 화자의 소망을 강조하고 있지만, 이 작품은 '산'이 화자에게 명령하는 것처럼 표현하는 형식을 통해 화자가 처한 힘들고 비참한 삶의 현실을 강조하여 드러내고 있다.

주제 | 화자가 처한 힘든 삶의 현실

구성 |
- 1, 2행: 산이 흙이나 파먹으라고 함.
- 3~5행: 산이 쑥이 되라고 함.
- 6~9행: 산이 쑥국새마냥 울라고 함.
- 10~13행: 산이 아비, 에미처럼 울라고 함.
- 14, 15행: 산이 흙이나 파먹다 죽으라고 함.

1 표현상의 특징 파악 답 ⑤

정답이 정답인 이유

⑤ (가)는 연마다 시행을 나누지 않는 산문 형식으로 시상을 전개하고 있고, (나)는 '산이 ~라 한다'라는 형태의 첫 구절을 끝에서 반복하는 수미상관의 구조로 시상을 전개하고 있다.

오답이 오답인 이유

① (가)에서 설의법을 통해 화자의 태도를 강조하거나, (나)에서 영탄법을 통해 화자의 태도를 강조하는 부분은 나타나지 않는다.
② (가)에서 유년 시절을 떠올리며 주제 의식을 부각하거나, (나)에서 미래를 예측하며 주제 의식을 부각하는 부분은 나타나지 않는다.
③ (가)에서 하강적 이미지로 계절의 변화 과정을 그리거나, (나)에서 상승적 이미지로 계절의 변화 과정을 그리는 부분은 나타나지 않는다.
④ (가)에서 동일한 시행의 반복으로 리듬감을 주거나, (나)에서 음성 상징어를 활용하여 리듬감을 주는 부분은 나타나지 않는다.

2 시어, 시구의 의미와 기능 파악 답 ④

정답이 정답인 이유

④ '제주 휘파람새'는 한라산을 등반하고 있는 화자에게 '휘파람 부는 소리'를 들려줌으로써 화자를 둘러싼 주변의 분위기를 돋우는 역할을 한다고 볼 수 있다. '쑥국새'는 '흙 파먹다 죽은 아비 / 굶주림에 지쳐 / 쑥굴헝에 나자빠진 / 에미'와 관련된 화자의 정서를 심화한다.

오답이 오답인 이유

① '쑥국새'는 '울고' 있으므로 화자의 흥취를 북돋우는 역할을 한다고 보는 것은 적절하지 않다.
② '제주 휘파람새'나 '쑥국새'를 부정적 현실을 극복하려는 화자의 의지가 투영된 존재로 볼 만한 시적 상황은 나타나지 않는다.
③ '제주 휘파람새'는 '휘파람 부는 소리'를 낸다는 점에서 긴박한 분위기를 조성한다고 볼 수 없고, '쑥국새'는 '울고' 있는 상황에서 '에미처럼 울라'고 하는 상황으로 이어지고 있으므로 고조되었던 분위기를 이완한다고 볼 수 없다.
⑤ '제주 휘파람새'가 자연의 섭리를 부각한다고 볼 만한 시적 상황은 나타나지 않는다. '쑥국새'는 '울고' 있으므로 이상향에 대한 동경을 드러낸다고 볼 수 없다.

3 외적 준거에 따른 작품 감상 답 ⑤

정답이 정답인 이유

⑤ '나의 얼굴에 한나절 포긴 백록담은 쓸쓸하다.'에 드러나는 화자의 정서를 감안할 때, '나는 깨다 졸다 기도조차 잊었더니라.'는 백록담의 숭고함과 고독함 등으로 인해 유발된 정서라고 볼 수 있다. 화자가 한라산 정상에서 바라본 세상을 혼탁하다고 느끼고 이에 대한 안타까움을 드러낸 것으로 감상할 만한 근거는 나타나지 않는다.

오답이 오답인 이유

① <보기>의 비유적 표현을 활용하여 한라산 등반 과정을 묘사하고 있다는 내용과 연관 지어, '화문처럼 판 박힌다.', '흩어진 성신처럼 난만하다.' 등을 한라산 등반 과정에서 화자가 바라본 뻐꾹채꽃의 모습을 비유적으로 표현한 것으로 감상한 것이므로 적절하다.

학습자 스스로 문제의 핵심을 파악할 수 있도록 명확한 해설을 제공합니다.
잘 풀리지 않는 문제는 해설을 통해 확실히 이해할 수 있습니다.

기획 및 개발

EBS 교재 개발팀

본 교재의 강의는 **TV**와 모바일 APP, **EBS***i* 사이트(www.ebsi.co.kr)에서 무료로 제공됩니다.

발행일 2024. 10. 1. **1쇄 인쇄일** 2024. 9. 24. **신고번호** 제2017-000193호 **펴낸곳** 한국교육방송공사 경기도 고양시 일산동구 한류월드로 281
표지디자인 디자인싹 **편집** 글사랑 **인쇄** 동아출판㈜
인쇄 과정 중 잘못된 교재는 구입하신 곳에서 교환하여 드립니다. 신규 사업 및 교재 광고 문의 pub@ebs.co.kr

정답과 해설은 EBS*i* 사이트(www.ebsi.co.kr)에서 내려받으실 수 있습니다.

**교재
내용
문의** 교재 및 강의 내용 문의는 EBS*i* 사이트
(www.ebsi.co.kr)의 학습 Q&A 서비스를
활용하시기 바랍니다.

**교재
정오표
공지** 발행 이후 발견된 정오 사항을 EBS*i* 사이트
정오표 코너에서 알려 드립니다.
교재 ▶ 교재 자료실 ▶ 교재 정오표

**교재
정정
신청** 공지된 정오 내용 외에 발견된 정오 사항이
있다면 EBS*i* 사이트를 통해 알려 주세요.
교재 ▶ 교재 정정 신청

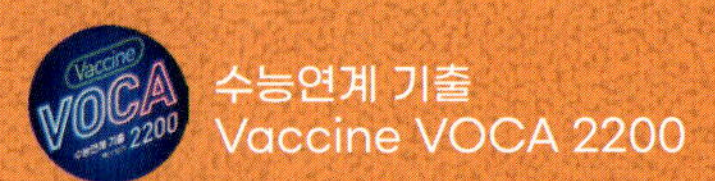

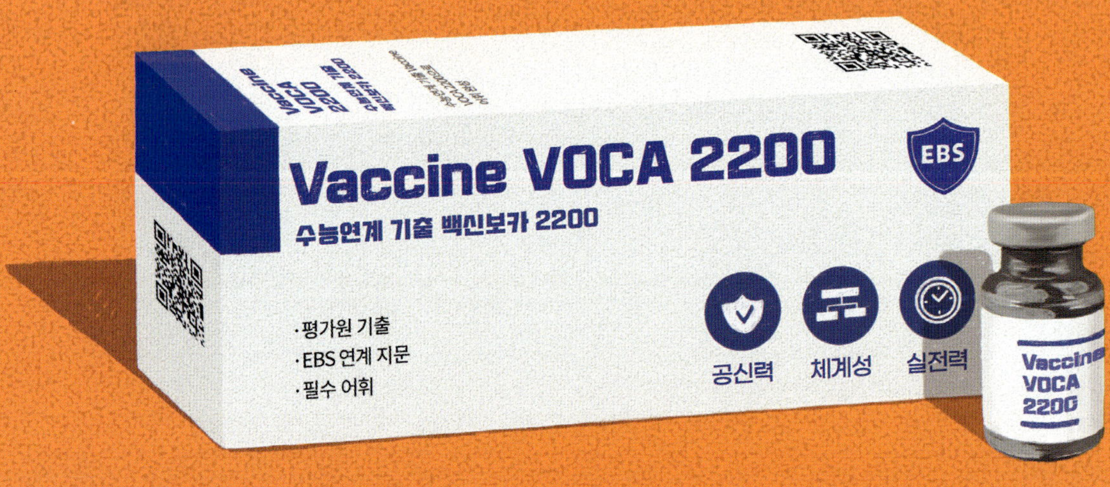

○ 수능 영단어장의 끝판왕!
10개년 수능 빈출 어휘 + 7개년 연계교재 핵심 어휘

○ 수능 적중 어휘 자동암기 3종 세트 제공
휴대용 포켓 단어장 / 표제어 & 예문 MP3 파일 / 수능형 어휘 문항 실전 테스트

휴대용 **포켓 단어장** 제공

이 책의 **차례**

※ 미니모의고사 학습 계획을 세우고 매일 실천해 보세요!
※ 풀이 시간과 틀린 문항을 정리해 복습에 활용하세요!

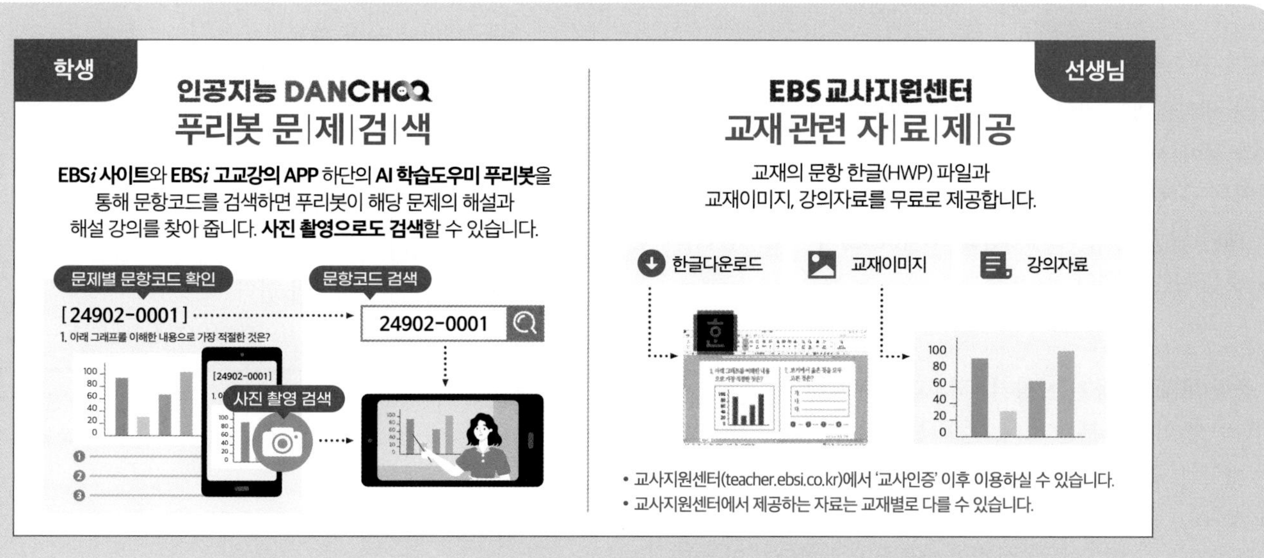

01회 미니모의고사

○ 알고 맞힘 ____ /8   △ 헷갈림 ____ /8   ✕ 모르고 틀림 ____ /8

[1~4] 다음 글을 읽고 물음에 답하시오.

㉮ 1

　절정(絕頂)에 가까울수록 뻐꾹채꽃 키가 점점 소모(消耗)된다. 한 마루 오르면 허리가 슬어지고 다시 한 마루 우에서 모가지가 없고 나종에는 얼굴만 갸웃 내다본다. **화문(花紋)처럼 판(版) 박힌다.** 바람이 차기가 함경도 끝과 맞서는 데서 뻐꾹채 키는 아주 없어지고도 팔월 한철엔 **흩어진 성신(星辰)처럼 난만(爛漫)하다.** 산 그림자 어둑어둑하면 그러지 않아도 뻐꾹채 꽃밭에서 별들이 켜든다. 제자리에서 별이 옮긴다. 나는 여기서 기진했다.

2

　암고란(巖古蘭), 환약(丸藥)같이 어여쁜 열매로 목을 축이고 살아 일어섰다.

3

　백화(白樺) 옆에서 백화가 촉루(髑髏)*가 되기까지 산다. 내가 죽어 백화처럼 흴 것이 숭없지* 않다.

4

　귀신도 쓸쓸하여 살지 않는 한 모롱이, 도체비꽃이 낮에도 혼자 무서워 파랗게 질린다.

5

　바야흐로 해발 육천 척 위에서 마소가 사람을 대수롭게 아니 여기고 산다. 말이 말끼리, 소가 소끼리 망아지가 어미 소를, 송아지가 어미 말을, 따르다가 이내 헤어진다.

6

　첫 새끼를 낳느라고 암소가 몹시 혼이 났다. 얼결에 산길 백 리를 돌아 서귀포로 달아났다. 물도 마르기 전에 **어미를 여읜 송아지는** 움매애 움매애 울었다. 말을 보고도 등산객을 보고도 마구 매어 달렸다. 우리 새끼들도 모색(毛色)이 다른 어미한테 맡길 것을 나는 울었다.

7

　풍란(風蘭)이 풍기는 향기, 꾀꼬리 서로 부르는 소리, ㉠제주 휘파람새 휘파람 부는 소리, 돌에 물이 따로 구르는 소리, 먼 데서 바다가 구길 때 **쏴아 쏴아 솔 소리,** 물푸레 동백 떡갈나무 속에서 나는 길을 잘못 들었다가 다시 칡넌출 긔여간 **흰 돌바기*** **고부랑길**로 나섰다. 문득 마주친 아롱점말이 피하지 않는다.

8

　고비고사리 더덕순 도라지꽃 취 삿갓나물 대풀 석용(石茸) 별과 같은 방울을 달은 고산 식물을 새기며 취(醉)하며 자며 한다. 백록담 조찰한 물을 그리어 산맥 우에서 짓는 행렬이 구름보다 장엄하다. 소나기 놋낫* 맞으며 무지개에 말리우며 궁둥이에 꽃물 이겨 붙인 채로 살이 붓는다.

9

　가재도 긔지 않는 백록담 푸른 물에 하늘이 돈다. 불구(不具)에 가깝도록 고단한 나의 다리를 돌아 소가 갔다. 쫓겨 온 **실구름 일말(一抹)에도 백록담은 흐리운다.** 나의 얼굴에 한나절 포긴 백록담은 쓸쓸하다. **나는 깨다 졸다 기도(祈禱)조차 잊었더니라.**

－ 정지용, 「백록담」

＊**촉루**: 해골.
＊**숭없지**: 말이나 행동 따위가 불쾌할 정도로 흉하지.
＊**흰 돌바기**: 흰 돌 박힌.
＊**놋낫**: 빗발이 굵고 곧게 뻗치며 내리쏟아지는 모양.

㉯ 산이 날더러는
　흙이나 파먹으라 한다
　날더러는 삽이나 들라 하고
　쑥굴헝에 박혀
　쑥이 되라 한다
　늘퍼진 날 산은
　㉡쑥국새 울고
　저만치 홀로 서서 날더러는
　쑥국새마냥 울라 하고
　흙 파먹다 죽은 아비
　굶주림에 지쳐
　쑥굴헝에 나자빠진
　에미처럼 울라 한다
　산이 날더러
　흙이나 파먹다 죽으라 한다

－ 정희성, 「저 산이 날더러 － 목월 시 운을 빌려」

[24902-0001] ○ △ ×

1 (가)와 (나)에 대한 설명으로 가장 적절한 것은?

① (가)는 설의법을 통해, (나)는 영탄법을 통해 화자의 태도를 강조하고 있다.
② (가)는 유년 시절을 떠올리며, (나)는 미래를 예측하며 주제 의식을 부각하고 있다.
③ (가)는 하강적 이미지로, (나)는 상승적 이미지로 계절의 변화 과정을 그리고 있다.
④ (가)는 동일한 시행의 반복으로, (나)는 음성 상징어를 활용하여 리듬감을 주고 있다.
⑤ (가)는 시행을 나누지 않는 산문 형식으로, (나)는 수미상관의 구조로 시상을 전개하고 있다.

[24902-0002] ○ △ ×

2 ㉠과 ㉡에 대한 이해로 가장 적절한 것은?

① ㉠과 ㉡은 모두 화자의 흥취를 북돋우는 역할을 한다.
② ㉠과 ㉡은 모두 부정적 현실을 극복하려는 화자의 의지가 투영된 존재이다.
③ ㉠은 긴박한 분위기를 조성하고, ㉡은 고조되었던 분위기를 이완한다.
④ ㉠은 화자가 처한 상황의 분위기를 돋우고, ㉡은 화자가 느끼는 정서를 심화한다.
⑤ ㉠은 자연의 섭리를 부각하는 존재이고, ㉡은 이상향에 대한 동경을 드러내는 존재이다.

[24902-0003] ○ △ ×

3 〈보기〉를 바탕으로 (가)를 감상한 내용으로 적절하지 <u>않은</u> 것은?

〈 보기 〉

「백록담」에는 작가가 한라산의 정상인 백록담에 다녀왔던 경험이 드러나 있다. 비유적 표현과 다양한 감각적 이미지를 활용하여 등반 과정이나 한라산의 자연물을 생생하게 묘사하고 있으며, 일제 강점기의 암울하고 고통스러운 시대 상황을 간접적으로 나타내고 있다. 화자는 한라산의 정상인 백록담의 맑고 깨끗한 정경을 묘사한 후, 정상에서 느끼는 정서를 드러내면서 시상을 마무리하고 있다.

① '화문처럼 판 박힌다.', '흩어진 성신처럼 난만하다.' 등은 한라산 등반 과정에서 화자가 바라본 뻐꾹채꽃의 모습을 비유적으로 표현한 것이군.
② '풍란이 풍기는 향기', '쏴아 쏴아 솔 소리', '흰 돌바기 고부랑길' 등은 다양한 감각적 이미지를 활용하여 한라산의 자연물을 생생하게 묘사한 것이군.
③ '어미를 여읜 송아지'가 '마구 매어 달리는' 모습을 보고 '우리 새끼들도 모색이 다른 어미한테 맡길 것을' 떠올리는 것은 암울하고 고통스러운 시대 상황을 간접적으로 나타낸 것이군.
④ '가재도 긔지 않는' '푸른 물'이 '실구름 일말에도' '흐리운다'는 것은 백록담이 작은 구름에도 흐려질 정도로 맑고 깨끗한 곳임을 강조한 것이군.
⑤ '나는 깨다 졸다 기도조차 잊었다'는 것은 한라산 정상에서 바라본 혼탁한 세상의 모습에 대한 화자의 안타까움을 드러낸 것이군.

[24902-0004] ○ △ ×

4 (나)와 〈보기〉를 비교하여 감상한 내용으로 적절하지 <u>않은</u> 것은?

〈 보기 〉

하늘은 날더러 구름이 되라 하고
땅은 날더러 바람이 되라 하네
청룡 흑룡 흩어져 비 개인 나루
잡초나 일깨우는 잔바람이 되라네
뱃길이라 서울 사흘 목계 나루에
아흐레 나흘 찾아 박가분 파는
가을볕도 서러운 방물장수 되라네
산은 날더러 들꽃이 되라 하고
강은 날더러 잔돌이 되라 하네
산 서리 맵차거든 풀 속에 얼굴 묻고
물여울 모질거든 바위 뒤에 붙으라네
민물 새우 끓어 넘는 토방 툇마루
석삼년에 한 이레쯤 천치로 변해
짐 부리고 앉아 쉬는 떠돌이가 되라네
하늘은 날더러 바람이 되라 하고
산은 날더러 잔돌이 되라 하네

– 신경림, 「목계 장터」

① (나)는 〈보기〉와 달리 물질적 궁핍으로 인해 고통스럽게 살아가는 가족의 비참하고 치열한 현실을 드러내고 있군.

② 〈보기〉는 (나)와 달리 정착하지 못하고 떠돌이의 삶을 살아갈 수밖에 없는 고달픈 삶에 대한 애환을 드러내고 있군.

③ (나)와 〈보기〉는 모두 특정한 조사나 어미의 반복 및 시행이나 시구의 대구를 통해 시적 리듬감을 드러내고 있군.

④ (나)와 〈보기〉는 모두 누군가가 화자에게 하는 말을 전달하는 형식의 말투를 활용하여 화자의 처지나 상황을 드러내고 있군.

⑤ (나)와 〈보기〉는 모두 인간의 삶을 자연적 소재에 빗대어 소재의 속성과 유사한 삶을 살아가길 바라는 화자의 의도를 드러내고 있군.

[5~8] 다음 글을 읽고 물음에 답하시오.

유학은 중국의 오랜 전통인 예(禮)라는 규범 안에 인(仁)을 배치하면서 탄생했다. 공자는 사람의 올바른 행동은 강제된 행동이 아니라, '인'이라는 도덕적 진정성으로부터 저절로 드러난 것이라고 보았다. 이렇게 올바른 행동을 유발하는 마음을 탐구하는 과정에서 유학은 인간의 행동을 일으키는 정감(情感)에 주목했다. 『예기』에서 언급한 기쁨, 노여움, 슬픔, 두려움, 사랑, 미움, 욕심의 일반 정감을 가리키는 칠정(七情)은 인간이라면 누구나 가지는 정감을 일곱 가지로 정리한 것이다. 여기에서 나아가 맹자는 선천적인 일반 정감에서 사람이 지닌 선함의 가능성을 발견했다. 그는 다른 이가 느끼는 아픔과 고통을 자기 것인 양 느낄 수 있는 불인인지심(不忍人之心), 즉 차마 어찌할 수 없는 마음을 인간이라면 누구나 지니고 있다고 지적했다. 이를 구체화한 것이 사단(四端)*인데, 인간에게는 선하게 될 가능성이 선천적으로 주어져 있다는 것이다.

주자는 형이상학적 이론화를 통해 맹자가 제시한 사단을 객관화하고자 했다. 선한 정감을 사람만의 특징으로 규정했던 맹자의 입장을 벗어나, 우주 전체의 보편적 이치로부터 객관적인 설명을 시도했던 것이다. 주자는 세계가 음(陰)과 양(陽)의 변화로 이루어진다는 음양론을 바탕으로 모든 것은 음에서 양으로, 양에서 음으로 계속해서 변하지만 '변한다는 그 자체'는 변하지 않는 것에 주목했다. 스스로는 변하지 않으면서 만물을 변하게 하는 이치를 리(理)로, 변화하는 물질적 속성을 기(氣)로 규정하고, '리'와 '기'가 합쳐져 삼라만상이 생성되고 변화하는 것이라 생각했다. 따라서 '리'는 '기'를 통해 드러날 뿐이며, '기'는 '리' 없이 홀로 존재할 수 없다고 보았다. 이에 따라 사람의 마음 역시 사람이 사람일 수 있게 하는 '리', 즉 사람의 본성인 성(性)과 그것을 마음의 활동으로 드러나게 하는 '기'가 합하여 정(情)이라는 개념으로 정립된다고 설명했다. 그리고 주자는 맹자의 성선론(性善論)에 근거하여 우주의 보편적 질서인 '리'가 사람에게 '인'과 의(義)와 같은 선한 본성으로 주어졌다고 보았다. 따라서 사단은 사람이 하늘로부터 부여받은 선한 본성을 구체적으로 실현시킨 정감이 된다.

하지만 선한 정감인 사단과 일반 정감인 칠정의 관계는 주자에 의해 구체적으로 규명되지 않았다. 이에 대해 ㉠이황은 사단은 '리'가 발현한 것으로, 칠정은 '기'가 발현한 것으로 정리했다. '성'은 선하기 때문에 사단의 근거가 되지만, 칠정 속에는 선한 정감뿐 아니라 사욕도 있기 때문에 사람의 비도덕적 행위는 칠정에서 비롯한다고 본 것이다. 이황은 이러한 이유에서 사단과 칠정을 분리해서 이해하고, 사단을 '리'에, 칠정을 '기'에 대응시킨다. 사단과 칠정을 분리하여 악한 정감을 제어할 수 있는 영역을 분명히 해야 한다고 여겼기 때문이다. 이에 대해 ㉡기대승은 사단도 정감이기 때문에 '기'의 영역과 무관한 것이 아니며, 사단이나 칠정 모두 '리'와 별개로 존재할 수 없다고 비판했다. 사단과 칠정 모두 정감인 이상 '리'와 '기'의 결합으로 이해해야 한다는 것이다.

이황과 기대승의 입장 차이는 수양의 방법에 대해서도 서로 다른 견해로 나타났다. 이황은 기대승의 비판에 대해 사단이 '기'와 관련된다는 것을 인정하면서도 '리'인 '성'과의 관련성을 검증하는 데 치중했다. 도덕 수양을 위해 집중해야 할 공부의 대상을 '성'에서 사단으로 이어지는 곳에 설정함으로써, 칠정은 자연스럽게 제어와 통제의 대상으로 규정되었다. 즉 사단을 악함의 가능성을 지닌 칠정과 대립되는 개념으로 보았기 때문에, '리'가 '기'를 선택적으로 제어하고 조절하는 능동성을 지닐 수 있다고 본 것이다. 이에 따라 이황은 '성'이 그대로 사단으로 발현될 수 있도록 '성'의 상태를 유지시키는 경(敬)의 자세를 중시했다. '리'가 그대로 정감으로 발현될 수 있도록 사적인 욕망이 끼어들지 못하게 마음을 경건하게 하는 공부를 해야 한다는 것이다.

하지만 기대승은 원론적인 주자학의 입장에서 능동적 속성은 '기'의 영역이라는 전제 아래, 만약 '리'에서 나오는 정감과 '기'에서 나오는 정감을 별개로 본다면 마음속에 두 종류의 정감이 존재한다는 점을 비판했다. 사단이 선함이고, 칠정이 선함과 악함을 모두 가졌다면 마음속에 근원이 다른 두 개의 선함이 존재하는 모순이 생긴다는 것이다. 기대승은 마음은 '리'와 '기'의 결합이라는 주자학의 원칙을 바탕으로 정감은 모두 '성'에서 나온 것이라고 보았다. 따라서 '성'은 칠정으로 발현되는데 문제는 칠정이 구체적인 상황에서 사단이 되지 못하는 것이므로, 칠정 그 자체를 제어하여 사단이 되도록 생각을 정성스럽게 하는 성의(誠意)를 강조했다. 또한 마음 그 자체에 집중하는 수양보다는 경전 공부를 통해 성현들의 행동을 익혀 따르는 것이 중요하다고 보았다.

※ **사단**: 다른 사람을 측은히 여기는 측은지심(惻隱之心), 자신의 잘못을 부끄러워하고 다른 사람의 잘못을 미워하는 수오지심(羞惡之心), 다른 사람의 호의에 대해 사양하는 사양지심(辭讓之心), 옳고 그름에 대해 스스로 아는 시비지심(是非之心)의 네 가지 선한 정감.

[24902-0005] ○ △ ✕

5 윗글의 논지 전개 방식에 대한 설명으로 가장 적절한 것은?

① 중국에서 시작된 유학의 학문적 흐름이 조선의 지역적인 특수성이 반영되어 변모한 양상을 설명하고 있다.

② 유학의 이론화 과정에서 도출된 개념들을 제시하고 이들 간의 관계에 대한 사상가들의 견해 차이를 설명하고 있다.

③ 유학 내에서의 서로 다른 이론적 경향이 학자들 간의 논쟁을 거쳐 하나의 일관된 흐름으로 절충된 과정을 설명하고 있다.

④ 유학의 발전 과정을 학자들의 견해를 중심으로 소개하고 하나의 학문이 서로 다른 사상적 갈래로 나뉘게 된 학문 자체의 내재적 모순을 설명하고 있다.

⑤ 유학이 지닌 이론적 한계를 극복하게 된 계기를 역사적 사건을 통해 조명하고 중국의 사상적 흐름이 조선 성리학으로 이어지게 된 원인을 분석하고 있다.

[24902-0006] ○ △ ✕

6 윗글을 이해한 내용으로 적절하지 <u>않은</u> 것은?

① 『예기』에서는 인간이라면 누구나 가진 정감에 근거하여 인간의 본성은 선하다고 보았다.

② 맹자는 타인의 정감을 자신의 정감으로 느낄 수 있는 마음을 바탕으로 사단을 구체화하였다.

③ 주자는 음양 변화의 이치를 '리'로, 변화하는 물질적 속성을 '기'로 정의하고 우주의 모든 것은 '리'와 '기'의 결합으로 이루어진다고 보았다.

④ 이황은 사단을 인간의 본성이 그 자체로 발현한 것으로 파악하여 본성이 순수하게 유지되는 것이 중요하다고 보았다.

⑤ 기대승은 칠정을 인간의 선한 본성이 발현된 것일 뿐 아니라 구체적인 상황에서 사단이 될 수 있는 것이라고 보았다.

01회 미니모의고사

[24902-0007] ○ △ ✕

7 윗글을 참고하여 〈보기〉의 상황을 이해한 내용으로 적절하지 <u>않은</u> 것은?

〈 보기 〉

　제3차 세계 대전 이후의 가상 세계를 배경으로 한 영화 「이 퀼리브리엄」에서, '리브리아'의 통치자들은 전쟁의 원인이 사람이라면 타고나는 슬픔이나 우울함, 분노 등과 같은 감정에 있다고 생각했다. 이 때문에 이들은 리브리아를 전쟁과 폭력이 없는 이상 사회로 건설하기 위해 사람들의 감정을 제거했다. 또한 감정을 유발하는 행위를 중범죄로 다스리고, 예술 작품을 감정을 유발하는 것으로 취급하여 없애 버렸다. 이러한 과정에서 리브리아의 통치자들은 사랑이나 즐거움과 같은 감정도 포기할 수밖에 없었다.

① 리브리아의 통치자들이 전쟁의 원인을 감정에서 찾은 것은, 사람의 행동이 정감에 따른 것이라고 보는 유학의 관점과 유사한 부분이 있군.

② 리브리아의 통치자들이 감정을 사람이라면 타고나는 것이라고 본 것은, 칠정이 선천적인 것이라고 본 『예기』의 내용과 유사한 부분이 있군.

③ 리브리아의 통치자들이 슬픔이나 우울함, 분노 등의 감정을 부정적으로 본 것은, 칠정 중 악한 감정을 경계한 이황의 관점과 유사한 부분이 있군.

④ 리브리아의 통치자들이 감정을 유발하는 행위를 중범죄로 다스린 것은, 칠정 그 자체를 제어해야 한다고 본 기대승의 관점과 유사한 부분이 있군.

⑤ 리브리아의 통치자들이 전쟁과 폭력이 없는 이상 사회를 건설하기 위해 사람들의 감정을 제거한 것은, 도덕적인 행동은 정감에 의해 유발된다는 맹자의 관점과 배치되는군.

[24902-0008] ○ △ ✕

8 ㉠, ㉡의 입장에서 〈보기〉의 (가), (나)에 대해 보일 반응을 추론한 내용으로 적절하지 <u>않은</u> 것은?

〈 보기 〉

(가) 다른 사람을 측은하게 여기는 마음이나 자신의 잘못에 대해 부끄러워하는 마음과 같은 사단(四端) 또한 정감이기 때문에 각 상황에 딱 맞는 경우도 있지만 딱 맞지 않은 경우도 있다. 다른 사람을 측은하게 여기는 것이 옳지 않은 상황임에도 불구하고 그를 측은하게 여기거나, 자신의 잘못에 대해 부끄러워하는 것이 옳지 않은 상황임에도 불구하고 부끄러워하는 것이 바로 그 상황에 맞지 않게 정감이 드러나는 경우이다.

(나) 사단(四端)은 리(理)가 정감으로 드러난 것이고, 칠정(七情)은 기(氣)가 정감으로 드러난 것이다. 그런데 기쁨[喜]·노여움[怒]·사랑[愛]·미움[惡]·욕심[欲]을 보면 오히려 인(仁)이나 의(義)와 비슷한 측면이 있다.

① ㉠: (가)에서 사단 또한 정감이라고 한 것은 인정할 수 있지만, '리'의 발현인 사단이 옳지 않을 수 있다고 본 것은 타당하지 않다.

② ㉡: (가)에서 사단이 상황에 맞지 않게 드러날 수 있다고 한 것은 사단이 '기'와 무관하지 않기 때문이며, 이때의 정감은 구체적인 상황에서 사단이 되지 못하고 칠정에 머무른 것이다.

③ ㉠: (나)에서 사단은 '리'가, 칠정은 '기'가 정감으로 드러난 것이라고 한 것은 사단과 칠정의 근거가 서로 다르기 때문이다.

④ ㉡: (나)에서 기쁨·노여움·사랑 등의 정감이 '성'에 해당하는 '인'이나 '의'와 비슷한 측면이 있다고 한 것은 정감이 '리'와 '기'의 결합으로 나타나는 것에 주목한 것이다.

⑤ ㉡: (나)에서 기쁨·사랑뿐 아니라 노여움·미움·욕심까지 '인'이나 '의'와 비슷한 측면이 있다고 본 것은 마음속에 근원이 다른 두 개의 선함이 존재하는 모순을 인정한 것이라는 점에서 타당하지 않다.

02 회 미니모의고사

EBS 수능특강 **Q** 미니모의고사 **국어**

◯ 알고 맞힘 　　/8　△ 헷갈림 　　/8　✕ 모르고 틀림 　　/8

[1~4] 다음 글을 읽고 물음에 답하시오.

가 우리는 **썩어 가는 참나무 떼,**
벌목의 슬픔으로 서 있는 ㉠**이 땅**
패역*의 골짜기에서
서로에게 기댄 채 ㉡겨울을 난다
함께 썩어 갈수록
바람은 더 높은 곳에서 우리를 흔들고
이윽고 ㉢잠자던 홀씨들 일어나
우리 몸에 뚫렸던 **상처마다 버섯이 피어난다**
㉣황홀한 음지의 꽃이여
우리는 서서히 썩어 가지만
너는 소나기처럼 후드득 피어나
그 고통을 순간에 멈추게 하는구나
오, 버섯이여
산비탈에 구르는 낙엽으로도
골짜기를 떠도는 바람으로도
덮을 길 없는 우리의 몸을
㉤뿌리 없는 너의 독기로 채우는구나

— 나희덕, 「음지의 꽃」

＊**패역**: 마땅히 해야 할 도리에 어긋남.

나 겨울 바다에 가 보았지
미지(未知)의 새　　　　[A]
보고 싶던 새들은 죽고 없었네

그대 생각을 했건만도
매운 해풍에　　　　[B]
그 **진실**마저 눈물겨 얼어 버리고

허무의
불
물이랑 위에 불붙어 있었네

나를 가르치는 건
언제나
시간……　　　　[C]
끄덕이며 끄덕이며 겨울 바다에 섰었네

남은 날은
적지만

기도를 끝낸 다음
더욱 뜨거운 기도의 문이 열리는　　　　[D]
그런 영혼을 갖게 하소서

남은 날은
적지만

겨울 바다에 가 보았지
인고(忍苦)의 물이　　　　[E]
수심(水深) 속에 **기둥**을 이루고 있었네

— 김남조, 「겨울 바다」

[24902-0009]　◯ △ ✕

1 (가)와 (나)에 대한 설명으로 가장 적절한 것은?

① (가)는 영탄적 표현을 통해 대상에 대한 예찬을 드러내고 있다.
② (나)는 계절 순환에 따른 대상의 변화 양상을 제시하고 있다.
③ (가)는 (나)와 달리 과거형 진술을 사용해 화자의 회상과 연관된 정서를 강조하고 있다.
④ (나)는 (가)와 달리 시행을 명사로 종결하여 여운을 조성하고 있다.
⑤ (가)와 (나)는 모두 밝음과 어둠을 대비하여 주제 의식을 강화하고 있다.

[24902-0010] ○ △ ✕

2 ㉠~㉤에 대한 이해로 적절하지 <u>않은</u> 것은?

① ㉠: '참나무 떼'가 슬픔으로 인해 고통을 겪고 있는 공간이다.
② ㉡: '참나무 떼'가 서로에게 의지하며 고통을 감내하는 시간이다.
③ ㉢: '바람'에 의해 흔들린 '참나무 떼'가 새로운 희망을 가지게 만드는 존재이다.
④ ㉣: 생명력이 상실되어 가는 공간에서 피어난 새로운 생명이다.
⑤ ㉤: '뿌리'가 없어 생명력을 상실하게 된 '너'의 상황을 극복하기 위한 '너'의 의지이다.

[24902-0011] ○ △ ✕

3 [A]~[E]에 대한 이해로 적절하지 <u>않은</u> 것은?

① [A]: 특정 공간에서 화자가 보길 원했던 대상이 처한 상황을 드러내고 있다.
② [B]: [A]에서부터 이어지는 부정적인 현실에 대한 인식을 새로운 시적 대상과 연관 짓고 있다.
③ [C]: [B]의 상황에서 화자에게 깨달음을 준 대상이 무엇인지 밝히며, 자신의 상황을 받아들이는 태도로 전환하고 있다.
④ [D]: [C]의 태도를 심화하면서 반복된 행동을 통해 삶의 유한성을 극복한 모습을 보이고 있다.
⑤ [E]: [A]와 유사한 상황을 그리면서도 [A]와는 달리 화자의 현실 극복 의지를 드러내고 있다.

[24902-0012] ○ △ ✕

4 〈보기〉를 바탕으로 (가), (나)를 이해한 것으로 적절하지 <u>않</u>은 것은?

〈 보기 〉

시에서는 주제를 형상화하기 위하여 시어나 시적 상황을 통해 의미를 형성한다. 시인은 유사한 의미를 함축한 시어들을 반복함으로써 의미를 강화하기도 하고, 그 의미와 대립적인 관계를 형성하는 시어를 제시하여 자신이 강조하고자 하는 주제 의식을 구체적으로 형상화하거나 화자의 정서를 확장하기도 한다. 이처럼 함축적 의미 및 이와 대립되는 의미들을 탐색함으로써 화자의 정서나 경험, 시인이 전달하고자 했던 주제를 구체적으로 파악할 수 있다.

① (가)의 '썩어 가는 참나무 떼', '벌목의 슬픔', '패역의 골짜기'는 화자와 그 주변이 처한 부정적 상황이라는 함축적 의미를 강화하는 것이겠군.
② (가)의 '상처'는 화자의 아픔이자 '버섯이 피'어나는 공간이라는 점에서 절망과 희망이라는 대립적인 의미를 품은 이중적 공간이기도 하겠군.
③ (나)의 '매운 해풍'은 화자에게 긍정적 대상인 '그대'와 관련된 '진실'마저 얼려 버린다는 점에서 화자의 부정적 정서를 심화한다고 볼 수 있겠군.
④ (나)의 '허무의 / 불'과 '물이랑'은 '물'과 '불'이라는 직접적인 대립 관계를 드러내면서 화자의 내면에서 일어나고 있는 갈등을 구체적으로 보여 준 것이겠군.
⑤ (가)의 '서서히 썩어 가지만', '그 고통'과 (나)의 '기둥'은 화자가 바라는 상황과 각각 대립적인 관계를 형성하고 있다는 점에서 시적 기능이 유사한 것이겠군.

[5~8] 다음 글을 읽고 물음에 답하시오.

가 삼단 논법이란 두 개의 전제를 바탕으로 하나의 결론을 도출하는 논증 방식이다. 전제와 결론에는 명제가 사용되는데, 명제의 형식으로는 전칭 긍정(모든 S는 P이다.), 전칭 부정(어떤 S도 P가 아니다.), 특칭 긍정(어떤 S는 P이다.), 특칭 부정(어떤 S는 P가 아니다.)이 있다. 전칭이란 주어(S)가 대상 전체를 포함하는 것이고 특칭은 부분만을 포함하는 것이다. 긍정은 주어(S)가 술어(P)에 포함되는 것이고 부정은 주어(S)가 술어(P)에 포함되지 않는 것이다.

삼단 논법의 세 명제는 세 명사(名辭)*의 관계를 나타낸다. 가령 ㉠'모든 학생은 과학자이다. 어떤 철학자도 과학자가 아니다. 따라서 어떤 철학자도 학생이 아니다.'의 경우 세 개의 명사인 '학생', '과학자', '철학자'가 명제의 주어(S) 또는 술어(P)에 등장한다.

타당한 삼단 논법이란 어떤 것일까? 그것은 두 전제를 참이라고 할 때, 두 전제가 결론을 주장하기 위한 충분한 근거를 제공한다면 타당하다고 말한다. 타당성은 명제의 내용이 아니라 논리적 형식에 의해 결정되므로, 우리는 실제로 모두 거짓 내용인 세 개의 명제로도 타당한 논증을 구성할 수 있다.

타당성을 확인하기 위해서는 벤 다이어그램을 이용할 수 있다. 즉 〈그림〉처럼 세 개의 원에 세 개의 명사를 대응시킨 다음, 두 전제와 결론을 비교하는 방법이다. 만일 전제에 결론의 내용이 이미 나타나 있으면 논증은 타당하지만, 전제에 결론의 내용이 나타나 있지 않으면 그 논증은 부당하다.

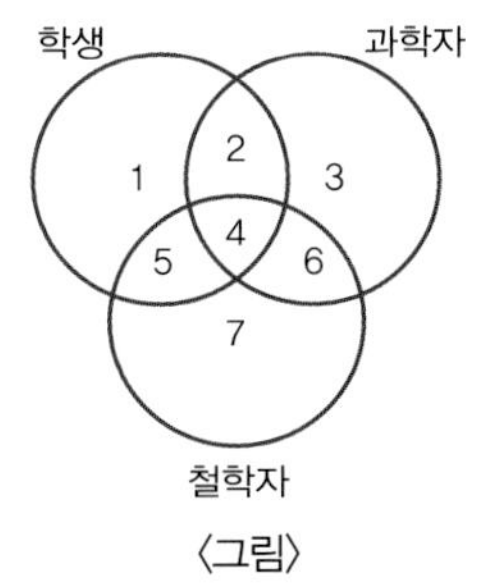

앞의 예시의 타당성을 확인하기 위해 전제를 원에 대응시켜 보자. '모든 학생은 과학자이다.'는 학생이라는 원에서 1, 5 부분에 해당되는 것이 없다는 뜻이다. 이때는 학생인데 과학자가 아닌 1, 5 부분에 빗금을 쳐서 해당되는 학생은 없는 것으로 표시한다. '어떤 철학자도 과학자가 아니다.'는 철학자라는 원에서 4, 6 부분에 해당되는 것이 없다는 뜻이다. 이때는 철학자이면서 과학자인 4, 6 부분에 빗금을 그어 해당되는 철학자는 없는 것으로 표시한다. 그리고 두 전제를 결합해 보면 1, 4, 5, 6 부분에 빗금이 그어진 상태이다. 결론인 '어떤 철학자도 학생이 아니다.'의 경우는 철학자이면서 학생인 4, 5 부분에 빗금을 그어 해당되는 철학자는 없음을 나타낼 수 있다. 이제는 결론과 두 전제의 결합을 비교해 보자. 전제의 결합은 1, 4, 5, 6 부분에 빗금이 있고 결론은 4, 5 부분에 빗금이 있으므로 전제에 결론의 내용이 이미 나타나 있다. 따라서 이 논증은 타당하다.

※ **명사**(名辭): 개념(概念)을 나타내는 언어적 표현으로, 명제를 구성하는 데에 요소가 되는 말.

나 아리스토텔레스는 논증의 형식에 의해 논증의 타당성이 결정된다고 보았다. 그래서 타당한 논증과 부당한 논증을 가려 낼 수 있는 규칙을 제시했는데, 이를 이용하면 삼단 논법의 타당성 판단을 수월하게 할 수 있다. 이 규칙을 사용하기 위해서는 먼저 논증에 포함된 명제들을 구별하는 것이 필요하다. 삼단 논법에서 결론의 주어를 소명사, 술어를 대명사라 하며 두 전제에서 공통으로 사용하는 명사는 매개 명사라 한다. 전제는 두 가지로 구분되는데 대명사가 포함된 전제는 대전제이고, 소명사가 포함된 전제는 소전제이다. 또한 삼단 논법은 명제가 기본적으로 대전제, 소전제, 결론의 순서로 배열되지만 필요에 따라 순서는 달라질 수 있다.

[A] 다음은 명제에서 주어나 술어가 전체 대상을 지칭하는지 아니면 일부에 대해서만 지칭하는지를 가려 내야 한다. 이때 사용되는 용어가 주연이다. 명제 안에서 명사가 전체 대상을 지칭하는 데 사용되면 '주연된다'고 한다. 주어는 전칭 명제에서 주연되고 특칭 명제에서는 주연되지 않는다. 술어는 부정 명제에서 주연되고 긍정 명제에서는 주연되지 않는다. 가령 '모든 고양이는 색맹이다.'에서 '고양이'는 이 세상 모든 고양이를 지칭하고 있으므로 주연된다. 하지만 '색맹'은 이 세상 모든 색맹인 대상들 가운데에서도 고양이만을 지칭하고 있으므로 주연되지 않는다.

아리스토텔레스가 만든 규칙 중에 주연 개념에서 파생된 것은 두 개가 있는데, 한 개의 규칙이라도 위반한 삼단 논법은 부당한 논증이 된다. 첫 번째 규칙은 '매개 명사는 적어도 한 번은 주연되어야 한다.'는 것이고, 두 번째 규칙은 '전제에서 주연되지 않은 명사는 결론에서 주연될 수 없다.'는 것이다. 이때 두 번째 규칙을 위반하는 삼단 논법으로는 '대명사가 결론에서만 주연되고 전제에서는 주연되지 않는 경우'와, '소명사가 결론에서는 주연되나 전제에서는 주연되지 않는 경우'로 나눌 수 있다.

㉡'어떤 과학자는 철학자이다. 모든 학생은 과학자이다. 따라서 어떤 학생은 철학자이다.'라는 논증에 대하여 위의 규칙을 이용해서 타당성을 파악해 보자. 매개 명사 '과학자'는 첫 번째 명제에서 '어떤 과학자'로 사용했으므로 전체 과학자의 일부만을 지칭한다. 두 번째 명제의 '과학자' 역시 '학생' 중에서의 '과학자'를 의미하므로 과학자의 일부만을 지칭하고 있다. 첫 번째 규칙과는 달리 매개 명사가 두 전제에서 모두 주연되지 않았다. 따라서 이 논증은 부당하다고 판단할 수 있다.

[24902-0013] ○ △ ✕

5 윗글의 내용과 일치하지 <u>않는</u> 것은?

① 매개 명사는 결론의 주어나 술어에는 사용하지 않는다.
② 타당한 논증에는 실제 내용이 참인 명제가 한 개 이상 포함된다.
③ 아리스토텔레스는 삼단 논법의 타당성이 논증의 형식에 의존한다고 보았다.
④ 벤 다이어그램에 사용되는 원 하나는 삼단 논법에 사용된 하나의 명사에 대응한다.
⑤ 삼단 논법에서 대전제와 소전제에 해당하는 두 명제의 위치를 맞바꾸더라도 논증의 타당성에는 영향을 주지 않는다.

[24902-0015] ○ △ ✕

7 [A]를 바탕으로, 〈보기〉의 명제 ㄱ~ㄷ을 구성하고 있는 주어와 술어의 주연 여부를 각각 판단한 것으로 적절한 것은?

〈 보기 〉

ㄱ. 어떤 철학자는 논리학자이다.
ㄴ. 어떤 수학자도 과학자가 아니다.
ㄷ. 어떤 심리학자는 요리사가 아니다.

	모두 주연됨.	술어만 주연됨.	주연된 것 없음.
①	ㄱ	ㄴ	ㄷ
②	ㄱ	ㄷ	ㄴ
③	ㄴ	ㄱ	ㄷ
④	ㄴ	ㄷ	ㄱ
⑤	ㄷ	ㄱ	ㄴ

[24902-0016] ○ △ ✕

8 다음은 (가)와 (나)를 읽고 나눈 대화이다. ㉮와 ㉯에 들어갈 내용으로 적절한 것은?

가비: '모든 사자는 육식 동물이다. 모든 사자는 포유동물이다. 따라서 모든 육식 동물은 포유동물이다.'는 타당하지 않은 논증이래. 오른쪽 벤 다이어그램으로 설명해 줄 수 있니?
나비: 응. 명제에 포함되지 않는 부분에 빗금을 그어 볼게. 다 그어 보니까 결론에서는 두 전제의 내용에는 없는 (㉮) 부분에 빗금이 그어져 있기 때문에, 전제에 결론의 내용이 나타나 있지 않아. 따라서 타당하지 않은 논증이야.
가비: 아리스토텔레스가 만든 두 개의 규칙으로도 설명해 줄 수 있니?
나비: (㉯) 주연되지 않기 때문에 부당한 논증이야.

	㉮	㉯
①	2	대명사가 결론에서만 주연되고 전제에서는
②	2	소명사가 결론에서는 주연되나 전제에서는
③	3	매개 명사가 대전제와 소전제에서 모두
④	3	대명사가 결론에서만 주연되고 전제에서는
⑤	3	소명사가 결론에서는 주연되나 전제에서는

[24902-0014] ○ △ ✕

6 (가)와 (나)를 바탕으로 삼단 논법 ㉠, ㉡을 이해한 내용으로 적절하지 <u>않은</u> 것은?

① 명사 '학생'은 ㉠의 대전제에, ㉡의 소전제에 포함된다.
② ㉠과 ㉡에서 '따라서' 뒤의 명제는 모두 소명사를 포함한다.
③ ㉠의 매개 명사와 ㉡의 매개 명사는 모두 전제의 술어에 위치한다.
④ ㉠의 모든 전제는 전칭 명제이고, ㉡의 전제 중에는 특칭 명제가 있다.
⑤ ㉠에 사용된 긍정 명제의 개수보다 ㉡에 사용된 긍정 명제의 개수가 더 많다.

03회 미니모의고사

EBS 수능특강 **Q** 미니모의고사 **국어**

○ 알고 맞힘 ___ /8   △ 헷갈림 ___ /8   ✗ 모르고 틀림 ___ /8

[1~4] 다음 글을 읽고 물음에 답하시오.

가 시에 담긴 의미를 이해하기 위해서는 표현 기법의 특징을 이해하는 것이 중요하다. 아이러니와 알레고리는 입체적인 의미를 담아내는 기법으로 주로 사용된다. 아이러니는 시인이 표현하고자 하는 현실을 이해하는 준거의 틀로 작동한다. 흔히 아이러니를 말하는 내용과 반대되는 의미를 전달하고자 할 때 사용하는 표현 정도로 이해하고 있지만, 어떤 진술이 나온 상황으로 인해 발생하는 아이러니를 통해 상투적인 세계를 새롭게 바라보는 시인의 시각을 담아내는 방법으로 사용되기도 한다. 상황을 기반으로 한 아이러니는 외적 혹은 내적으로 대조되는 것들이 형성한 긴장이 이중적 맥락을 만들고, 열림과 닫힘처럼 서로 대조되는 속성들로 인해 발생한 상호 모순성을 가진 대상들이 형성한 맥락 속에서 시인이 발견한 세계에 대한 진실을 보여 주고자 한다. 즉 두 가지의 대립적인 요소가 짝을 이룬 이항 대립에서 발생하는 모순 형용의 아이러니와 상식적 세계와는 어긋나는 상황을 기반으로 한 아이러니를 통해 그 모순을 통합시킴으로써 새로운 의미를 드러내어 현실에 대한 새로운 시각을 보여 주는 것이다.

알레고리는 '다른(allos) 것으로 말하기(agoreo)'라는 뜻을 가진 '알레고리아(allegoria)'에서 유래했다. 추상적인 관념을 인간이 아닌 다른 대상으로 구체화하여 드러내는 경우가 많은데 현실과 밀접하게 연결되는 당대의 삶의 가치나 시대정신을 주로 드러낸다는 특징이 있다. 현대 사회에서 가속화된 물질문명과 거기서 발생한 물질적 욕망에 매몰된 현대인을 동시에 비판하기 위해 시적 주체가 '다른 무언가'가 되어 그 입장에서 죽음도 불사하며 욕망에 집착하는 모습을 제시하여 현대 사회와 현대인의 문제를 빗댄 작품은 알레고리의 방식을 잘 보여 주는 사례이다. 특정 대상의 입장에서 세상을 바라보며 인간 세계에서 추구해야 할 가치를 직접적으로 드러내거나 그 가치를 상실하고 부정적 현실에 매몰된 모습을 제시하여 비판함으로써 현실에 대한 시인의 시각을 드러내는 것이다.

나 어느 집에나 **문**이 있다
　우리 집의 문 또한 그렇지만
　어느 집의 문이나
　문이 크다고 해서 반드시
　잘 열리고 닫힌다는 보장이 없듯

문은 **열려 있다고 해서**
언제나 열려 있지 않고
닫혀 있다고 해서
언제나 닫혀 있지 않다

어느 집에나 문이 있다
어느 집의 문이나 그러나
문이라고 해서 모두 닫히고 열리리라는
확증이 없듯

문이라고 해서 반드시
열리기도 하고 또 닫히기도 하지 않고
또 두드린다고 해서 열리지 않는다

어느 집에나 문이 있다
어느 집이나 문은
담이나 벽을 뚫고 들어가
담이나 벽과는 다른 모양으로
자리 잡는다

담이나 벽을 뚫고 들어가
담이나 벽과 다른 모양으로
자리 잡기는 잡았지만
담이나 벽이 되지 말라는 법이나
담이나 벽보다 더 든든한
문이 되지 말라는 법은 없다

- 오규원, 「문」

다 ㉠구멍의 어둠 속에 정적의 숨죽임 뒤에
불안은 두근거리고 있다
사람이나 고양이의 잠을 깨울
㉡가볍고 요란한 소리들은 깡통 속에
양동이 속에 대야 속에 항상 숨어 있다
㉢어둠은 편안하고 안전하지만 굶주림이 있는 곳
몽둥이와 덫이 있는 대낮을 지나
번득이는 눈과 의심 많은 귀를 지나
㉣주린 위장을 끌어당기는 냄새를 향하여
걸음은 공기를 밟듯 나아간다

꾸역꾸역 굶주림 속으로 들어오는 비누 조각
비닐봉지 향기로운 쥐약이 붙어 있는 밥알들
거품을 물고 떨며 죽을 때까지 그칠 줄 모르는
아아 ⑩황홀하고 불안한 식욕

– 김기택, 「쥐」

[24902-0017] ○ △ ✕

1 (나)와 (다)의 공통점으로 가장 적절한 것은?

① 영탄적 표현을 통해 화자의 정서를 강화하고 있다.
② 대비되는 시어들을 활용하여 주제 의식을 강조하고 있다.
③ 계절감이 드러나는 시어를 사용하여 화자가 처한 상황을 부각하고 있다.
④ 후각적 심상을 활용하여 대상에게 닥칠 비극을 역설적으로 드러내고 있다.
⑤ 유사한 통사 구조를 활용하여 대상이 피하고자 하는 상황을 강조하고 있다.

[24902-0018] ○ △ ✕

2 (나)에 대한 설명으로 가장 적절한 것은?

① 1, 3, 5연에서는 각 연의 첫 행에 같은 시구를 반복하여 '문'에 대한 통념을 부정하고 있다.
② 1연에서는 '문'의 크기에 따라 달라지는 '문'의 속성을 제시하고 있다.
③ 2연에서는 '문'이 열린 상태에 대한 다른 가능성을 제시하고 있다.
④ 4연에서는 '문'이 열리는 기능을 회복하는 상황을 제시하고 있다.
⑤ 6연에서는 '문'의 수동적인 속성을 강조하고 있다.

[24902-0019] ○ △ ✕

3 ㉠~㉤에 대한 이해로 적절하지 **않은** 것은?

① ㉠: '쥐'가 처해 있는 공간의 분위기를 드러내고 있다.
② ㉡: '쥐'를 위협하는 대상들을 깨울 수 있는 것들을 의미한다.
③ ㉢: 이질적인 상황을 제시하여 '쥐'의 결핍된 욕망을 드러내고 있다.
④ ㉣: 억제하기 어려운 본능적 욕망을 자극하여 위험을 무릅쓰도록 유혹하는 것을 나타내고 있다.
⑤ ㉤: 먹이사슬 고리의 비정함을 긍정과 부정의 이미지를 동시에 활용하여 강조하고 있다.

[24902-0020] ○ △ ✕

4 (가)를 참고하여 (나), (다)를 감상한 것으로 적절하지 **않은** 것은?

① (나)에서 '문'을 '담이나 벽'과 연결하는 것은, 연결과 단절이라는 이항 대립에서 발생하는 모순 형용의 아이러니로 볼 수 있겠군.
② (나)에서 '문'이 '열려 있다고 해서 / 언제나 열려 있지 않'다며 상식적인 세계와는 어긋나는 상황을 제시한 것은, 상투적 현실을 새롭게 보려는 상황 기반의 아이러니를 보여 준 것이겠군.
③ (나)에서 '문'이 '담이나 벽보다 더 든든한 / 문이 되지 말라는 법은 없다'라는 것은, 단절의 의미를 지닌 대상이 가진 연결 가능성을 강화하며 모순을 통합시킨 시인의 새로운 시각을 보여 준 것이겠군.
④ (다)에서 '쥐'의 입장에서 '쥐'의 불안과 욕망을 세밀하게 묘사한 것은, 시적 주체가 특정 대상의 입장이 되어 세상을 바라보는 알레고리의 형식을 통해 현대 사회에서 발생한 문제점들에 대한 비판적 태도를 보이고자 한 것이겠군.
⑤ (다)에서 '거품을 물고 떨며 죽을 때까지 그칠 줄 모르는' 식욕을 '쥐'의 입장에서 이야기하는 형식을 통해 죽음을 무릅쓰고 욕망 충족에 집착하는 대상처럼 물질적 욕망에 매몰된 현대인을 보여 주고자 한 것이겠군.

[5~8] 다음 글을 읽고 물음에 답하시오.

가 모든 사회는 질서를 유지하고 사회적 안전을 보장하기 위해 구성원들의 도덕성을 향상하려고 시도한다. 훈육·교화·도덕적 성찰 등은 사회 구성원들의 도덕성 향상을 위해 오랜 기간 활용해 온 방법들이다. 그런데 과학 기술의 급속한 발전으로 사회가 빠르게 변화하며 다양한 도덕적 문제들이 끊임없이 등장하게 되었다. 이에 따라 도덕성을 향상하기 위해 시도되었던 기존 방법의 효과에 의문을 제기하며 새로운 방안에 대한 논의가 전개되고 있다.

최근 인간의 도덕성에 대한 생물학적, 신경 심리학적 이해가 깊어지면서 생명 의료 기술을 활용한 도덕성 향상이 새롭게 논의되고 있다. 인간 스스로가 좀 더 도덕적인 행동을 할 수 있게 특정 신경 부위를 자극하는 신경 약물을 사용하거나 의학적 시술을 활용하는 것을 '도덕성 생명 향상'이라고 한다.

도덕성 생명 향상의 필요성을 주장하는 생명 자유주의자들은 먼저 도덕성 생명 향상의 대상이 되는 도덕성의 생물학적 토대로 인간 뇌의 특정 부위를 제시한다. 그들은 뇌 병변 환자들을 관찰하며 '편도체', '복내측 전전두엽', '안와 전두엽' 등의 특정 뇌 부위에 손상 또는 이상이 있는 사람의 경우, 도덕적 의사 결정이나 행동에 일정한 결함을 보인다는 사실을 확인하였다. 이러한 결과를 바탕으로 생명 자유주의자들은 뇌의 특정 부위를 자극하는 신경 약물이나 의학적 시술을 통해 도덕성의 향상이 가능하다고 주장한다. 즉 그들은 생명 의료 기술을 활용하여 폭력적 공격성과 같은 반사회적 성향을 완화하여 동정·협력·정의감·이타성과 같은 친사회적 성향을 강화함으로써 현대 사회의 다양한 도덕적 문제 해결의 실마리를 찾을 수 있다고 본다.

대표적 생명 자유주의자인 ⊙토머스 더글러스는 어떤 사람이 자신이 이전에 가지고 있던 동기보다 미래에 도덕적으로 더 나은 동기를 갖게 될 것이라고 합리적으로 기대할 수 있는 방법을 스스로 선택해 자신을 바꾸었다면, 그 사람은 자신을 도덕적으로 향상한 것이라고 주장한다. 그러면서 그는 도덕성 생명 향상의 구체적인 목표로 도덕적 동기의 향상을 지목하며 신경 약물의 사용, 뇌의 특정 부위에 대한 전기 자극, 유전자 변형 등의 생명 의료 기술이 더 나은 도덕적 동기를 갖게 하는 합리적 방법이 될 수 있다고 보았다.

과학 기술의 발전은 인간의 생존 조건을 획기적으로 변화시켰지만, 동시에 기후 변화와 환경 오염, 자원 부족, 빈곤과 같은 인간의 생존을 위협하는 위기를 초래하기도 하였다. 이러한 상황에서 더글러스는 인류의 생존과 번영, 안전이라는 가치를 지키기 위해 동정·협력·정의감·이타성 등의 인간의 도덕성을 향상해야 한다고 주장하며 도덕성 생명 향상을 그 대안으로 고려할 것을 역설한다.

나 과학 기술을 통해 인간의 문제를 해결하려는 시도는 새로운 것이 아니다. 과학 기술의 효력을 경험하고 과학 기술을 신뢰하는 사람들은 과학 기술의 진보를 통해 인간의 다양한 문제를 해결할 수 있다고 믿어 왔다. 이와 같은 관점에서 과학 기술을 활용한 도덕성의 향상은 훈육이나 교화 등의 전통적인 방법에 비해 효용이 클 것으로 사람들의 기대를 받기도 한다. 하지만 과학 기술을 활용하여 인간의 도덕성을 향상하는 것이 진정한 도덕성 향상으로 볼 수 있는지에 대해서는 다양한 비판이 제기되고 있다.

도덕적 행동은 합리적인 추론과 타당한 증거에 근거한 도덕 판단을 토대로 옳지 않은 것을 하지 않겠다는 의지 혹은 옳은 것을 하겠다는 도덕적 의지에서 비롯되는 의도적인 행동이다. 이렇게 볼 때, 도덕성 향상은 옳은 혹은 선한 행동을 가능한 한 더 많이 실천하고 나쁜 행동을 되도록 덜 하는 것뿐만 아니라 행위를 옳게 또는 그르게 만드는 것이 무엇인지에 대한 행위자의 도덕적 이해의 향상을 포함한다. 따라서 생명 의료 기술을 활용하여 반사회적 행동 성향을 완화하거나 도덕적 감정을 강화하여 도덕적 동기를 고양하는 것이 도덕성 향상이라고 보는 것은 진정한 의미의 도덕성 향상이라고 할 수 없다. 왜냐하면 그것이 행위자의 심적 속성과 행동의 변화를 가져오는 데 기여할 수 있지만, 행위자의 도덕적 이해를 향상하지는 못하기 때문이다. 도덕성 향상과 상관관계가 있는 것으로 알려진 신경 약물 혹은 뇌 전기 자극을 통해 도덕적 동기 및 친사회적 행동 성향이 한층 더 강화된 인간은 도덕적으로 향상된 인간이기보다는 오히려 도덕성 생명 향상 기술에 종속된 노예일 수 있다. 이러한 도덕성 생명 향상 기술을 통해 한 개인의 도덕 판단 혹은 행위에 변화를 가져오는 것은 도덕적 숙고를 거치지 않은 채 특정한 행동을 무의식적으로 하게 함으로써 도덕적 문제 상황에서 개인의 의사 결정권이나 선택권을 침해할 소지도 있다.

한편, 과학 기술을 통한 도덕성 향상을 주장하는 학자들은 인류의 도덕적 악이 주로 개인의 도덕적 결함에서 비롯된다고 파악하는 과잉 단순화의 오류를 범하고 있다. 그들은 도덕적 결함이 있는 개인들을 과학 기술을 활용하여 도덕적으로 향상하면, 인류가 직면할 도덕적 위기를 극복할 수 있다고 생각한다. 기후 변화, 전쟁, 빈곤과 같은 상황들을 개인의 도덕적 실패 유형으로만 규정하는 것은 이러한 상황들을 조장하는 사회적·정치적·경제적 요인들과 같은 구조적 요인들을 무시하는 것에 불과하다. 개인의 인권과 자율성을 존중하는 가운데, 사회 구조·제도·정책의 개선에 대한 구체적인 언급이 없이 단순히 개인의 향상된 도덕 심리에만 호소하는 방법론적 개인주의는 문제의 원인 진단과 해결 모두에서 근본적인 한계를 드러낸다.

도덕성 향상은 자유롭고 이성적인 존재로서 우리가 생애에 걸쳐 지향하고 추구해야 할 발달 과업이다. 수단이 아무리 긴요하고 효과적이라고 할지라도, 그것이 우리가 소중히 여겨 왔었던 도덕적 가치와 인간의 본성을 훼손할 위험성이 크다면 우리는 마땅히 그것에 대해 재고해 보아야 할 것이다.

[24902-0021] ○ △ ×

5 (가)를 읽고 알 수 있는 내용으로 적절하지 <u>않은</u> 것은?

① 과학 기술의 발전은 인간의 생존 조건을 변화시켰으나 인간의 생존을 위협하는 문제를 초래하였다.

② 사회가 구성원들의 도덕적 행동을 향상하려는 목적은 사회의 질서 유지와 구성원들의 안전 보장에 있다.

③ 도덕성 생명 향상에 대한 관심은 인간의 도덕성에 대한 생물학적, 신경 심리학적 연구와 이해를 촉발하였다.

④ 생명 자유주의자는 생명 의료 기술을 통해 반사회적 성향을 완화함으로써 도덕성의 향상이 가능하다고 주장한다.

⑤ 사회의 변화에 따라 새롭게 발생하는 도덕적 문제들은 도덕성을 향상하려는 기존 방법의 효과에 의문을 품게 하였다.

[24902-0022] ○ △ ×

6 (가)의 ㉠과 〈보기〉의 ㉡에 대한 이해로 가장 적절한 것은?

〈 보기 〉

㉡드그라지아는 과학 기술의 발전으로 인해 인류가 처하게 된 도덕적 위기를 타개하기 위해 도덕적으로 향상된 시민이 필요하다고 강조한다. 그에게 있어 도덕성의 향상이란 약리학적인 방법과 유전 공학과 같은 방법을 사용하여 개인이 기존의 도덕적 능력을 증진하거나 원하는 능력을 선택하는 것을 의미한다. 드그라지아는 개인의 자발적인 선택을 도덕성 향상의 전제로 상정하고 개인이 자율적으로 도덕성 향상을 선택하여 한층 향상된 도덕적 동기를 갖게 된다면, 폭력적 충동에 덜 취약해질 수 있고 이타적인 행동을 좀 더 쉽게 할 수 있게 될 것이라고 주장한다.

① ㉠은 ㉡과 달리 도덕성을 향상하기 위해 사용된 과학 기술이 현대 사회의 다양한 도덕적 문제를 심화하였다고 생각했다.

② ㉠은 ㉡과 달리 도덕적 동기의 향상보다는 친사회적 행동 성향을 강화하는 것이 도덕적 위기를 타개하는 근본적 해결책임을 강조했다.

③ ㉡은 ㉠과 달리 도덕성을 향상하기 위한 합리적인 수단으로써 생명 의료 기술의 효율성을 역설했다.

④ ㉡은 ㉠과 달리 인간의 생존을 위협하는 도덕적 위기를 타개하기 위한 대안으로 도덕적으로 향상된 시민의 역할을 강조했다.

⑤ ㉠과 ㉡은 모두 도덕성 생명 향상에 대한 개인의 자발적 선택에 따라 더 나은 도덕적 동기를 갖게 하는 것이 중요하다고 보았다.

[24902-0023] ○ △ ×

7 (나)의 내용과 일치하지 <u>않는</u> 것은?

① 도덕성의 향상은 자유롭고 이성적인 존재로서 인간이 지향하고 추구해야 할 중요한 가치이다.

② 도덕적 행동은 합리적인 추론과 타당한 증거에 근거한 도덕 판단을 바탕에 둔 의지적인 행동이다.

③ 생명 의료 기술을 활용한 도덕성의 향상은 인간의 도덕적 행동 성향뿐 아니라 도덕적 이해의 개선도 증진할 수 있다.

④ 과학 기술을 통한 도덕성 향상을 주장하는 학자들은 인류가 처한 도덕적 문제의 주요 원인으로 개인의 도덕적 결함을 꼽고 있다.

⑤ 생명 의료 기술을 도입하여 도덕성을 향상하는 것은 도덕적 문제 상황에 대한 개인의 선택권을 제한함으로써 개인의 자유를 침해할 소지가 있다.

[24902-0024] ○ △ ×

8 (가)와 (나)를 읽은 학생들이 〈보기〉에 대해 보일 수 있는 반응으로 적절하지 <u>않은</u> 것은?

〈 보기 〉

갑은 큰 부자여서 때때로 값비싼 물건을 구매하는 등의 즐거움을 누리고 있다. 그러나 갑은 그의 경제적 지원을 통해 삶의 어려움에서 당장 벗어날 수 있는 거지에게 한 푼도 적선하지 않는다. 그러던 그는 자신과 달리 거지를 도와주어 사람들의 존경을 받는 부자의 모습을 보게 되었다. 이후 갑은 자신의 태도를 돌아보고 거지를 도와주고 싶은 동기를 갖게 될 것을 기대하며, 스스로 이타성을 향상하는 알약을 먹기로 결정했다. 알약을 먹은 뒤부터 갑은 거지에게 동정심을 느끼기 시작했고, 그는 거지의 배고픔을 면하게 하려고 사과 한 알을 거지에게 주기로 결심했다. 하지만 그는 알약을 복용하였음에도 불구하고 예전과 마찬가지로 거지에게 돈을 주어야겠다는 생각은 하지 않았다.

※ 단, 알약 이외에 갑의 이타성을 향상시킨 다른 요소는 없다고 본다.

① (가)에 따르면, 알약을 먹고 갑이 거지에게 동정심을 느끼기 시작한 것은 도덕성이 향상된 결과이다.

② (가)에 따르면, 갑이 알약을 먹은 것은 지금보다 더 나은 도덕적 동기를 갖게 될 것이라고 기대했기 때문일 것이다.

③ (나)에 따르면, 갑이 거지에게 사과 한 알을 주기로 결심한 것은 신경 약물로 인한 갑의 무의식적 행동일 뿐이다.

④ (나)에 따르면, 갑이 거지에게 사과를 준 것과 달리 돈을 주지 않겠다는 판단을 하게 된 것은 알약이 갑의 의사 결정권을 강화해 준 결과로 볼 수 있다.

⑤ (나)에 따르면, 거지가 경제적인 지원을 받지 못해 어려움에 처한 상황은 갑이 향상하려 한 개인의 도덕성 이외에 사회 구조의 문제를 함께 살펴야 한다.

04 회 미니모의고사

EBS 수능특강 **Q** 미니모의고사 **국어**

◯ 알고 맞힘　/8　△ 헷갈림　/8　✗ 모르고 틀림　/8

[1~4] 다음 글을 읽고 물음에 답하시오.

가 소설의 여러 정의 중 하나로 소설은 주인공이 삶의 의미를 찾아 길을 나서는 자기 인식의 여정을 형상화한 이야기라는 것이 있다. 현대 소설에는 여행의 성격과 구조를 사건의 구성으로 활용하여 인물의 자기 이해나 세계에 대한 인식의 변화를 그린 작품이 적지 않다. 이러한 작품을 묶어 여로형 소설이라고 부른다.

여로형 소설의 성격은 '여로'라는 용어가 지닌 의미에서 잘 드러난다. 먼저 '로(路)'는 길을 의미한다. 길은 출발지와 도착지를 잇는 공간이자 사건이 발생하는 장소이다. 여로형 소설에서도 길은 주인공이 머물거나 이동하는 공간적 배경이면서 동시에, 낯선 인물을 대면하거나 관계를 맺으며 감정을 느끼고 사건을 겪는 특별한 장소이다. 한편 '여(旅)'는 익숙한 곳을 떠나 다른 곳을 향하는 나그네를 뜻한다. 나그네는 길을 걸으면서 출발지를 되돌아보고 도착지를 동경한다. 여로형 소설의 주인공 또한 여정의 과정을 겪으며 과거의 익숙했던 삶을 성찰하고 미래의 더욱 좋은 삶을 열망한다.

[A]
우리의 현대 소설사에서 여로형 소설은 현실의 문제를 예리하게 포착하고 현실 인식의 변화를 설득력 있게 형상화하는 데 기여하였다. 1920년대에 발표된 염상섭의 「만세전」은 그 첫 자리에 놓이는 대표적인 여로형 소설이다. 유학지인 동경에서 출발하여 부산을 거쳐, 김천, 대전, 서울까지 이어지는 여정을 통해 주인공 '이인화'는 식민지 조선의 현실을 생생하게 목격하며 복합적인 감정을 느끼면서 민족의식을 자각한다. 황석영의 「삼포 가는 길」은 1970년대를 대표하는 여로형 소설이다. 이 소설은 공사판을 전전하는 '영달'과 '정씨', 이들과 동행하는 '백화'의 여로를 통해 이 시기의 산업화가 소외된 사람들의 삶을 어디까지 훼손하는지를 애잔하게 그리고 있다.

나 "네, 우리 형님은 아직 군조예요. 니시무라(西村) 군조, 혹 형공도 아시는지? 그런데 형공은 조선에 오래 계신가요?"
"네. 난 십여 년래로 그저 내 집같이 드나드니까요."
하고 **궐자***는 **시골자**를 한참 멀뚱멀뚱 치어다보다가,
"암, 대구 헌병대의 그 양반이야 알구말구요. 그 양반은 나를 모르실지 모르지만……."
어째 그 말눈치가 안다는 것보다도 모른다는 말 같다.
"어쨌든 십 년이라면 한밑천 잡으셨겠구려."

이번에는 상인 비슷한 자가 입을 벌렸다.
"웬걸요. 이젠 조선도 밝아져서 좀처럼 한밑천 잡기는 어렵지만……."
"그러나 조선 사람들은 어때요?"
"요보* 말씀요? 젊은 놈들은 그래도 제법들이지마는, 촌에 들어가면 대만(臺灣)의 생번보다는 낫다면 나을까. 인제 가서 보슈…… 하하하."
'대만의 생번'이란 말에, 그 **욕탕** 속에 들어앉았던 사람들은 나만 **빼놓고**는 모두 껄껄 웃었다. 그러나 나는 기가 막혀 입술을 악물고 치어다보았으나 더운 김이 서리어서 궐자들에게는 분명히 보이지 않은 모양이었다. 욕객은 차차 꾸역꾸역 쏟아져 들어온다.

사실 말이지, 나는 그 소위 우국지사는 아니나 자기가 망국 백성이라는 것은 어느 때나 잊지 않고 있기는 하다. 학교나 하숙에서 지내는 데는 일본 사람과 오히려 서로 통사정을 하느니만큼 좀 낫다. 그러나 그 외의 경우의 고통은 참을 수 없는 때가 많다.

그러나 또 한편으로 생각하면 망국 백성이 된 지 벌써 근 십년 동안 인제는 무관심하도록 주위가 관대하게 내버려 두었다. 도리어 소학교 시대에는 일본 교사와 충돌을 하여 퇴학을 하고 조선 역사를 가르치는 사립 학교로 전학을 한다는 둥, 솔직한 어린 마음에 애국심이 비교적 열렬하였지마는, 차차 지각이 나자마자 일본으로 건너간 뒤에는 간혹 심사 틀리는 일을 당하거나 일 년에 한 번씩 귀국하는 길에 하관에서나 부산·경성에서 조사를 당하고, 성이 가시게 할 때에는 귀찮기도 하고 분하기도 하지마는 그때뿐이요, 그리 적개심이나 반항심을 일으킬 기회가 적었었다. 적개심이나 반항심이란 것은 압박과 학대에 정비례하는 것이나, 기실 그것은 민족적으로 활로를 얻는 유일한 수단이다. 그러나 칠 년이나 가까이 **일본**에 있는 동안에, 경찰관 이외에는 나에게 그다지 민족 관념을 굳게 의식게 하지 않았을 뿐 아니라, 원래 정치 문제에 흥미가 없는 나는 그런 문제로 머리를 썩여 본 일이 거의 없었다 하여도 가할 만큼 정신이 마비되었었다. 그러나 요새로 와서 나의 신경은 점점 흥분하여 가지 않을 수가 없다. 이것을 보면 적개심이라든지 반항심이라는 것은 보통 경우에 자동적·이지적이라는 것보다는 피동적·감정적으로 유발되는 것인 듯하다. 다시 말하면 일본 사람은 지나치는 말 한마디나 그 태도로 말미암아 조선 사람의 억제할 수 없는 반감을 끓어오르게 하는 모양이다. 그러나 그것은 결국에 조선 사람으로 하여금 민족적 타락에서 스스로를 구하여야 하겠다는 자각을 주는 가장 긴요한 원동력이 될 뿐이다.

ⓐ지금도 목욕탕 속에서 듣는 말마다 귀에 거슬리지 않는 것이 없지마는, 그것은 될 수 있으면 많은 조선 사람이 듣고, 오랜 몽유병에서 깨어날 기회를 주었으면 하는 생각을 자아낼 뿐이다.

(중략)

정거장 문밖으로 나서서 눈을 바삭바삭 밟으며 큰길 거리로 나가니까 칠 년 전에 일본으로 달아날 제, 오정 때 대전에 내려서 점심을 사 먹던 그 집이 어디인지 방면도 알 수 없이 **시가(市街)**가 변하였다. 길 맞은편으로 쭉 늘어선 것은 빈지를 들였으나 모두가 신축한 일본 사람 상점이다. 우동을 파는 구루마가 쩔렁쩔렁 흔드는 요령 소리만이 괴괴한 거리에 처량하다. 열네다섯 쯤에 말도 모르고 단신 일본으로 공부 간다는 데에 호기심이 있었던지 친절히 대접을 해 주던, 그때의 그 주막집 주인 내외가 그립다.

다시 돌쳐 들어오며 보니, 찻간에서 무슨 대수색을 하는지 승객들은 아직도 아니 들여보내고, 결박을 지은 여자는 업은 아이가 깨어서 보채니까 일어서서 서성거린다.

'젖이나 먹이라고 좀 풀어 줄 일이지.'

하는 생각을 하니 곁에 시퍼렇게 얼어서 앉은 순사가 불쌍하다가도 밉살맞다. **목책 안**으로 들어오며 건너다보니까 차장실 속에 있던 두 청년과 헌병도 여전히 이야기를 하고 섰다. 나는 까닭 없이 처량한 생각이 가슴에 복받쳐 오르면서 한편으로는 무시무시한 공기에 몸이 떨린다.

젊은 사람들의 얼굴까지 시든 배춧잎 같고 주눅이 들어서 멀거니 앉았거나, 그렇지 않으면 빌붙는 듯한 천한 웃음이나 '헤에' 하고 싱겁게 웃는 그 표정을 보면 가엾기도 하고, 분이 치밀어 올라와서 소리라도 버럭 질렀으면 시원할 것 같다.

'이게 산다는 꼴인가? 모두 돼져 버려라!'

찻간 안으로 들어오며 나는 혼자 속으로 외쳤다.

'ⓑ무덤이다! 구더기가 끓는 무덤이다!'

나는 모자를 벗어서 앉았던 자리 위에 던지고 난로 앞으로 가서 몸을 녹이며 섰었다. 난로는 꽤 달았다. 뱀의 혀 같은 빨간 불길이 난로 문틈으로 날름날름 내다보인다. **찻간 안**의 공기는 담배 연기와 석탄재의 먼지로 흐릿하면서도 쌀쌀하다. 우중충한 남폿불은 웅크리고 자는 사람들의 머리 위를 지키는 것 같으나 묵직하고도 고요한 압력으로 지그시 내리누르는 것 같다. 나는 한번 휘 돌려다보며,

'ⓒ공동묘지다! 공동묘지 속에서 살면서 죽어서 공동묘지에 갈까 봐 애가 말라 하는 갸륵한 백성들이다!'

하고 혼자 코웃음을 쳤다.

– 염상섭, 「만세전」

※**궐자**: '그'를 낮잡아 이르는 말.
※**요보**: 일제 강점기에 일본인이 조선인을 비하하여 부르던 말.

다 강물은 꽁꽁 얼어붙어 있었다. 얼음이 녹았다가 다시 얼곤 해서 우툴두툴한 표면이 그리 미끄럽지는 않았다. 바람이 불어, 깨어진 살얼음 조각들을 날려 그들의 얼굴을 따갑게 때렸다.

"차라리, 저쪽 다릿목에서 버스나 기다릴 걸 잘못했나 봐요."

숨을 헉헉 들이켜던 영달이가 투덜대자 정 씨가 말했다.

"자주 끊겨서 언제 올지두 모르오. 그보다두 현금을 아껴야지. 굶어두 돈 있으면 든든하니까."

"하긴 그래요."

"월출 가면 남행 열차를 탈 수는 있소. 거기서 기차 타려오?"

"뭐…… 돼 가는 대루. 그런데 **삼포**는 어느 쪽입니까."

정 씨가 막연하게 남쪽 방향을 턱짓으로 가리켰다.

"남쪽 끝이오."

"사람이 많이 사나요, 삼포라는 데는?"

"한 열 집 살까? 정말 아름다운 섬이오. 비옥한 땅은 남아돌아 가구, 고기두 얼마든지 잡을 수 있구 말이지."

영달이가 얼음 위로 미끄럼을 지치면서 말했다.

"ⓐ야아, 그럼, 거기 가서 아주 말뚝을 박구 살아 버렸으면 좋겠네."

"조오치. 하지만 댁은 안 될걸."

"어째서요." / "타관 사람이니까."

그들은 **얼어붙은 강**을 건넜다. 구름이 몰려들고 있었다.

(중략)

스피커에서 안내하는 소리가 웅얼대고 있었다. 정 씨는 **대합실** 나무 의자에 피곤하게 기대어 앉은 **백화** 쪽을 힐끗 보고 나서 말했다. / "같이 가시지. 내 보기엔 좋은 여자 같군."

"그런 거 같아요."

"ⓑ또 알우? 인연이 닿아서 말뚝 박구 살게 될지. 이런 때 아주 뜨내기 신셀 청산해야지."

영달이는 시무룩해져서 역사 밖을 멍하니 내다보았다. 백화는 뭔가 쑤군대고 있는 두 사내를 불안한 듯이 지켜보고 있었다. 영달이가 말했다. / "어디 능력이 있어야죠."

"삼포엘 같이 가실라우?"

"어쨌든……." / 영달이가 뒷주머니에서 꼬깃꼬깃한 오백 원짜리 두 장을 꺼냈다.

"저 여잘 보냅시다." / 영달이는 표를 사고 삼립**빵** 두 개와 찐 **달걀**을 샀다. 백화에게 그는 말했다.

"우린 뒤차를 탈 텐데…… 잘 가슈."

영달이가 내민 것들을 받아 쥔 백화의 눈이 붉게 충혈되었다. 그 여자는 더듬거리며 물었다.

"ⓒ아무도…… 안 가나요?"

"우린 삼포루 갑니다. 거긴 내 고향이오."

영달이 대신 정 씨가 말했다. 사람들이 개찰구로 나가고 있었다. 백화가 보퉁이를 들고 일어섰다.

"정말, 잊어버리지…… 않을게요."

백화는 개찰구로 가다가 다시 돌아왔다. 돌아온 백화는 눈이 젖은 채로 웃고 있었다.

"내 이름 백화가 아니에요. 본명은요…… 이점례예요."

여자는 개찰구로 뛰어나갔다. 잠시 후에 기차가 떠났다.

그들은 나무 의자에 기대어 한 시간쯤 잤다. 깨어 보니 대합실 바깥에 다시 눈발이 흩날리고 있었다. 기차는 연착이었다. 밤차를 타려는 시골 사람들이 의자마다 가득 차 있었다. 두 사람은 말없이 담배를 나눠 피웠다. ㉣먼길을 걷고 나서 잠깐 눈을 붙였더니 더욱 피로해졌던 것이다. 영달이가 혼잣말로,

"쳇, 며칠이나 견디나……." / "뭐라구?"

"아뇨, 백화란 여자 말요. 저런 애들…… 한 사날두 촌 생활 못 배겨 나요."

"사람 나름이지만 하긴 그럴 거요. 요즘 세상에 일이 년 안으루 인정이 확 변해 가는 판인데……."

정 씨 옆에 앉았던 노인이 두 사람의 행색과 무릎 위의 배낭을 눈여겨 살피더니 말을 걸어 왔다.

"어디 일들 가슈?" / "아뇨, 고향에 갑니다."

"고향이 어딘데……."

"삼포라구 아십니까?"

"어 알지, 우리 아들놈이 거기서 도자를 끄는데……."

"삼포에서요? 거 어디 공사 벌일 데나 됩니까? 고작해야 고기 잡이나 하구 감자나 매는데요."

"어허! 몇 년 만에 가는 거요?" / "십 년."

노인은 그렇겠다며 고개를 끄덕였다.

"말두 말우, 거긴 지금 육지야. 바다에 방둑을 쌓아 놓구, 추럭이 수십 대씩 돌을 실어 나른다구."

"뭣 땜에요?"

"㉤낸들 아나. 뭐 관광호텔을 여러 채 짓는담서, 복잡하기가 말할 수 없데."

"동네는 그대루 있을까요?"

"그대루가 뭐요. 맨 천지에 공사판 사람들에다 장까지 들어섰는걸."

"그럼 나룻배두 없어졌겠네요."

"바다 위로 신작로가 났는데, 나룻배는 뭐에 쓰오. 허허, 사람이 많아지니 변고지. ㉥사람이 많아지면 하늘을 잊는 법이거든."

작정하고 벼르다가 찾아가는 고향이었으나, 정 씨에게는 풍문마저 낯설었다. 옆에서 잠자코 듣고 있던 영달이가 말했다.

"잘됐군. 우리 거기서 공사판 일이나 잡읍시다."

그때에 기차가 도착했다. 정 씨는 발걸음이 내키질 않았다. 그는 마음의 정처를 방금 잃어버렸던 때문이었다. ㉦어느 결에 정 씨는 영달이와 똑같은 입장이 되어 버렸다.

기차가 눈발이 날리는 어두운 들판을 향해서 달려갔다.

– 황석영, 「삼포 가는 길」

1 (가)를 바탕으로, (나), (다)를 이해한 것으로 적절하지 <u>않은</u> 것은?

① (나)에서 '궐자'와 '시골자'는 여로의 과정에서 만난 사람들로, 그들의 대화는 '나'가 자신의 삶을 성찰하는 계기가 된다.

② (나)에서 '일본'은 여로의 출발지로, '나'가 칠 년간 머물면서 익숙해진 공간이다.

③ (나)에서 '시가'는 여로의 과정에서 목격한 장소로, '나'는 현실의 변화를 확인하며 안타까움을 느낀다.

④ (다)에서 '삼포'는 여로의 목적지로, 영달의 여로는 동경하는 고향으로 돌아가는 귀향의 성격을 지닌다.

⑤ (다)에서 '백화'는 영달이 여로의 과정에서 만난 사람으로, '빵'과 '달걀'은 그녀에 대한 영달의 호의를 드러낸다.

2 (나), (다)의 공간에 대한 설명으로 적절하지 <u>않은</u> 것은?

① (나)의 '욕탕': '나'가 다른 사람들의 웃음에서 모욕감을 느끼는 공간

② (나)의 '목책 안': '나'가 사람들의 표정을 보며 연민과 분노를 느끼는 공간

③ (나)의 '찻간 안': '나'가 남폿불에서 시대적 분위기를 느끼며 답답함을 느끼는 공간

④ (다)의 '얼어붙은 강': 정 씨와 영달의 사소한 갈등이 대화의 과정에서 심화되는 공간

⑤ (다)의 '대합실': 백화가 헤어지면서 정 씨와 영달에게 자신의 진심을 표현하는 공간

[24902-0027] ○ △ ✕

3 [A]를 바탕으로 ⓐ~ⓔ를 이해한 것으로 적절하지 <u>않은</u> 것은?

① ⓐ에서는 여로의 경험을 바탕으로 민족의식을 자각하는 모습이 엿보인다.

② ⓑ에서는 반복된 단어를 통해 식민지 조선에 대한 현실 인식을 상징적으로 드러낸다.

③ ⓒ에서는 동족에 대한 연민과 함께 식민지 조선의 현실 문제를 극복하려는 의지를 드러낸다.

④ ⓓ에서는 과거의 풍경을 잃고 관광지로 급변하는 삼포의 산업화된 모습이 엿보인다.

⑤ ⓔ에서는 산업화로 인해 사람들이 삶의 본질적 가치를 잃어버리고 있음을 암시한다.

[24902-0028] ○ △ ✕

4 〈보기〉를 바탕으로 (다)를 감상한 내용으로 적절하지 <u>않은</u> 것은?

〈 보기 〉

「삼포 가는 길」의 인물들은 대체로 일정한 거처가 없이 떠돌아다닌다는 점에서 그들의 말과 행동에는 뜨내기의 고단함과 함께 안정된 삶을 희구하는 정주(定住)의 열망이 드러난다. 정주의 열망은 안정된 생활을 보장하는 장소에 정주하려는 것과 상처받은 마음을 보듬은 관계에 정주하려는 것으로 구체화된다. 이러한 열망의 좌절과 그 소회가 결말에서 그려지는데, 이는 이 작품의 현실주의적 태도를 반영한 것이다.

① ㉠에서 영달은 비옥하고 풍요로운 공간에서 정주하고 싶은 마음을 내보이는군.

② ㉡에서 정 씨는 영달이 관계에 정주하여 뜨내기의 삶을 벗어나기를 바라고 있군.

③ ㉢에서 백화는 관계에 정주하고자 하였으나 그 관계를 계속 잇지 못해 안타까워하고 있군.

④ ㉣에서는 한곳에 정주하지 못하고 떠돌면서 정 씨와 영달이 겪는 뜨내기의 고단함이 엿보이는군.

⑤ ㉤에서는 정 씨의 좌절에 대한 영달의 공감을 통해 이 작품의 현실주의적 태도를 드러내는군.

[5~8] 다음 글을 읽고 물음에 답하시오.

조선의 성리학자들은 음악의 예술성과 교화성(敎化性)에 주목하여, 치세(治世)의 수단으로서 음악의 의미와 가치를 강조하였다. 치세의 도구로서 음악이 올바른 역할을 하기 위해서는 음악과 관련된 제반 요소를 정비하는 것이 중요하였다. 특히 조선의 성리학자들은 악곡(樂曲) 작곡 및 악기 제작의 기본 척도이며 악기의 음질을 결정하는 데 핵심적 요소가 되는 율관(律管) 제작법에 많은 관심을 쏟았다. 율관은 전통 음악에 쓰이는 기본음을 낼 수 있는 죽관(竹管)으로서 음을 조율하는 도구이다. 조선의 성리학자들은 음(音)의 기본이 되는 소리를 황종(黃鍾)이라 부르고 황종의 음(音)을 낼 수 있는 황종 율관을 만들기 위하여 많은 관심과 노력을 기울였다. 황종 율관은 음악적 기준으로서 중요하기도 하였지만, 황종 율관의 길이와 부피의 수치가 사회적 도량형(度量衡)의 기준도 되었기 때문에 황종 율관의 표준 규격을 정하는 것은 매우 중요하였다.

황종 율관의 규격을 정하는 방법은 다양하였는데, 그중 기장법이 널리 사용되었다. 기장법은 곡식인 기장의 길이로 율관의 규격을 정하는 방법인데, 기장을 세로로 쌓아 만든 것을 ㉠종서척(縱黍尺), 기장을 가로로 쌓아 만든 것을 ㉡횡서척(橫黍尺)이라고 한다. 종서척은 기장의 길이가 긴 세로 방향으로 늘어놓은 기장알 1개의 길이를 1분(分)으로, 9개를 늘어놓은 9분을 1촌(寸)으로, 9촌을 1척(尺)으로 삼았다. 횡서척은 기장의 길이가 짧은 가로 방향으로 늘어놓은 기장알 1개의 길이를 1분으로, 10개를 늘어놓은 10분을 1촌으로, 10촌을 1척으로 삼았다. 두 방법은 늘어놓는 방법에 따라 기장 낱알의 길이에서는 차이가 나지만 황종 율관의 전체 길이로 삼은 1척의 길이는 결과적으로 같았다. 한편 황종 율관에 기장 1,200알을 담으면 율관이 가득 찬다고 보아 그 부피로 정하였다.

조선의 성리학자들은 황종 율관의 수치를 정하기 위해 『한서(漢書)』「율력지(律曆志)」의 수치를 활용하였다. 이 책에서는 황종 율관의 길이를 9촌으로 제시하고 있다. 이때 황종 율관의 길이로 제시한 9촌은 기장알 90개를 늘어놓은 길이이다. 즉 90분을 9촌으로 삼아 황종 율관의 길이로 제시하였다. 이는 종서척과 횡서척에 근거한 단위 개념들이 혼재된 것으로 조선의 성리학자들은 수의 철학적 의미에 기반하여 『한서(漢書)』「율력지(律曆志)」에 제시된 황종 율관의 수치를 이해하고자 하였다. 성리학에서는 천지의 수가 1에서 시작하여 10에서 끝난다고 보았다. 이 중 1, 3, 5, 7, 9는 양(陽)의 수, 2, 4, 6, 8, 10은 음(陰)의 수라 하였으며, '9'를 양수(陽數)의 완성으로 보았고 '10'을 음수(陰數)의 완성으로 보았다. 조선의 성리학자들은 황종이 음악의 시작점이 되는 소리임과 동시에 음악의 기준이 되는 소리이기 때문에 황종을 양의 기를 가진 완성된 소리라 생각하였다. 이 점에 주목하여 그들은 9라는 숫자가 가진 철학적 의미를 토대로 이와 같은 황종 율관의 수치가 결정된 것이라 보았다.

[A]
　　조선 시대의 음악은 한 옥타브* 내의 음이 12음으로 구성되었으며 각 음 사이는 반음 정도의 차이가 있었다. 이 음들은 황종 율관과 그것을 기준으로 만들어진 11개의 율관에서 산출된다. 11개의 율관은 삼분손익법(三分損益法)을 사용해 황종 율관의 길이를 짧게 해 만들었는데, 율관의 길이가 짧을수록 음은 높아진다. 삼분손익법은 삼분손일법(三分損一法)과 삼분익일법(三分益一法)을 교대로 사용하여 율관의 길이를 산정한다. 우선 삼분손일법은 한 율관의 길이를 3등분 한 뒤, 그 1/3을 제거하고 남은 2/3만으로 다음의 율관의 길이를 산정하는 것이다. 그리고 삼분익일법은 3등분 한 율관의 1/3을 본래의 율관에 더하여 다음 율관의 길이를 구하는 것이다. 가령, 황종 율관에서 1/3을 뺀 관의 길이로 임종 율관을 구하고, 임종 율관에서 1/3을 더한 관의 길이로 태주 율관을 구한다. 삼분손익법으로 율관을 만들면 임종·태주·남려·고선·응종·유빈·대려·이칙·협종·무역·중려 율관 순이 된다. 그런데 대려·협종·중려 율관의 길이가 너무 짧아 이들 율관에서 나오는 소리는 황종보다 한 옥타브 위에 있는 음이 된다. 그래서 이 세 율관의 길이만 본래 길이보다 두 배로 늘려서 만들어 황종음과 같은 옥타브 내의 음이 되도록 율관의 길이를 조절하였다. 이에 따라 율관의 길이가 긴 것에서 짧은 순으로 12음을 배열하면, 황종·대려·태주·협종·고선·중려·유빈·임종·이칙·남려·무역·응종의 순이 된다. 이 음들은 양의 소리인 '율(律)'과 음의 소리인 '려(呂)'가 번갈아 구성되어 12율려(律呂)라고 불렸다.

　한편 실학자 홍대용은 기장의 규격으로 기준을 삼는 율관 제작 방법의 부정확성을 지적하며 양금(洋琴)의 사용을 주장하였다. 황종 율관의 길이와 부피는 기장의 낱알 수로 정해졌다. 하지만 기장의 낱알 자체의 크기와 길이가 각각 다르기 때문에 황종 율관의 길이와 부피 역시 고정적일 수 없어 기준음이 고정되지 않는 문제점이 있었다. 이러한 문제점을 극복하기 위한 대안으로 홍대용은 양금을 새로운 음의 조율 도구로 제시하였다. 그는 양금이 명주실로 된 다른 현악기와는 달리 주석과 철의 합금으로 된 쇠줄을 사용하고 있어 조현(調絃)*이 편리하다는 점과 줄의 굵기가 균일하다는 점을 강조하고 있다. 여기서 줄의 굵기가 균일하다는 것은 크기가 일정하지 않은 기장을 사용하여 율관을 만들었던 기존 방법에 대한 대안으로 제시할 수 있는 중요한 부분이라 할 수 있다.

※**옥타브**: 어떤 음에서 완전 8도의 거리에 있는 음. 또는 그 거리.
※**조현**: 현악기의 음을 표준음에 맞추어 고름.

[24902-0029] ○ △ ✕

5 다음은 윗글을 읽고 학생이 작성한 활동지의 일부이다. 정리한 내용으로 적절하지 <u>않은</u> 것은?

세부 내용	• 조선의 성리학자들에게 음악은 치세의 수단으로서 그 가치가 강조되었다. ⸳⸳⸳⸳⸳⸳⸳⸳⸳ ① • 조선의 성리학자들은 율관 제작법에 관심을 쏟으며 황종 율관을 만들기 위해 노력하였다. ⸳⸳ ② • 조선의 성리학자들이 정한 황종 율관의 수치는 성리학에서 제시한 수의 철학적 의미와 관련 있다. ⸳⸳⸳⸳⸳⸳⸳⸳⸳⸳⸳⸳⸳⸳⸳⸳⸳ ③ ⋮
내용 전개 방식의 특징	• 율관의 수치를 구하는 방법을 제시하고 예를 들어 이해를 돕고 있다. ⸳⸳⸳⸳⸳⸳⸳⸳⸳⸳⸳⸳⸳ ④ • 율관 제작에 대한 조선의 성리학자들과 홍대용의 견해를 비교한 후, 율관의 형태와 재료에 따른 특징을 나열하고 있다. ⸳⸳⸳⸳⸳⸳⸳⸳⸳ ⑤ ⋮

[24902-0030] ○ △ ✕

6 ㉠과 ㉡에 대한 이해로 가장 적절한 것은?

① ㉠과 달리 ㉡은 『한서(漢書)』 「율력지(律曆志)」의 황종 율관의 수치 결정에 이용되지 않았다.

② ㉡과 달리 ㉠은 기장의 낱알 90개를 늘어놓은 길이로 황종 율관의 길이를 구했다.

③ ㉠과 ㉡은 같은 길이의 1척을 나타내지만, 1척을 만들기 위한 기장알의 개수는 서로 다르다.

④ ㉠과 ㉡은 황종 율관의 표준 규격을 정하기 위해서 조선의 성리학자들이 고안해 낸 방법이다.

⑤ ㉠과 ㉡은 양의 수(數)로서 완성의 의미를 담고 있는 9의 철학적 의미를 이끌어 내는 도구로 활용되었다.

[24902-0031] ○ △ ✕

7 〈보기〉는 율관의 길이를 구하는 방법을 간단히 도식화한 것이다. [A]를 참고하여 〈보기〉를 설명한 내용으로 적절하지 <u>않은</u> 것은?

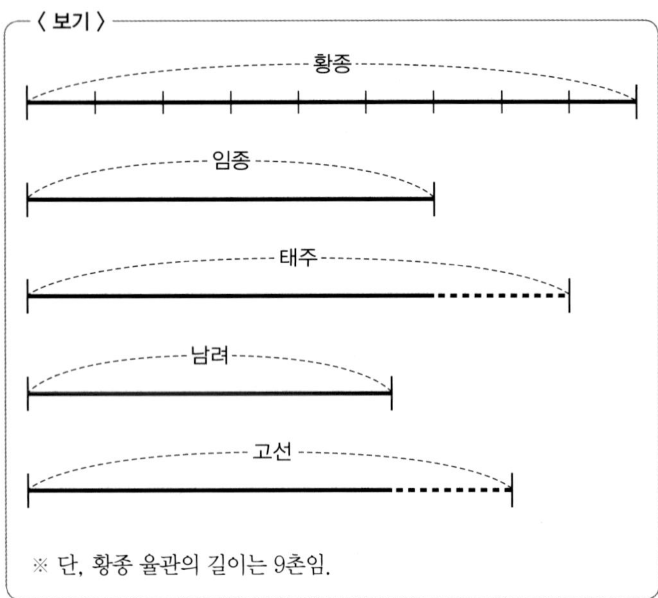

① 태주 율관의 길이는 8촌, 임종 율관의 길이는 6촌이 된다.
② 〈보기〉의 율관 중 가장 높은 음을 만들어 내는 것은 남려 율관이다.
③ 황종 율관과 태주 율관, 태주 율관과 고선 율관의 길이 차이는 반음 정도의 차이를 만들어 낸다.
④ 태주 율관과 고선 율관은 삼분익일법, 임종 율관과 남려 율관은 삼분손일법을 사용하여 만들어졌다.
⑤ 황종 율관, 태주 율관, 고선 율관에서 나는 소리는 '율'에, 임종 율관, 남려 율관에서 나는 소리는 '려'에 해당한다.

[24902-0032] ○ △ ✕

8 다음은 윗글을 읽은 학생이 '양금'의 특성을 분석하여 정리한 내용이다. 적절하지 <u>않은</u> 것은?

- 양금은 황종 율관과 달리 기준음을 안정적으로 고정할 수 있겠군. ┄┄┄┄┄┄┄┄┄┄┄┄┄┄┄┄┄┄┄ ①
- 명주실로 만들어진 현악기에 비해 조현이 편리하다는 장점이 있군. ┄┄┄┄┄┄┄┄┄┄┄┄┄┄┄┄┄ ②
- 양금은 쇠줄을 현의 소재로 사용했기 때문에 현의 굵기가 균일해진 것이겠군. ┄┄┄┄┄┄┄┄┄┄┄┄ ③
- 양금을 통해 황종 율관 제작에 사용할 기장의 크기와 용량을 일정하게 조정할 수 있겠군. ┄┄┄┄┄┄ ④
- 기존에 사용하던 음의 조율 도구가 가진 부정확성을 해소할 수 있는 대안적 성격을 지니고 있군. ┄┄┄ ⑤

05_회 미니모의고사

EBS 수능특강 **Q** 미니모의고사 **국어**

○ 알고 맞힘 ___/8   △ 헷갈림 ___/8   ✕ 모르고 틀림 ___/8

[1~4] 다음 글을 읽고 물음에 답하시오.

나는 내가 이사를 온 첫날 저녁, 할아버지 앞에 불려 나가서 들은 얘기를 지금도 기억한다. 그것은 일종의 오리엔테이션이었다. 몇 가지 나의 가족 관계에 대해서 묻고 나서, 할아버지는 갑자기, 내가 6·25 때는 몇 살이었느냐고 물었다. 정확한 나이는 얼른 계산이 되지 않아서, 열 살이었던가요 하고 내가 우물쭈물 대답하자, 할아버지는 아마 그럴 거라고 하며 사변이 남겨 놓고 간 것이 무엇인 줄을 모르겠군 하고 말했다. 그래서 나는, 사변 전에 있었던 것에 대해서는 알 수가 없고, 있다고 해도 어린아이로서의 기억밖에는 가지고 있지 않으므로 무엇이 사변 후에 더 보태지고 없어진 것인지는 모르겠다고 솔직히 대답했다. 그러자 할아버지는 고개를 끄덕이고 나서 그것은 가정의 파괴라고 한마디로 얘기했다. 그렇게 말하는 투가 마치 내가 나쁜 일을 해서 책망이라도 한다는 것처럼 단호하고 험악했기 때문에 나는 정말 죄를 지은 기분이 되어 꿇어앉았던 자세를 더욱 여미었다. 그리고 오랫동안, 정말 오랫동안 나는 이사를 한다는 흥분과 긴장과 피로 속에서 하루를 보내었기 때문에 졸음이 퍼붓는 걸 참아 가며 할아버지의 관(觀)이랄까 주의(主義)랄까를 들었다.

그것은, 혼미(昏迷) 가운데서 들은 것을 두서가 없는 대로 요약한다면 다음과 같았다. 가풍이 없는 가정은 인간들의 모임이 아니다. 가풍이란 질서 정신에 의해서 성립되어야 한다. 우리나라의 가정은 사변 때 식구들의 생사조차 서로 모를 정도로 파괴되었다. 그래서 더욱 가정의 귀중함을 알았지 않느냐. 그러니 질서 정신에 입각해서 각기 가정은 가풍을 만들어 가야 한다. 그리하는 데 장애가 아주 많은 게 우리들이 처한 현실이다. 그럴수록 우리는 지나치다 할 정도로 자신들에게 엄격해야 한다. 대강 이런 것이었다.

가풍. 내게는 낯설기 짝이 없는 단어였지만 며칠 동안에 나는 그 말의 개념이 아니라 바로 그의 실체를 온몸에 느끼게 되었다. '규칙적인 생활 제일주의'가 맨 먼저 나를 휘감은 이 집의 가풍이었다.

아침 여섯 시에 기상. (그러나 나의 경우는 자발적인 기상이 아니라 할아버지가 차를 끓여 가지고 손수 들고 와서 나를 깨우고 그 차를 마시게 하고 내가 무안함에 가슴을 두근거리며 황급히 옷을 주워 입으면 아침 산보를 시키는 것이었다. 그래서 나는 수면 부족으로 좀 자유로운 낮에 늘 낮잠이었다. 그러나 그 집 식구들은 심지어 세 살 난 어린애마저

도 그 규칙을 지키고 있는 모양이었다.) 아침 식사. 출근 혹은 등교. 할아버지도 어느 회사에 중역으로 나가고 있었으므로 집에 남는 건 할머니와 며느리, 어린애와 식모, 그리고 노곤한 몸을 주체하지 못하는 나뿐이었다. 그동안 나는 오전 열 시경에 며느리와 할머니가 놀리는 미싱 소리를 쭉 듣게 되고, 열두 시경에 라디오에서 나오는 음악을 듣고, 오후 네 시엔 「엘리제를 위하여」를 듣게 된다. 오후 여섯 시 반까지는 모든 식구가 집에 와 있어야 하고 저녁 식사. 식사가 끝나면 십여 분 동안 잡담. 그게 끝나면 모두 자기 방으로 가서 공부. 그리고 식모가 보리차가 든 주전자와 컵을 준비해서 대청마루 가운데 있는 탁자 위에 놓는 달그락 소리가 나면 그때 시간은 열 시 오륙 분 전. 그 소리가 그치면 여러 방의 문이 열리고 식구들이 모두 나와서 물 한 컵씩을 마시고 '안녕히 주무십시오.'를 한 차례 돌리고 잠자리로 들어간다.

[A]

세상에 이런 생활도 있었나 하고 나는 놀라지 않을 수 없었다. 식구 중 누구 한 사람 얼굴에 그늘이 있는 사람은 없었다. 나로서는 상상도 하지 못하던 세계에 온 것이었다. 동대문이 가까운 창신동 그 빈민가의 내가 들어 있었던 집의 식구들을 생각하지 않을 수 없는 이 정식(正式)의 생활.

내가 간혹 이 양옥의 식구들의 얼굴을 생각해 보려 할 때면, 물론 대하는 시간이 적었던 탓도 있겠지만 그보다는 차라리 아마 낮잠에서 깨어났을 때 내가 지금 있는 방에 대해서 생소감을 느끼던 그런 알 수 없는 이유로써 나는 이 집 식구들의 얼굴을 덮어 누르고 보다 명료하게 떠오르는 창신동 식구들의 얼굴 때문에 적지 않게 괴로워했다.

(중략)

이윽고 서 씨의 몸은 성벽의 저 너머로 사라져 버렸다. 그리고 잠시 후에 나는 더욱 놀라운 광경을 보게 되었다. 서 씨가 성벽 위에 몸을 나타내고 그리고 성벽을 이루고 있는 커다란 금고만 한 돌덩이를 그의 한 손에 하나씩 집어서 번쩍 자기의 머리 위로 치켜올린 것이었다. 지렛대나 도르래를 사용하지 않고서는 혹은 여러 사람이 달라붙지 않고서는 들어 올릴 수 없는 무게를 가진 돌을 그는 맨손으로 들어 올린 것이었다. 그는 나에게 보라는 듯이 자기가 들고 서 있는 돌을 여러 차례 흔들어 보이고 나서 방금 그 돌들이 있던 자리를 서로 바꾸어서 그 돌들을 곱게 내려놓았다.

나는 꿈속에 있는 기분이었다. 고담(古談) 같은 데서 등장하는 역사(力士)만은 나도 인정하고 있는 셈이지만 이 한밤중에 바로

내 앞에서 푸르게 빛나는 조명을 온몸에 받으며 성벽을 디디고 우뚝 솟아 있는 저 사내를 나는 무엇이라고 이름 붙여야 할지 몰랐다.

역사, 서 씨는 역사다, 하고 내가 별수 없이 인정하며 감탄이라기보다는 차라리 그 귀기(鬼氣)에 찬 광경을 본 무서움에 떨고 있는 동안에 그는 어느새 돌아왔는지 유령처럼 내 앞에서 자랑스러운 웃음을 소리 없이 웃고 있었다.

서 씨는 역사였다. 그날 밤 나는 집으로 돌아와서 이제까지 아무에게도 들려주지 않았다는 서 씨의 얘기를 들었다.

[B]
그는 중국인의 남자와 한국인의 여자 사이에서 난 혼혈아였다. 그의 선조들은 대대로 중국에서 이름 있는 역사들이었다. 족보를 보면 헤아릴 수 없이 많은 장수(將帥)가 있다고 했다. 그네들이 가졌던 힘, 그것이 그들의 존재 이유였고 유일한 유물이었던 모양이었다. 그 무형의 재산은 가보(家寶)로서 후손에게 전해졌다. 그것으로써 그들은 세상을 평안하게 할 수 있었고 자신들의 영광도 차지할 수 있었다. 그러나 이 서 씨에 와서도 그 힘이 재산이 될 수는 없었다. 이제 와서 그 힘은 서 씨로 하여금 공사장에서 남보다 약간 더 많은 보수를 받게 하는 기능밖에 가질 수가 없게 된 것이다. 결국 서 씨는 그 약간 더 많은 보수를 거절하기로 했다. 남만큼만 벽돌을 날랐고 남만큼만 땅을 팠다. 선조의 영광은 그렇게 하여 보존될 수밖에 없었다. 그리고 서 씨는 아무도 나다니지 않는 한밤중을 택하고 동대문의 성벽에서 그 힘이 유지되고 있음을 명부(冥府)의 선조들에게 알리고 있다는 것이었다.

대낮에 서 씨가, 동대문의 바로 곁에 서서 행인들 중 누구 한 사람도 성벽을 이루고 있는 돌 한 개의 위치 변화에 관심을 보내지 않고 지나다닐 때, 옮겨진 돌을 바라보며 빙그레 웃고 있는 그의 모습을 나는 쉽게 상상할 수 있었다. 그것이 서 씨가 간직하고 있는 자기였고 내가 그와 접촉하면 할수록 빨려 들어갈 수 있었던 깊이였던 모양이었다.

그 집— 그늘 많은 얼굴들이 살던 그 집에서 나는 나 자신 속에서 꿈틀거리는 안주(安住)에의 동경을 의식하지 않을 수 없었다. 그것은 그 사람들의 헤어날 길 없는 생활 속에 내가 휩쓸려 들어가게 되는 것이 무서웠기 때문이었던 모양이다. 그러나 그 곳을 뚝 떠나서 이 한결같은 곡이 한결같은 악기로 연주되는 집에 오자 그것은 견디어 낼 수 없는 권태와 이 집에 대한 혐오증으로 형체를 바꾸는 것이었다. 나란 놈은 아마 알 수 없는 놈인가 보다.

㉠피아노 소리가 그쳤다. 무의식중에 나는 방바닥에서 팔목시계를 집어 올렸다. 내가 지금 무슨 행동을 했던가를 깨닫자 나는 쓴웃음이 나왔다. 피아노가 그친 시간을 재 보려고 했던 것이다. 그리고 나는 내일도 그 피아노가 그친 시간을 재서 그 시간들을 비교하며 이 집에 대한 혐오증의 이유를 강화시키려고 했던 것

이다. 나는 자신에 대해서 어이가 없음을 느꼈다. 이런 느낌이 드는 것은, 그것은 조금 전에 내가 서 씨의 그 거짓 없는 행위를 회상했던 덕분이 아니었을까? 서 씨가 내게 보여 준 게 있다면 다소 몽상적인 의미에서의 성실이었고 그리고 그것은 이 양옥 속의 생활을 비판하는 데도 필수적으로 고려되어야 한다는 것이 아닌가고 내게 생각되는 것이었다. 그러나 이 집으로 옮아온 다음 날의 저녁, 식사 시간도 잡담 시간도 지나고 모든 사람들의 공부 시간이 되자 나는 홀로 내 방의 벽에 기대앉아서 기타를 퉁겨 보기 시작했던 때의 일을 기억하고 있다. 불현듯이 기타를 켜고 싶어지는 때가 있는 법이다. 그것은 감정의 요구이지만 그렇다고 비난할 건 못 되지 않는가. 내가 줄을 고르며 음을 시험해 보고 있는데 다색(茶色) 나왕으로 된 내 방문이 열리며 할아버지가 들어왔다. 그리고 나의 ㉡기타 켜는 시간은 오전 열 시부터 한 시간 동안 할머니와 며느리가 미싱을 돌리는 같은 시각으로 배치되었던 것이다. 위대한 가풍이 내게 작용한 첫 번이었다. 그러나 그 이후 내가 내게 주어진 그 시간을 이용해 본 적은 하루도 없었다. 흥이 나지 않아서였다고 하면 적당한 표현이 되겠다.

절망감이 마루 끝에도 마당 가운데서도 방마다에도 차서 감돌던 창신동의 그 집에서는 식구들에게 그들이 오래전에 잃어버렸던 형체 없는 감동 같은 것을 조금씩은 깨우치고 영혼의 안정에 얼마간은 공헌할 수 있었던 나의 기타는 그래서 노인들이 우연한 한마디에서 갑자기 자기의 늙음을 발견하듯이 낡아 빠진 모습으로 방의 구석지에 기대어져 있지 않으면 안 되게 된 것이었다.

처음에 나는 이 집에 대하여 존경심을 가졌다. 그러나 나는 이내 그것이 처음 보는 경치에 보내는 감탄과 같은 성질의 것밖에는 되지 않음을 알았다. 이해와 감정과는 별개의 문제라는 것을 발견한 것도 그때였다. 이 가족의 계획성 있는 움직임, 약간의 균열쯤은 금방 땜질해 버릴 수 있도록 훈련되어 있는 전진적 태도, 무엇인가 창조해 내고 있다는 듯한 자부심이 만들어 준 그늘 없는 표정— 문화라는 말을 쓸 수 있는 사람들이 있다면 바로 이 사람들이었다. 그리고 이것이야말로 인간이 희구하는 것이 아니었던가. 이 사람들은 매일매일 달리고 있는 것이었다. 따라서 어느 지점과의 거리를 단축시키고 있는 셈이었다. 이것이 나의 그들에 대한 이해였다.

그러나 그 어느 지점이 무한하게 먼 곳에 있을 때도 우리는 그들이 거리를 단축시키고 있다고 생각할 수 있을까? 더구나 나로 하여금 기타 켜는 시간의 제약까지를 주어 가면서 말이다. 차라리 이 사람들의 태도야말로 자신들은 걷고 있다고 믿으면서 사실은 매일매일 제자리걸음을 하고 있는 바로 그것이 아닐까. 빈민가에 살던 사람들의 그 끝없는 공전(空轉) 같아 뵈던 생활이 이곳보다는 오히려 더 알찬 것이 아니었을까. 이것이 나의 감정이었다.

– 김승옥, 「역사」

[24902-0033] ○ △ ✕

1 [A], [B]에 대한 설명으로 적절하지 <u>않은</u> 것은?

① [A]는 집안 구성원들의 반복되는 일상을 하루의 일과가 진행되는 순서에 따라 서술하고 있다.

② [B]는 한 인물의 내력을 제시하여 인물이 지닌 특정한 능력의 시대에 따른 위상 변화를 드러내고 있다.

③ [A]는 '나'가 경험한 일에 대해 서술하고 있고, [B]는 '나'가 만난 사람이 경험한 일에 대해 서술하고 있다.

④ [A]에는 관찰한 인물들의 행위를 바탕으로 짐작한 내용이 나타나 있고, [B]에는 들은 이야기를 바탕으로 짐작한 내용이 나타나 있다.

⑤ [A]에는 주어진 환경에 적응하지 못하는 인물의 행위가, [B]에는 자신의 행위를 동시대를 살아가는 사람들에게 드러내려는 인물의 의지가 나타나 있다.

[24902-0034] ○ △ ✕

2 윗글의 '나'에 대한 이해로 적절하지 <u>않은</u> 것은?

① '나'는 사변이 남겨 놓고 간 것을 묻는 할아버지의 질문에 어린아이로서의 기억밖에 없어 잘 모르겠다고 대답한다.

② '나'는 며칠 동안 양옥집에서 생활하면서 '규칙적인 생활 제일주의'로 인해 양옥집 가풍의 실체를 느낀다.

③ '나'는 양옥집 식구들의 얼굴을 떠올리려 할 때면 창신동 식구들의 얼굴이 떠올라 괴로워한다.

④ '나'는 성벽에 우뚝 솟아 서 있는 서 씨가 보이는 역사(力士)의 면모로 인해 서 씨가 유령이었다는 사실을 알아챈다.

⑤ '나'는 전진적인 태도를 가진 양옥집 사람들의 표정에 무엇인가를 창조하고 있다는 듯한 자부심이 담겨 있다고 여긴다.

[24902-0035] ○ △ ✕

3 ㉠, ㉡에 대한 이해로 가장 적절한 것은?

① ㉠은 양옥집의 일상에 일어난 변화의 징조를 나타낸다.

② ㉡은 '나'와 할아버지 사이의 갈등을 해소하는 계기를 제공한다.

③ ㉠은 양옥집의 반복되는 일상을 드러내고, ㉡은 '나'가 원하는 일상의 반복을 드러낸다.

④ ㉠으로 인해 '나'는 양옥집 생활에 대한 반감을, ㉡으로 인해 '나'는 할아버지에 대한 호감을 드러낸다.

⑤ ㉠과 ㉡은 모두 '나'에게 양옥집의 규율을 의식하게 만든다.

[24902-0036] ○ △ ✕

4 〈보기〉를 바탕으로 윗글을 감상한 내용으로 적절하지 <u>않은</u> 것은?

〈 보기 〉

「역사」는 과거를 수용하는 두 가지 생활 방식을 다루고 있다. 이 작품에서 과거는 복원되어야 할 가치를 지닌 시간으로 간주된다. 이를 인식하는 인물들은 현실에 나타난 폐해를 개선하려는 의지를 갖거나, 쇠락해 가는 가치를 보존하려는 삶의 방식을 보여 준다. '나'는 신비로운 체험을 통해 두 삶의 방식이 각각 다르게 작용하는 현실의 차이를 직시하게 된다. 명분을 타인에게 강요하는 삶의 태도와 자발적인 방식으로 자긍심을 가지려는 삶의 태도를 포착하였기 때문이다. 「역사」는 이처럼 각기 다른 방식으로 과거를 수용하는 인물들의 태도를 형상화하여, 삶의 방식에 대한 반성과 전후의 세태에 대한 비판을 드러내고 있다.

① 할아버지가 질서 정신을 근간으로 하는 가풍을 세우려는 것은, 파괴된 가정의 복원을 통해 현실을 개선하려는 의도에서 비롯된 것이겠군.

② 서 씨가 성벽의 돌을 옮겨 놓고서 '나'에게 자랑스러운 웃음을 보이는 것은, 쇠락해 가는 가치를 보존하고 있다는 자긍심 때문이겠군.

③ 할아버지의 가족들이 규칙적인 생활 제일주의를 지켜 나가면서 얼굴에 그늘을 보이지 않는다는 것은, 강요되는 생활 방식에 순응하고 있는 세태를 비판적으로 형상화한 것이겠군.

④ 할아버지가 '지나치다 할 정도로 자신들에게 엄격해야 한다'고 생각하는 것과 서 씨가 '약간 더 많은 보수를 거절하기로' 한 것은, 명분을 타인에게 강요하는 태도와 자발적인 방식으로 삶을 살아가려는 태도가 현실에 작용하는 차이를 '나'가 직시하게 되는 요인으로 볼 수 있겠군.

⑤ '나'가 양옥집의 생활 방식에 대해 존경심을 가지게 된 것은, 창신동에서의 생활에 대해 권태와 혐오를 느끼고 있던 상황에서 양옥집 가족들의 삶의 방식을 수용하게 됨을 계기로 자신의 생활 태도를 반성한 데에서 비롯된 것이겠군.

[5~8] 다음 글을 읽고 물음에 답하시오.

드라마란 갈등과 해결의 서사 구조를 기반으로 대화체로 사건을 재현하는 미메시스* 화법으로 구축된 문학 갈래를 일컫는다. 그리고 드라마 연극(dramatic theatre)은 드라마의 텍스트를 무대 위에서 배우의 말과 행동을 통해 현재화한 것이다. 무대는 드라마의 서사가 전개되는 장소를 재현하며, 배우는 인물을 재현한다. 드라마 연극이란 말에는 이중의 재현 과정이 함축되어 있다. 이러한 드라마 연극의 해체를 표방하고 있는 것이 포스트 드라마 연극이다. 포스트 드라마 연극은 텍스트 차원에서 미메시스 화법에 의거하여 갈등과 해결의 서사 구조를 띠는 드라마 문학을 더 이상 사용하지 않는 '탈─드라마'를 표명하며, 재현을 위한 목적의 연출을 지양하는 특성을 지니는 일련의 다양한 연극을 일컫는다.

드라마 연극은 재현을 위한 드라마 텍스트가 정점에 위치해 있고 배우, 무대, 음향, 조명 등의 다른 요소들이 그 아래에 위치해 있는 위계적 구조를 띤다. 드라마 연극에서는 문학과 연극, 가상과 현실, 배우와 관객, 작품과 공연, 연극과 비연극 등의 경계가 선명하게 강화되어 그 위계질서가 유지되어 왔다. 그러나 포스트 드라마 연극에서는 그 중심이 작품에서 사건으로, 드라마에서 공연으로 이동함에 따라 그러한 경계가 희석된다. 가령 드라마 연극에서 관객은 수동적인 소비자로 객석에서 침묵을 유지하며 배우의 연기에 감정 이입을 시도하는 것으로 그 역할이 충분했고, 배우는 드라마 작가의 의도를 정확히 파악한 다음 객석에 관객이 없는 것처럼 가정하고 자신이 연기해야 할 배역에 몰입하는 것만으로 그 역할이 충분했다. 이는 관객과 배우 사이에 넘어서는 안 되는 경계선이 선명하게 그어져 있음을 나타낸다. 그러나 포스트 드라마 연극에서는 이러한 경계선이 사라진다. 포스트 드라마 연극에서는 사전 예고 없이 관객이 배우가 되고는 한다. 이는 포스트 드라마 연극의 공연이 우발성을 포함하고 있음을 보여 준다.

드라마 연극은 무대에서 현실의 환영을 만들어 낸다. 관객은 이렇게 재현된 허구적 세계에 몰입함으로써 연극을 관람하는 동안만큼은 극의 내용에 감정을 이입하고 현실을 망각하면서 현실에서 벗어날 수 있는 기회를 갖게 된다. 그런데 포스트 드라마 연극은 드라마 연극과 달리 현실 재현의 의무를 강조하지 않는다. 일상의 현실을 재현하는 환영을 보여 주지 않는 포스트 드라마 연극에서 관객은 몰입의 경험을 갖기 어렵다. 이처럼 연극이 현실 재현의 의무로부터 해방되면 연극은 공연 예술로서 지니고 있는, 연극 그 자체의 특성을 강화할 수 있으며 무대 위의 현실이 허구적인 것임을 노골적으로 드러낼 수 있게 된다. 이를 통해 관객은 연극을 관람하면서 허구적 세계에 빠지지 않고 자신이 살고 있는 현실에 대해 사유할 수 있게 된다. 그것은 연극이 현실의 재현이 아니라 연극 그 자체의 재현이라는 형식을 취하게

됨으로써 강화된다.

포스트 드라마 연극에서 연극이 그 자신을 재현한다는 것은 연극을 통해 연극 자체에 대해 사고하는 것이 증대한다는 것을 의미한다. 이는 연극 자체에 대한 비판과 반성적 사고가 이루어짐을 나타낸다. 이러한 비판과 반성에는 연극이 무엇인가에 대한 근본적 성찰이 포함된다. 연극에 대한 성찰은 연극의 경계에 대한 반성으로 발전한다. 가령 이것은 포스트 드라마 연극에서 공연의 중심이 언어에서 몸, 음향, 조명 등의 다양한 요소로 이동하고 있는 데서 나타난다. 이에 따라 음악, 무용, 서커스 등 과거에는 비연극적이라고 판단되었던 요소들이 연극의 중심으로 밀려들어 온다. 이 때문에 포스트 드라마 연극에서는 드라마 연극에 비해 공연적 요소가 강하게 나타난다. 예를 들어 포스트 드라마 연극에서 배우는 어떤 인물을 재현하는 역할을 하지 않고 행위자로서 몸의 반응을 보여 주는 데 치중한다. 이때 관객은 배우의 표정, 손짓, 몸짓 등을 접하며 자신의 신체적 감각과 지각에 민감해질 수 있는 기회를 제공받는다.

아리스토텔레스는 연극의 핵심이 플롯에 있으며, 플롯은 우연성을 배제하고 필연성의 구조로 사건을 배열하는 것이라고 했다. 이는 오랫동안 드라마 연극에서 중시되며 하나의 원칙으로 지켜져 왔다. 그러나 포스트 드라마 연극에서는 우연성이 강조된다. 우연성의 증대는 공연 갈래로서 연극이 지니고 있는 속성인 일회성, 찰나성, 반복 불가능성이 강화되는 것을 의미한다. 매 공연마다 우연성의 개입으로 다른 공연이 연출될 수밖에 없는 ㉠'사건으로서의 공연'이 이루어지는 것이다. 드라마 연극이 완결되고 폐쇄적인 작품을 지향한 반면, 포스트 드라마 연극은 미완결 상태로 개방되어 있으며 현재 발생하는 사건을 의도한다. 연극에서의 사건성은 예술에서 퍼포먼스*가 중시되면서 더욱 강화되고 있다.

포스트 드라마 연극의 길을 개척한 사람들은 오랜 기간 연극이 문학의 지배를 받으면서 연극의 본질적 특성이 오히려 변질되고 훼손되었다고 판단하여 연극의 순수성과 독립성이 강화되는 것을 중시한다. 이에 포스트 드라마 연극에서는 드라마 연극에서 텍스트의 언어적 의미 전달을 위해 봉사하던 배우의 몸, 무대 미술, 음향, 조명 등의 요소들이 자기 목소리를 회복한다. 나아가 무대와 객석의 경계가 해체되고 비연극적이라는 이유로 배제되었던 것들이 복원된다. 포스트 드라마 연극은 재현으로부터 퍼포먼스로, 감상으로부터 체험으로의 전환을 보여 준다. 이는 연극이 새로운 문화 콘텐츠로서 다양한 변신을 해 나가고 있음을 시사한다.

* 미메시스: 그리스어로 '모방'이라는 뜻. 플라톤과 아리스토텔레스에 따르면 자연의 재현을 의미함.
* 퍼포먼스: 광의로는 '실행(實行)'이란 뜻인데 협의로는 '연기, 연주'를 말함. 미술 분야에서는 미술가의 신체를 이용하여 표현하는 행위를 말함.

[24902-0037] ○ △ ✕

5 윗글을 읽고 이해한 내용으로 적절하지 <u>않은</u> 것은?

① 예술에서 퍼포먼스가 중시되는 경향은 연극에서 사건성이 강화되는 데 영향을 미치고 있다.

② 드라마는 현실을 재현하며 드라마 연극은 드라마 속에 재현된 것을 다시 무대 위에 재현한다.

③ 아리스토텔레스의 입장에 따라 플롯을 중시하는 드라마 연극에서는 필연성의 구조로 사건을 배열한다.

④ 포스트 드라마 연극에서는 드라마 연극에 비해 무대 미술, 음향, 조명 등이 공연에서 차지하는 위상이 높다.

⑤ 포스트 드라마 연극에서는 연극의 독립성을 강화하기 위해 연출을 통해 텍스트의 언어적 의미 전달 효과를 높인다.

[24902-0038] ○ △ ✕

6 윗글을 바탕으로 〈보기〉의 (가), (나)에 대해 설명한 내용으로 적절하지 <u>않은</u> 것은?

〈 보기 〉

(가) 현대 향락 사회의 일면을 보여 주는, 피나 바우쉬의 「콘탁트호프」는 등장인물들의 다양한 춤 동작들로 이루어진다. 춤 동작은 일상의 동작, 제스처 등이 기이하게 섞인 것으로 즉흥적인 성격을 지니고 있으며 단순한 동물의 움직임 같은 성격도 지니고 있다. 이러한 몸짓은 인간과 동물의 경계가 모호해짐을 느끼게 만드는 낯선 경험을 선사한다. 간혹 등장인물들이 대사를 하는데, 단지 자신의 상황에 대해 간단하게 언급하는 것일 뿐 논리적으로 무엇인가를 재현하는 것이 아니다.

(나) 「모스」는 여러 사람의 개인적인 추억과 회상을 기본으로 하는 짤막한 이야기들로 이루어지는 공연이다. 이 공연은 각본이나 규칙이 없으며, 누구든 무대 위에 설 수 있고 관객이 될 수 있으며, 발표 순서 또한 사회자에 의해 제비뽑기로 결정된다. 1인칭 시점으로 진행되는 이 공연에서 관객들은 작가이자 배우가 된다. 이 공연은 사건의 재현을 넘어 무한대의 텍스트가 창조되며 융합되고 또다시 해체되는 것을 통해 다양한 시간대로 관객을 안내하며 새로운 체험을 선사한다.

① (가)에서 논리적으로 무엇인가를 재현하는 것이 아닌 대사는 「콘탁트호프」가 사건을 재현하는 드라마의 화법에서 벗어나 있음을 나타낸다.

② (나)에서 누구든 배우가 될 수 있고 관객이 될 수 있다는 것은 「모스」가 배우와 관객 사이의 경계선이 사라진 공연임을 나타낸다.

③ (가)의 '낯선 경험'과 (나)의 '새로운 체험'은 「콘탁트호프」와 「모스」가 연극을 통해 연극 자체에 대한 사고를 증대할 수 있는 가능성을 보여 주고 있음을 나타낸다.

④ (가)의 '즉흥적인 성격을 지니고 있'는 것과 (나)의 '각본이나 규칙이 없'는 것은 「콘탁트호프」와 「모스」가 우발성을 포함하고 있는 공연임을 나타낸다.

⑤ (가)의 '춤 동작들'과 (나)의 '짤막한 이야기들'은 각각 「콘탁트호프」와 「모스」가 무대에서 현실의 환영을 만들어 내는 다양한 방식이 시도된 공연임을 나타낸다.

[24902-0039]   ○ △ ✕

7 ㉠에 대한 설명으로 적절한 것은?

① 공연으로서의 연극이 지니고 있는 특성이 강화되어 나타난다.

② 일련의 갈등과 해결의 서사 구조를 기반으로 사건이 전개된다.

③ 매 공연이 동일한 재현의 반복적 시행을 바탕으로 이루어진다.

④ 배우가 자기 몸의 고유한 움직임보다 배역의 수행을 중시한다.

⑤ 관객의 체험보다 감상이 공연의 의미를 가늠하는 핵심 요소로 기능한다.

[24902-0040]   ○ △ ✕

8 윗글과 〈보기〉를 바탕으로 포스트 드라마 연극 과 서사극 을 비교한 내용으로 적절한 것은?

〈 보기 〉

브레히트는 관객이 현실의 재현에 충실한 사실주의적 연극 공연에 몰입하는 것을 방해하기 위해 서사극 으로 지칭되는 드라마를 창작하고 연극으로 연출했다. 그는 관객이 공연장에서 수동적인 관람자로 머물면 일상으로 되돌아가서도 동일한 현상이 발생한다고 믿었다. 따라서 관객이 일상으로 되돌아가 능동적이고 비판적인 이성을 활성화할 수 있도록 연극 공연에서부터 몰입을 방해할 필요가 있었다. 서사극은 기존의 연극처럼 드라마 텍스트를 바탕으로 공연이 이루어지지만 연극에 몰입하는 대신에 그 내용을 분석하고 비판할 수 있는 기회를 제공함으로써 현실에서 작동하는 이데올로기에 몰입하지 않고 그에 대한 비판적 이성이 활동할 수 있게 해 준다. 서사극은 연극이 재현하는 현실이 이데올로기에 의해 만들어진 것임을 보여 줌으로써 관객으로 하여금 현실에 대한 비판적 인식을 할 수 있게 해 준다.

① 포스트 드라마 연극은 서사극과 달리 관객이 드라마 연극을 관람할 때와 같이 극의 내용에 감정을 이입하기가 어렵다.

② 서사극은 포스트 드라마 연극과 달리 현실 세계를 재현하는 것이 연극의 본연의 임무라는 것을 부정한다.

③ 포스트 드라마 연극과 서사극은 모두 관객과 무대 위의 사건 사이의 객관적 거리를 유지하는 것을 중시한다.

④ 포스트 드라마 연극과 서사극은 모두 드라마 텍스트가 정점에 위치해 있는 위계 구조를 바탕으로 공연된다.

⑤ 포스트 드라마 연극과 서사극은 모두 관객으로 하여금 자신이 살고 있는 현실에 대해 성찰하는 기회를 제공하는 것이 가능하다.

06회 미니모의고사

EBS 수능특강 **Q** 미니모의고사 **국어**

○ 알고 맞힘　　/8　△ 헷갈림　　/8　✕ 모르고 틀림　　/8

[1~4] 다음 글을 읽고 물음에 답하시오.

[앞부분 줄거리] 잡지 편집장인 '나'는 우연한 기회에 소설가 박준이 가짜로 미치광이 행세를 하며 정신 병원에 입원해 있다는 사실을 알게 되고, 마침 박준이 투고한 작품을 차일피일 미루며 발표 기회를 주지 않는 이유를 문학 담당 편집자인 '안 형'에게 묻는다.

"그렇다면 이 소설을 내보냈을 때 생길지 모른다는 말썽이란 도대체 어떤 것입니까. 안 형의 얘기대로라면 말썽이고 뭐고 처음부터 그런 게 생길 리도 없지 않아요. 작품 자체가 어떤 발언을 완성된 목소리로 말하지 못하고 있는 형편이니까 말입니다."

할 수 없었다. 나는 말 줄기를 다시 처음으로 돌리는 수밖에 없었다. 그러나 안 형은 이제 더욱 자신을 얻어 가고 있었다.

"그렇지요. 작품 자체가 소재 해석에 실패하고 있었다는 말씀은 저도 물론 동감이에요. 하지만 말썽으로 말하면 미완의 작품을 내보냈을 때보다 더 무의미한 말썽이 있겠어요? 되지도 않은 작품을 곧잘 칭찬하고 나서는 자들이 또 틀림없이 준동을 시작할 테니 말입니다."

안 형은 진심을 이야기하고 있지 않은 듯했다. 특히 '말썽'이란 말을 할 때 그는 야릇한 미소까지 짓고 있었다.

"아무래도 안 형의 편집만 같군요. 그 사람들에게는 박준의 소설이 또 어떤 다른 방식으로 완성되어 있을 수도 있지 않을까요? 그런데 안 형은 끝끝내 다른 사람의 해석 방법은 용납하지 않으려 하거든요."

"편집이라도 할 수 없죠. 저로서는 이 시대의 요구라는 것을 일단 그런 식으로 받아들이고 있으니까요. 사실을 말씀드리자면 전 그 소설이 어떤 식으로 완성되어 있느냐 아니냐 하는 그런 것은 별로 관심을 두어 보지 않았어요. 제겐 소재 해석만이 문제였죠. 작가가 어떤 소재를 만나 그것을 해석하는 방법은 그 작가가 자기의 시대 양심에 얼마나 투철해 있느냐 하는 문제가 결정지어 주는 거라고 생각되기 때문이죠. 박준의 소설은 바로 그런 점에서 저의 기대를 외면해 버렸어요. 제가 박준의 소설이 충분히 완성되지 못했다는 것은 그런 저의 관심 속에서지요."

안 형의 이야기는 결국 박준의 소설이 무의미한 한 개인의 내면적 비밀 쪽으로 독자의 관심을 끌고 감으로써 자기 시대의 요구를 배반했고, 그리하여 소재 해석과 작품 완성에 다 같이 실패하고 말았다는 주장이었다. 박준이 이 시대의 작가인 이상, 그는 절대로 자기 시대 양심의 가장 우선적인 요구를 배반해서는 안 되며, 그것을 도외시한 모든 창작 행위는 가혹하게 매도당해 마땅하다는 투였다. 이를테면 안 형의 시대관이 그렇게 되어 있는 모양이었다.

"하지만 그 역시 안 형의 편집이 아닐까요? 가령 모든 작가들에게 자기 시대의 요구나 압력을 꼭 안 형과 같은 정도로 받아들여야 한다고 고집하는 것이나, 또는 그것을 똑같이 받아들이고 있는 경우라 해도 어떤 일정한 방법 속에서만 그 시대정신에 투철해질 수 있다는 식의 생각 말입니다. 박준의 소설이 그런 식으로 쓰여졌다고 해서 그 소설이 전혀 우리 시대를 외면해 버렸다고 장담할 수는 없지 않을까요?"

나는 이제 웃을 수밖에 없었다.

[중략 부분 줄거리] 박준의 일에 관심을 갖게 된 '나'는 우연히 박준의 인터뷰 기사를 구하게 된다. 그 인터뷰 기사에서 '나'는 박준이 유년 시절에 겪은 전짓불의 공포, 곧 6.25 당시 경찰대인지 공비인지 그 정체를 알 수 없는 사람이 전짓불을 얼굴에 내비치며 어느 편인가를 물었던 공포스러운 상황을 작가가 된 지금도 느끼고 있다는 내용을 보게 된다. 박준은 작가로서의 자기 진술을 억압하는 실체로서의 '전짓불'의 공포를 언급하며, 자신의 소설은 바로 그 전짓불의 공포를 형상화하고 있다고 밝혔다.

인터뷰는 그렇게 끝나고 있었다. 이번에는 정말로 모든 것이 명백해지고 있었다. 박준이 마지막으로 전짓불의 이야기를 썼던 것은 역시 우연이 아니었다. 박준은 작가란 괴로운 일이지만 그 정체가 보이지 않는 전짓불의 공포를 견디면서도 끝끝내 자기의 진술을 계속해 나갈 수밖에 다른 도리가 없는 운명을 짊어진 사람들이라고 했다. 그러나 지난 2년 동안 박준은 그만한 각오조차도 지켜 내질 못해 온 셈이었다. 그의 독자들이, 안 형과 내가, 그의 소설을 내보내 주지 않은 교활한(또는 지나치게 용기가 없거나 용기가 없는 체하거나, 그 용기와 관련하여 편집이 심한) 편집자들이, 그보다도 그의 전짓불 뒤에서 끝끝내 정체를 드러내지 않은 채 복수만을 음모하고 있는 모든 사람들이, 그들의 입에서 입으로 건너다니는 정체불명의 소문들이 그것을 지켜 내지 못하게 한 것이다. 그래서 그는 자기의 내면에 용틀임치는 진술욕과 그것을 불가능하게 하고 있는 전짓불 사이에서 심한 갈등과 불안을 느끼기 시작했다. 그리고 그 정체

[A]

불명의 소문과 갈등을 빨아먹으며 전짓불은 그의 의식 속에서 엄청나게 크게 확대되어 갔다. 그 전짓불은 바로 어렸을 때부터 그의 속에서 은밀히 발아를 기다리고 있던 그 갈등과 불안의 씨앗이었다. 이제 그 씨앗이 발아를 시작한 것이다. 그리고 그것은 박준의 마지막 소설 속에서 한 작가로 하여금 끝끝내 정직한 진술을 할 수 없게 만든 방해 요인의 상징으로 훌륭하게 완성되고 있었다. 그는 그의 소설 속에서 한 작가가 얼마나 가혹하게 자기 진술을 간섭받고 있으며 그 때문에 결국은 얼마나 무참한 파국을 겪게 되는가를 극명하게 증언해 준 것이다. 그가 그런 소설을 쓰게 된 것은 거의 필연적이었다.

박준은 그 모든 것을 2년 전에 벌써 다 예감한 모양이었다. 그리고 모든 것이 그 박준의 예감대로 진행되어 온 셈이었다. 박준이 그가 예언한 대로 정말 미친 사람으로 보일 만큼 전혀 자기 이야기를 하려 하지 않은 것도 사실은 누구보다도 많은 이야기를 하고 싶은 욕망을 숨기고 있기 때문일 터였다.

하지만 이제 내게 확실해진 것은 그런 박준의 사정만이 아니었다. 박준의 사정이 확실해진 만큼 또 하나 확실해진 것이 있었다. 잡지 일이 탁탁해진 이유였다. 원고들이 잘 걷히지 않고 있는 것이나 걷혀 들어온 원고들이라야 모두 그렇고 그런 이유가 비로소 분명해져 있었다. 전짓불 때문이었다. 박준을 괴롭히고 있는 전짓불은 비단 박준 그 한 사람만 지니고 있는 것이 아니었다. 진술이라는 것을 경험해 본 사람들은 그것이 비록 자발적이든 누구의 강요에 의해서든, 또는 일부러든 무의식중에든 조금씩은 그 전짓불 빛 비슷한 것을 눈앞에 받아 보지 않은 사람이 없을 터. 누구나 자신의 전짓불은 가지고 있게 마련이다. 그리고 그 전짓불은 이쪽에서 정직해지려고 하면 할수록, 그리고 진술이 무거우면 무거울수록 더욱더 두렵고 공포스럽게 빛을 쏘아 대게 마련이다. 원고들이 잘 걷혀 들 리 없었다. 쉽사리 거둬들일 수 있는 글이란 그 전짓불 빛을 견디려 하지 않은 것들뿐. 그런 글들이 신통할 리 없었다. 사정이 거기까지 확실해지고 나자 나는 혼자 실소를 머금지 않을 수 없었다.

– 이청준, 「소문의 벽」

[24902-0041]

1 윗글에 대한 설명으로 가장 적절한 것은?

① 반어적 표현을 활용하여 인물의 성격을 부각하고 있다.
② 서술자가 특정 인물의 시각에 기대어 사건의 의미를 전달하고 있다.
③ 공간적 배경을 구체적으로 묘사하여 시대상의 변화를 제시하고 있다.
④ 풍자적 어조를 통해 특정 상황에 대한 인물의 체념적 태도를 드러내고 있다.
⑤ 서술자의 직접 서술을 통해 인물의 의식과 작중 상황이 독자에게 전달되고 있다.

[24902-0042]

2 윗글의 내용과 일치하지 <u>않는</u> 것은?

① '안 형'은 박준의 작품을 칭찬하는 사람들이 나타날 가능성에 대한 경계심을 드러낸다.
② '안 형'은 작품의 완성 여부보다는 소재의 해석의 문제에 중점을 둔다.
③ '나'는 '안 형'과 마찬가지로 박준 식의 작품 완성 방식에는 동의하지 않는다.
④ '안 형'은 작품의 성패 여부를 작가가 시대의 양심에 얼마나 투철해 있느냐의 문제와 관련지어 판단한다.
⑤ '나'는 박준의 소설이 우리 시대를 외면한 작품이라는 '안 형'의 견해에 동의하지 않는다.

3 [A]를 읽고 보인 반응으로 적절하지 <u>않은</u> 것은?

[24902-0043]

① 박준의 마지막 소설은 전짓불 때문에 생긴 불안과 그로 인한 파국적 상황을 형상화한 작품이다.

② 박준의 소설 쓰기는 작가의 정직한 진술을 억압하는 시대적 현실을 드러내기 위한 창작 행위이다.

③ 박준의 전짓불 이야기는 편집자들의 편견을 이겨 내고 작품을 완성할 수 있는 창작 방법을 제시한 것이다.

④ 박준은 전짓불의 공포를 견디며 자기 진술을 해야 하는 작가의 소임을 다하지 못할 상황에 처해 있던 작가였다.

⑤ 전짓불 뒤에서 정체 모를 소문을 만들어 내는 사람들은 작가적 소임을 펼치지 못하도록 박준을 억압한 존재들이다.

[24902-0044]

4 윗글의 등장인물들을 〈보기〉와 같이 정리했을 때, ⓐ~ⓓ에 대한 이해로 적절하지 <u>않은</u> 것은?

─ 〈 보기 〉─────────────

ⓐ '나'(서술자) ─ ⓑ 박준 ─ ⓒ '안 형'

ⓓ 박준의 마지막 소설 속 인물인 작가

① ⓐ는 ⓑ의 마지막 소설에서 채택한 창작 방법을 존중하는 입장에서 ⓒ의 편집에 대해 문제를 제기하고 있다.

② 현실 속의 ⓑ와 ⓑ의 마지막 소설은 ⓐ에게 창작 행위의 의미를 성찰하게 하는 역할을 한다.

③ ⓐ는 ⓓ를 통해 ⓑ의 개인적 고뇌를 이해하게 된다.

④ ⓐ는 ⓑ와 갈등하고 있는 ⓒ의 시대관에 대한 가치 판단을 배제한 채 이야기를 객관적으로 전달하는 역할을 한다.

⑤ ⓑ와 ⓓ는 모두 정직한 진술을 할 수 없게 억압을 받고 있는 존재이다.

[5~8] 다음 글을 읽고 물음에 답하시오.

 이 세상에 존재하는 가장 이상적인 시장의 형태는 완전 경쟁 시장이다. 완전 경쟁 시장에서는 판매자와 구매자 모두가 시장에서 형성된 가격을 그대로 받아들인다. 그리고 시장에서 거래되는 상품은 완전히 동질적이고, 시장에 참여하는 모든 경제 주체는 상품에 대한 완전한 정보를 갖고 있다. 그러므로 상품의 질, 광고 등 가격 이외의 수단을 통한 경쟁 가능성도 없다. 또 시장에 진입과 이탈을 방해하는 장벽 또한 존재하지 않는다. 이런 조건을 모두 갖춘 균형 상태에 교란 요인이 생기면, 단기 조정과 장기 조정을 통해 시장은 끊임없이 균형 상태를 지향하게 된다. 그런데 완전 경쟁 시장의 조건을 모두 갖춘 시장을 현실에서 찾아보기는 어렵다. 그럼에도 불구하고 완전 경쟁 시장은 현실에 존재하는 시장 형태를 평가하는 기준이 되기 때문에 언제나 경제학의 관심 대상이 된다.

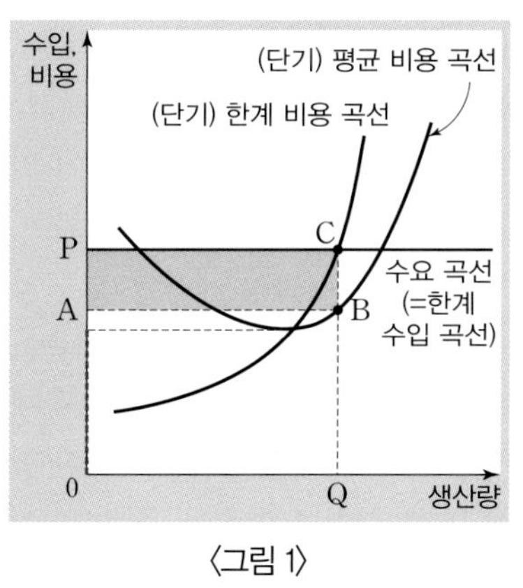

〈그림 1〉

 먼저 완전 경쟁 시장에서 단기 조정이 일어나는 경우부터 살펴보도록 하자. 완전 경쟁이 이루어지고 있는 시장에서 가격(P)이 어떤 수준으로 결정되었다면, 시장 안의 개별 기업은 그 가격을 주어진 것으로 받아들일 수밖에 없다. 따라서 기업이 직면하게 되는 수요 곡선은 〈그림 1〉에서 보는 것처럼 그 가격의 수준에서 그은 수평선이 된다. 그런데 이 수평선의 y축의 값은 가격을 뜻하는 동시에 한계 수입[*]을 뜻하기도 하므로 이 수평선은 한계 수입 곡선이기도 하다. 시장의 형태와 관계없이 경제학에서 기업의 이윤은 한계 수입과 한계 비용[*]이 서로 같아지는 지점에서 극대화되므로, 이윤의 극대화를 추구하는 기업은 한계 수입 곡선과 한계 비용 곡선이 교차하는 지점에서 생산량 Q를 결정하게 된다.

 단기 조정을 나타내는 〈그림 1〉에서 또 하나의 곡선은 평균 비용 곡선인데, 평균 비용은 말 그대로 상품 한 단위당 평균적인 생산 비용을 말한다. 즉 선분 CQ의 길이가 상품 한 단위당 받을 수 있는 가격을 뜻하고 선분 BQ의 길이가 한 단위당 생산 비용을 뜻하므로 상품 한 단위를 팔면 선분 CB의 길이에 해당하는 이윤을 얻는다. 이렇게 구한 상품 한 단위당 이윤에 그것의 판매량 Q를 곱한 값이 기업의 이윤으로, 이는 사각형 PABC의 면적과 같다. 그런데 시장 가격이 평균 비용 곡선의 최저점보다 더 낮아서 기업의 손실이 불가피할 때, 기업은 생산의 지속과 중단 여부를 결정해야 한다. 이 기업이 지출한 비용 중 매몰 비용[*]이 없다고 가정하면, 손실을 보면서 생산을 계속할 이유가 없다. 〈그림 1〉에서 평균 비용 곡선의 최저점에 해당하는 가격을 생산 중단 가격이라 하는데, 기업은 가격이 이 생산 중단 가격보다 높을 때에 한하여 생산 활동을 계속하게 된다.

이상에서 우리는 완전 경쟁 시장에서 개별 기업이 각 가격에서 얼마만큼의 상품을 생산해 공급하는지를 알게 되었다. 이를 바탕으로 〈그림 1〉을 보며 완전 경쟁 시장에서의 ㉠개별 기업의 공급 곡선을 도출해 보자. 우선 가격이 평균 비용 곡선의 최저점보다 낮으면 기업은 생산을 중단할 것이므로 공급량은 0이 된다. 즉 이 구간에서 공급 곡선은 수직축을 따라 올라가는 선분의 모양을 갖는다. 반면 가격이 평균 비용 곡선의 최저점보다 높으면 가격과 한계 비용이 교차하여 이윤이 극대화되는 지점에서 생산량을 결정한다. 즉 가격을 나타내는 수평선이 한계 비용 곡선 위의 한 점의 높이로 주어졌을 때 공급량은 바로 그 점의 수평축상의 거리와 같아진다. 이를 통해 가격이 평균 비용 곡선의 최저점보다 더 높은 구간에서는 한계 비용 곡선이 개별 기업 공급 곡선의 한 부분을 구성하게 된다는 것을 알 수 있다.

완전 경쟁 시장 안의 기업들이 양(+)이나 음(−)의 이윤을 갖는 단기 상황에서는 그 시장에 대한 지속적인 진입과 이탈이 일어나는데, 이는 별다른 교란 요인 없이 장기간에 걸쳐 그대로 머물러 있으려 하는 장기 균형 상태가 될 때까지 계속된다. 만약 현재 이윤이 극대화되지 않은 기업이 있다면 그 기업은 이윤을 더 크게 만들기 위해 선택을 바꾸게 될 것이고 이런 기업이 존재하면 장기 균형 상태가 될 수 없다. 따라서 완전 경쟁 시장이 장기 균형을 이루기 위해서는 우선 각 기업의 이윤이 극대화되어 있어야 한다. 이와 더불어 기업들의 진입과 이탈이 일어나지 않으려면 극대화된 이윤이 0이어야 한다. 마지막으로 시장 전체에서 수요량과 공급량이 맞아떨어져 균형이 이루어진다는 조건도 충족되어야 한다.

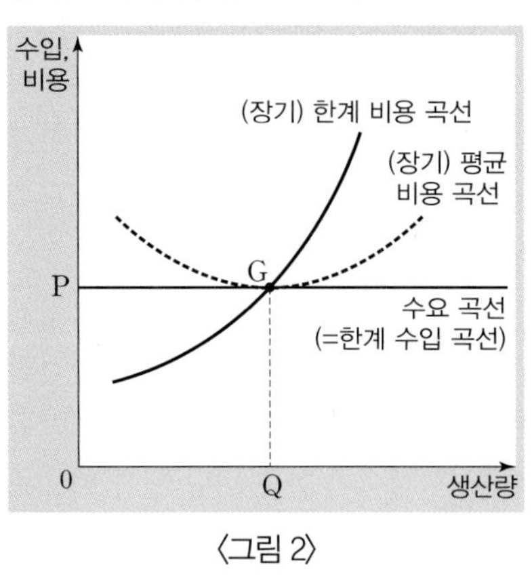

〈그림 2〉

즉 〈그림 2〉를 참고할 때, 완전 경쟁 시장의 장기 균형을 위한 첫 번째 조건인 각 기업의 이윤이 극대화되려면 한계 수입과 한계 비용이 같아야 하는데, 완전 경쟁 시장에서는 가격과 한계 수입이 같기 때문에 이윤이 극대화되기 위해서는 가격이 (장기) 한계 비용과 같아야 한다. 다음으로 완전 경쟁 시장의 장기 균형을 위한 두 번째 조건인 기업들의 진입과 이탈이 없기 위해서는 기업의 극대화된 이윤이 0이어야 한다. 이는 각 기업이 '가격 = (장기) 평균 비용'의 관계를 만족하는 생산 수준을 선택하고 있어야 한다는 것을 뜻한다. 그런데 이윤이 0인데도 기업이 도태되지 않고 완전 경쟁 시장에서 장기 균형을 이룰 수 있는 이유는 무엇일까? 여기서 말하는 이윤은 수입에서 기회비용*을 뺀 경제적 이윤이다. 그리고 투하 자본*에 대한 정상적인 수익은 기회비용의 일부로 포함되어 있다. 투하 자본에 대한 정상적인 수익은 '정상 이윤'이라 불리는데, 이윤이 0이라는 말은 기업이 생산 활동에 들인 비용과 정상 이윤을 합한 금액만큼 수입을 올렸다는 것을 의미한다. 이렇게 정상 이윤을 얻는 기업들이 도태될 이유는 없다. 마지막으로 완전 경쟁 시장 장기 균형의 세 번째 조건은 수요량과 공급량이 서로 같아야 한다는 것인데, 이는 어떤 시장에서나 충족되어야 하는 일반적인 균형의 조건이다. 〈그림 2〉에 따르면, 시장에서 형성된 균형 가격 P가 (장기) 평균 비용 곡선의 최저점(G)의 높이와 같을 때 이 세 조건이 모두 충족되어 장기 균형이 이루어짐을 알 수 있다.

경제학자들은 자원을 효율적으로 배분해 준다는 측면에서 완전 경쟁 시장을 바람직하게 여긴다. 완전 경쟁 시장에서는 모든 기업들이 최대의 효율성을 추구한다. 경쟁의 대열에서 뒤떨어지는 기업은 가차 없이 도태되고 마는 상황에서 비효율적인 요인들을 그대로 방치해 두는 기업은 없을 것이다. 따라서 각 기업은 누가 시키지 않아도 효율성을 최대한으로 높일 수 있는 방법을 찾으려고 노력할 것이 분명하다. 치열한 경쟁에서 살아남기 위해 각 기업이 자발적으로 효율성을 극대화해야 하는 것이 바로 완전 경쟁 시장의 특성인 것이다.

* **한계 수입**: 상품 한 단위를 더 팔았을 때 추가적으로 얻는 수입.
* **한계 비용**: 상품 생산량을 한 단위 증가시키는 데 추가적으로 드는 비용.
* **매몰 비용**: 기계나 설비를 사는 데 든 비용 등 지출하면 다시 회수할 수 없는 비용.
* **기회비용**: 실제로 지출하지 않았다 해도 비용의 성격을 갖고 있으면 모두 포함시키는 포괄적 비용의 개념임.
* **투하 자본**: 사업에 실제로 들인 자본.

[24902-0045] ○ △ ✕

5 윗글의 '완전 경쟁 시장'에 대한 이해로 적절하지 <u>않은</u> 것은?

① 시장 진입과 시장 이탈이 자유로워서 기업들 간에 완전 경쟁이 이루어진다.

② 장기 균형 상태에서는 장기 평균 비용 곡선의 최저점에서 상품 생산이 이루어진다.

③ 판매자나 구매자는 가격을 주어진 것으로 받아들일 뿐 가격에 영향을 줄 수는 없다.

④ 매몰 비용이 없다면 가격이 평균 비용 곡선의 최저점보다 낮을 때 기업은 생산을 중단한다.

⑤ 기업들은 상품의 질 개선이나 광고 효과의 증진을 위해 적극적으로 투자하는 경향을 보인다.

[24902-0046]   ○ △ ✕

6 윗글을 참고하여 〈보기〉를 이해한 내용으로 적절하지 <u>않은</u> 것은?

〈 보기 〉

우리나라에 컴퓨터 조립 업체들이 완전 경쟁 시장을 형성하고 있다고 가정할 때, A라는 컴퓨터 조립 업체의 하루당 생산 비용은 다음과 같다. 컴퓨터 판매 가격은 한 대당 35만 원이고, 시설 등에 지출한 고정 비용 중 매몰 비용은 없다. 평균 비용과 이윤을 고려하며 A 업체의 생산에 대해 이해해 보자.

컴퓨터 생산량(대/일)	총비용(만 원)	평균 비용(만 원)	이윤(만 원)
0	50	–	–
1	59	59	−24
2	74	37	−4
3	93	31	+12
4	128	32	+12
5	175	35	0
6	234	39	−24

① A는 하루에 컴퓨터를 3대나 4대 생산하는 것이 효율적이다.
② A가 컴퓨터 판매를 통해 얻을 수 있는 최대 이윤은 12만 원이다.
③ A가 생산하는 컴퓨터의 총비용과 회사가 얻는 이윤은 반비례한다.
④ A가 컴퓨터 4대째를 생산할 때 한계 비용은 35만 원으로 컴퓨터 한 대당 가격과 같다.
⑤ A는 컴퓨터 한 대당 가격이 31만 원보다 높을 때 생산 활동을 해야 이윤을 얻을 수 있다.

[24902-0047]   ○ △ ✕

7 〈그림 1〉을 참고하여 ㉠의 그래프를 이해한 내용으로 가장 적절한 것은?

① x축의 원점에서 생산량 Q까지의 수평축 선분의 값은 가격과 일치하게 된다.
② 평균 비용 곡선의 최저점보다 가격이 낮으면 공급 곡선은 y축과 평행을 이루게 된다.
③ 평균 비용 곡선의 최저점보다 가격이 높으면 한계 비용 곡선은 그 기업의 공급 곡선이 된다.
④ 공급 곡선은 상품의 가격이 높아지거나 공급이 많아질수록 우하향하는 곡선으로 나타나게 된다.
⑤ 가격을 나타내는 수평선이 평균 비용 곡선과 교차하는 곳이 상품의 공급량을 결정하는 기준이 된다.

[24902-0048]   ○ △ ✕

8 윗글의 '완전 경쟁 시장'과 〈보기〉의 '독점 경쟁 시장'을 비교한 내용으로 적절하지 <u>않은</u> 것은?

〈 보기 〉

독점 경쟁 시장에서는 기업마다 조금씩 다른 상품을 만들어 파는 현상, 즉 상품 차별화 현상이 나타난다. 기업들은 독특한 재료를 사용하거나, 겉모양의 디자인을 달리하는 등의 방법으로 자신의 상품을 다른 회사의 상품과 다르게 만들 수 있다. 예를 들어 같은 비누라 할지라도 어떤 것은 냄새를 좋게 만드는 데 주안점을 두는 반면, 어떤 것은 피부를 부드럽게 만드는 약용 성분을 강조해 만들기도 한다. 차별화된 상품을 생산하는 기업들은 각각 자신의 상품에 대해 어느 정도의 독점력을 보유하게 된다. 차별화된 상품들이 각각 독자적인 시장을 형성하게 되면 개별 기업이 직면한 수요 곡선은 우하향하는 모양을 갖는다. 독점 경쟁 시장에서는 기업들이 양(+)의 이윤을 얻고 있으면 다른 기업들이 이 시장으로 자유롭게 진입해 들어오기 때문에, 가격 아닌 광고나 선전 등을 통해 경쟁을 하게 될 가능성이 커진다. 이 같은 상품 차별화는 소비자의 다양한 기호에 부합하는 상품이 생산될 수 있도록 해 주기도 하지만, 충동구매, 과대광고 및 과대 포장 등 자원의 낭비를 초래할 우려도 있다.

① 완전 경쟁 시장과 독점 경쟁 시장에서 개별 기업의 수요 곡선은 각기 다른 모양이로군.
② 완전 경쟁 시장과 달리 독점 경쟁 시장에서는 상품 차별화를 통해 대량 생산을 유발하는군.
③ 완전 경쟁 시장이나 독점 경쟁 시장은 모두 진입 장벽이 없는 시장의 형태라고 볼 수 있군.
④ 완전 경쟁 시장과 독점 경쟁 시장은 모두 다수의 공급자가 존재한다는 것을 전제하고 있군.
⑤ 완전 경쟁 시장과 달리 독점 경쟁 시장에서는 상품 차별화 등의 비가격 경쟁이 일어날 가능성이 높겠군.

07_회 미니모의고사

EBS 수능특강 Q 미니모의고사 **국어**

○ 알고 맞힘 ___/8   △ 헷갈림 ___/8   ✕ 모르고 틀림 ___/8

[1~4] 다음 글을 읽고 물음에 답하시오.

㉮ 정월의 냇물은 / 아으 얼고자 녹고자 하는데
세상 가운데 나서는 / 몸이여 홀로 지내가는구나   [A]
아으 동동(動動)다리   〈정월 노래〉

이월의 보름에 / 아으 높이 켠
등불 같구나 / 만인(萬人) 비추실 모습이로다   [B]
아으 동동(動動)다리   〈2월 노래〉

사월 아니 잊어 / 아으 오시는구나 ㉠꾀꼬리 새여
무엇 때문에 녹사*님은 / 옛 나를 잊고 계신가
아으 동동(動動)다리   〈4월 노래〉

팔월 보름에 / 아으 가윗날이지만
임을 모시고 지내야 / 오늘날이 가윗날이로다   [C]
아으 동동(動動)다리   〈8월 노래〉

시월에 / 아으 저며 놓은 보리수나무 같구나
꺾어 버리신 후에 / 지니실 한 분이 없으시도다
아으 동동(動動)다리   〈10월 노래〉
                              – 작자 미상, 「동동」

※ **녹사**: 고려 시대의 관직명.

㉯ 일조(一朝) 낭군 이별 후에 소식조차 돈절하야*
자네 일정(一定) 못 오던가 무슨 일로 아니 오더냐
이 아해야 말 듣소
황혼 저문 날에 개가 짖어 못 오는가
이 아해야 말 듣소   [D]
춘수(春水)가 만사택(滿四澤)하니* 물이 깊어 못 오던가
이 아해야 말 듣소
하운(夏雲)이 다기봉(多奇峰)하니* 산이 높아 못 오던가
이 아해야 말 듣소
한 곳을 들어가니 육관 대사 성진이*는
석교(石橋)상에서 팔선녀* 데리고 희롱한다
지어자 좋을시고
㉡병풍에 그린 황계(黃鷄) 수탉이 두 나래 둥덩 치고
짜른 목을 길게 빼어 긴 목을 에후리어

사경(四更) 일점(一點)*에 날 새라고 꼬꾀요 울거든 오려는가
자네 어이 그리하야 아니 오던고
너는 죽어 황하수(黃河水) 되고 나는 죽어 도대선(都大船)*
되어
밤이나 낮이나 낮이나 밤이나
바람 불고 물결치는 대로 어하 둥덩실 떠서 노자
저 달아 보느냐
임 계신 데 명휘(明輝)를 빌리려문 나도 보게   [E]
이 아해야 말 듣소
추월(秋月)이 양명휘(揚明輝)하니* 달이 밝아 못 오던가
어데를 가고서 네 아니 오더냐
지어자 좋을시고
                              – 작자 미상, 「황계사」

※ **돈절하야**: 편지나 소식 따위가 딱 끊어져서.
※ **춘수가 만사택하니**: 봄물이 사방 연못에 가득하니.
※ **하운이 다기봉하니**: 여름의 구름이 기이한 봉우리마다 많으니.
※ **육관 대사 성진이**: 성진은 조선 시대 숙종 때, 김만중이 지은 「구운몽」의 주인공임. 육관 대사는 주인공 성진의 스승인데 이 작품에서는 육관 대사와 성진을 같은 인물로 착각하고 있음.
※ **팔선녀**: 김만중의 「구운몽」에 나오는 여덟 명의 여주인공들로, 주인공 성진의 아내가 됨.
※ **사경 일점**: 사경은 새벽 1~3시 사이의 시간. '점'은 각 '경(更)'을 5단위로 나눈 시간으로 사경 일점은 새벽 1시 24분 정도에 해당하는 시각임.
※ **도대선**: 큰 나룻배.
※ **추월이 양명휘하니**: 가을 달은 밝은 빛 드날리니. 이 구절은 앞의 '춘수가 만사택하니', '하운이 다기봉하니'와 함께 중국 육조 시대의 시인인 도연명의 「사시(四時)」에서 차용한 구절임.

[24902-0049]   ○ △ ✕

1 **(가)와 (나)에 대한 설명으로 가장 적절한 것은?**

① (가)에는 시간의 흐름에 따른, (나)에는 공간의 이동에 따른 시상 전개가 나타나 있다.

② (가)와 달리 (나)에는 임이나 화자가 아닌 제삼의 인물을 청자로 설정한 표현이 나타나 있다.

③ (나)와 달리 (가)에는 특정한 통사 구조가 반복 사용되어 운율감이 생겨나고 있다.

④ (가)와 (나)에는 모두 화자와 대상 인물 간의 문답을 통해 내적 갈등이 심화되는 모습이 제시되어 있다.

⑤ (가)와 (나)에는 모두 계절감을 환기하는 자연물과 대비하여 자신의 삶을 반성하는 태도가 드러나 있다.

[24902-0050] ○ △ ✕

2 ⊙과 ⓒ에 대한 이해로 가장 적절한 것은?

① ⊙과 ⓒ은 모두 화자의 자연 친화적 태도를 드러내는 소재이다.
② ⊙과 ⓒ은 모두 화자와 임을 이어 주는 매개체의 기능을 하는 소재이다.
③ ⊙은 임에 대한 화자의 인식 변화를, ⓒ은 화자에 대한 임의 태도 변화를 상징하는 소재이다.
④ ⊙은 문제의 원인을 화자 자신에게서 외부 세계로, ⓒ은 그 원인을 외부 세계에서 화자 자신으로 전환하게 하는 소재이다.
⑤ ⊙은 임을 향한 화자의 서운한 감정을 심화하는, ⓒ은 자신이 바라는 일의 실현 가능성이 희박하다는 화자의 인식을 드러내는 소재이다.

[24902-0051] ○ △ ✕

3 〈보기 1〉의 관점에서 〈보기 2〉를 참고하여 (나)를 이해한 내용으로 적절하지 <u>않은</u> 것은?

〈 보기 1 〉

「황계사」는 조선 후기에 대중적으로 크게 인기를 얻은 십이가사 중 하나로서 노랫말에 반복과 병렬이 두드러지게 나타나며 후렴구가 첨가되기도 한다. 작가 의식에 기반해 일관된 주제를 담아내기보다 여러 갈래의 기존 작품들로부터 청중에게 익숙한 표현을 차용하고 조합해 노랫말을 구성한 것이 특징이다. 기존 작품의 표현을 차용할 때 표현의 일부를 수정하기도 하는데 이 과정에서 원래 표현이 담고 있는 주제와 정서가 유지되기도 하고 변하기도 한다. 차용한 표현들이 노랫말에 다수 삽입되면서 작품이 전달하려는 주제와 동떨어진 표현이 나타나기도 하는데 이는 작품의 완성도보다 청중의 즐거움을 중시하는, 연행 현장의 통속적 유흥성을 반영한 결과라고 할 수 있다.

〈 보기 2 〉

조선 후기에 공존했던 다양한 갈래의 작품들 가운데 대중적으로 유행하여 당대 사람들에게 익숙했으면서 「황계사」와 연관성을 지닌 작품의 사례를 제시하면 다음과 같다.

○ 일조 낭군 이별 후에 소식조차 돈절하니
  오늘이나 기별 올까 내일이나 사람 올까 …
                    – 작자 미상, 「상사별곡」

○ 어이 못 오던가 무슨 일로 못 오던가
  너 오는 길에 무쇠성을 쌓고 … 네 어이 그리 아니 오더니 한 해도 열두 달이오 …
                    – 작자 미상의 사설시조

○ 春水滿四澤(춘수만사택) / 夏雲多奇峰(하운다기봉)
  秋月揚明輝(추월양명휘) / 冬嶺秀孤松(동령수고송)
                    – 도연명, 「사시」

○ 대사가 대노하여 왈, "네 용궁에 가 술을 먹으니 그 죄도 있거니와 오다가 석교상의 팔선녀로 더불어 언어를 희롱하고 …"
                    – 김만중, 「구운몽」

○ 벽상에 그린 황계 수탉이 뒤나래 탁탁 치며 긴 목을 늘이어서 해홰쳐 우도록 노새그려 …
                    – 작자 미상의 사설시조

① '일조 낭군 이별 후에 소식조차 돈절하야'는 화자가 처한 상황을 제시하기 위해 「상사별곡」에 사용된 표현을 차용한 것으로 볼 수 있겠군.
② '자네 일정 못 오던가 무슨 일로 아니 오더냐', '자네 어이 그리하야 아니 오던고'는 화자의 심정을 드러내기 위해 청중에게 익숙한 사설시조의 표현을 차용하면서 그 일부를 수정한 것으로 볼 수 있겠군.
③ '춘수가 만사택하니', '하운이 다기봉하니', '추월이 양명휘하니'는 도연명의 「사시」에서 한문 표현의 일부를 가져다 쓰면서 읽기 쉽게 '가', '–하니'와 같은 토를 달아 변용한 것으로 볼 수 있겠군.
④ '한 곳을 들어가니 육관 대사 성진이는 / 석교상에서 팔선녀 데리고 희롱한다'는 뒤이은 '지어자 좋을시고'와 함께 작품 주제와 거리가 먼 표현이지만 연행 현장의 통속적 유흥성을 반영해 「구운몽」에서 차용한 것으로 볼 수 있겠군.
⑤ '병풍에 그린 황계 수탉이 두 나래 둥덩 치고 / 짜른 목을 길게 빼어 긴 목을 에후리어 / 사경 일점에 날 새라고 꼬꾀요 울거든 오려는가'는 기존 사설시조의 표현을 차용하면서 원래 표현이 담고 있는 주제와 정서를 유지하는 방향으로 표현의 일부를 수정한 것으로 볼 수 있겠군.

4 〈보기〉를 바탕으로 (가), (나)를 감상한 내용으로 적절하지 않은 것은?

〈 보기 〉

　(가)와 (나)는 임을 향한 사랑과 임과의 이별에서 비롯한 슬픔을 노래한다는 점에서 유사한 면이 있다. 그러나 화자의 내면 심리는 (가)와 (나)에서 서로 다른 태도로 나타난다. (가)의 화자는 자신이 처한 결핍의 상황을 거듭 환기하면서 슬픔과 원망의 감정을 드러내기도 하고, 임의 훌륭함을 예찬하면서 임에 대한 사랑을 표현하기도 한다. (나)의 화자는 의문문의 형식을 빌려 떠난 후 돌아오지 않는 임에 대한 원망을 주로 드러내면서 이별이 지속되는 원인이 자신보다 임에게 있다는 태도를 보이지만, 다른 한편으로 임에 대한 그리움을 나타내기도 한다.

---

① (가)의 [A]는 '얼고자 녹고자' 하는 '냇물'과 화자의 대비를 통해 '몸이여 홀로 지내가는구나'라고 말하면서 화자가 처한 결핍의 상황을 환기하고 있군.

② (가)의 [B]는 임의 모습을 사물에 빗대어 '높이 켠 / 등불 같구나', '만인 비추실 모습이로다'라고 말하면서 임의 훌륭함을 예찬하고 있군.

③ (가)의 [C]는 '가윗날'이라는 상황과 화자의 처지를 대비하여 '임을 모시고 지내야 / 오늘날이 가윗날이로다'라고 말하면서 임에 대한 사랑을 통해 슬픔을 극복하려는 의지를 드러내고 있군.

④ (나)의 [D]는 의문의 방식을 활용하여 '못 오던가', '무슨 일로 아니 오더냐'라고 말하면서 이별이 지속되는 원인이 자신보다 임에게 있다는 태도를 보여 주고 있군.

⑤ (나)의 [E]는 '달'에게 '임 계신 데 명휘를 빌리려문 나도 보게'라고 말하면서 임을 보고 싶어 하는 화자의 심정을 드러내고 있군.

[5~8] 다음 글을 읽고 물음에 답하시오.

　매스 커뮤니케이션의 설득 전략 중 하나인 ㉠'위협 소구'는 수신자에게 위협이나 공포감을 불러일으키는 방법이다. 여기서 공포란 외부 혹은 내부의 사건에 의하여 야기되는 걱정, 불확실성, 불안전, 그리고 인지된 위험을 의미한다. 예를 들어 음주 운전 방지를 위한 공익 광고 영상에서 "필름은 되돌릴 수 있지만 생명은 되돌릴 수 없습니다."라고 말함으로써 공포심을 유발하는 경우에 해당한다. 어떤 학습 이론가들은 강력한 수준의 위협 소구가 더 많은 주목과 이해를 유발하기 때문에 태도를 더 많이 변화시킨다는 가설을 제시하기도 했다. 그렇지만 강력한 수준의 위협 소구를 사용할 경우, 감정적 긴장 정도가 높아져 분노나 회피 등의 자발적 방어 반응이 유발되어 설득의 효과가 줄어들기도 하기 때문에 위협 소구를 사용할 때는 주의가 필요하다.

　위협 소구의 효과를 조사하기 위한 최초의 연구는 재니스와 페쉬바흐의 고전적 실험인데, 이 실험은 강력한 수준의 위협 소구의 역효과를 보여 준다. 재니스와 페쉬바흐는 치아 위생과 관련한 강력한 위협, 중간 정도의 위협, 최소한의 위협 등으로 구성된 서로 다른 세 가지 수준의 위협 소구에 관한 실험을 수행하였다. 그 결과 학생들이 치아 위생을 위해 권고한 사항을 따르게 하는 데는 최소한의 수준의 위협 소구가 가장 효과적이었다. 강력한 수준의 위협 소구는 가장 효과가 없었다. 이것은 위협 소구의 수준이 너무 강하면 커뮤니케이션 효과를 감소시킨다는 증거였다. 그러나 이후 진행된 위협 소구 연구에서 이와는 다른 결과가 나타나기도 하였다. 레벤달과 나일스는 금연에 관해 위협 수준을 달리하는 실험을 수행하였는데, 그 결과는 강한 위협 혹은 공포가 태도 변화를 촉진시킨다는 사실을 보여 주어 재니스와 페쉬바흐의 연구 결과와는 상반된다. 이러한 상반된 결과를 어떻게 설명할 수 있을까? 그것은 위협 소구의 효과가 위협의 강도보다는 메시지 전달자의 권고가 얼마나 설득력을 지니는가에 달려 있음을 보여 준다. 즉 치아 위생을 위한 권고 사항인 양치질은 수용자들에게 충치를 예방하는 최선의 방법으로 받아들여지지는 않았지만, 금연은 폐암을 예방하는 최선의 방법으로 받아들여진 것이다.

　이러한 상이한 결과를 보이는 연구들을 참고하여 다양한 실험을 진행한 후, 재니스는 최초의 연구 결과를 수정·보완하여 '곡선 이론'이라는 하나의 모델을 만들었다. 이 모델에 따르면, 위협 소구의 수준과 태도 변화 간의 관계는 곡선을 형성하고 있다. 강력한 수준이나 최소한의 수준의 위협은 약간의 태도 변화를 일으키지만, 중간 정도 수준의 위협은 상당히 많은 태도 변화를 유발한다는 것이다.

〈재니스의 곡선 이론〉

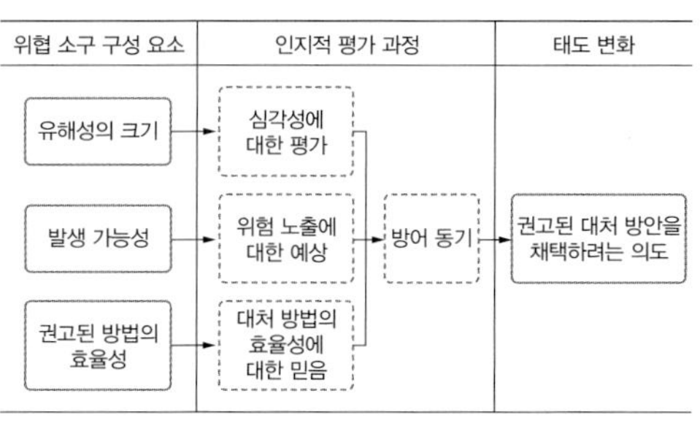

〈로저스의 방어 동기 이론〉

　로저스의 방어 동기 이론은 설득을 하는 데 위협이 어떤 역할을 하는지에 대해 보다 체계적으로 설명한다. 로저스는 위협 소구의 구성 요소로, 묘사된 사건의 유해성의 크기, 그러한 사건의 발생 가능성, 권고된 방법의 효율성 등 세 가지를 제시한다. 이 구성 요소들은 인지적 평가의 과정을 거치는데, 이 인지적 평가 과정을 통해 형성된 방어 동기가 태도 변화의 양을 결정한다. 위협 소구를 접했을 때, 만약 묘사된 사건의 유해성의 크기에 대한 심각성에 동의하지 않거나 실제로 일어날 것 같다고 생각되지 않는 경우, 또한 권고된 행동이 적합하다고 생각되지 않는다면 태도 변화는 일어나지 않을 것이라고 보았다.

　위협 소구와 관련하여 고려해야 할 또 하나의 요소는 설득의 상황에서 '위협 소구가 손실의 차원에서 제시될 것인지 이득의 차원에서 제시될 것인지'이다. 손실의 차원에서는 어떤 행동을 하거나 하지 않음으로써 기회를 잃어버리거나 부정적 결과가 증가할 수 있다는 위협이 제시된다. 이득의 차원에서는 반대로 기회를 얻거나 부정적 결과가 감소한다는 내용과 관련해 위협을 제시한다. 손실을 강조할 것인지 이득을 강조할 것인지는 커뮤니케이션의 상황에 따라 적절한 전략을 선택해야 한다.

　일부 연구에 의하면 공포를 불러일으키도록 고안된 공익 광고가 의도하지 않은 다른 감정들도 함께 유발할 수 있음이 밝혀졌다. 놀람이나 슬픔과 같은 감정은 메시지의 수용에 도움이 될 수 있는 반면, 당황함이나 분노와 같은 감정은 메시지 수용에 방해가 될 수도 있다는 것이다. 따라서 다양한 감정을 유발하는 위협 소구의 사용은 매우 신중해야 한다.

[24902-0053] 　○△×

5　윗글을 이해한 내용으로 적절하지 <u>않은</u> 것은?

① 재니스의 곡선 이론에 따르면 커뮤니케이션 수신자의 태도 변화와 위협 소구의 수준은 반비례 관계이다.

② 로저스는 위협 소구 구성 요소에 대한 인지적 평가 과정이 태도 변화와 밀접한 관련이 있음을 주장하고 있다.

③ 재니스와 페쉬바흐의 고전적 실험에서 강력한 수준의 위협 소구가 가장 효과가 크다는 가설이 틀릴 수 있음을 보여 주었다.

④ 위협 소구를 사용하여 설득하는 경우, 커뮤니케이션을 통해 환기되는 감정이 다양할 수 있어 의도한 목표를 달성할 수 없을 가능성도 존재한다.

⑤ 재니스와 페쉬바흐의 고전적 실험과 레벤달·나일스의 실험이 상반된 결과를 보이는 것은 권고가 지닌 설득력이 태도 변화에 영향을 준다는 것을 보여 준다.

[24902-0054] 　○△×

6　윗글의 ㉮와 〈보기〉의 ㉯를 비교하여 이해한 내용으로 가장 적절한 것은?

──〈 보기 〉──
　㉯접종 이론은 수신자가 지닌 신념이나 태도에 반하는 주장을 수신자에게 약하게 노출시킴으로써 개인의 태도와 신념이 외적인 변화 요인에 저항력을 가지게 할 수 있다는 커뮤니케이션 이론이다. 설득 과정에서 미리 같은 종류의 약한 커뮤니케이션을 주어 면역을 만들어 두면 강한 설득을 받아도 저항하게끔 된다는 것이다.

① ㉮와 ㉯ 모두에서 강력한 수준의 메시지가 커뮤니케이션의 목적을 달성하는 데 유리하다.

② ㉮와 ㉯ 모두 메시지의 반복적인 전달이 커뮤니케이션에 효과적이라는 전제를 바탕으로 하고 있다.

③ ㉮는 커뮤니케이션 과정에서 수신자의 신념을 강화하는, ㉯는 약화하는 메시지를 전달한다.

④ ㉮는 이성적 차원에서, ㉯는 감정적 차원에서 수행될 때 보다 효율적인 커뮤니케이션이 될 수 있다.

⑤ ㉮는 수신자의 태도 변화를 유도하는 것에, ㉯는 수신자의 태도와 신념이 변화 요인에 저항력을 가지는 것에 메시지 전달의 목적이 있다.

07회 미니모의고사

[24902-0055] ○ △ ✕

7 윗글을 바탕으로 〈보기〉에 대해 이해한 내용으로 적절하지 <u>않은</u> 것은?

〈 보기 〉

　레든은 죽음의 위협을 멀게만 느끼는 십 대들에게 제시하는 에이즈 예방을 위한 메시지에서, 어떻게 위협 소구가 이용될 수 있는지 연구했다. 실험 결과 청소년을 겨냥한 매스 미디어 메시지는 강력한 수준의 위협이지만 먼 미래의 일로 인식되는 죽음을 강조하기보다 정신 장애, 피부 발진, 친구 관계에 미치는 부정적 영향 등 즉각적인 결과를 강조하는 것이 효과적이었다.

　힐은 에이즈 예방 광고에 나타난 위협 소구의 효과를 연구하였는데, 실험에서 중간 정도 수준의 위협 소구의 효과가 최소한의 수준이나 강력한 수준의 위협 소구의 효과보다 높게 나타났다. 힐은 최소한의 수준의 위협 소구는 에이즈의 유해성이나 발생 가능성에 대해 제대로 전달하지 못하며, 강력한 수준의 위협 소구는 개인이 기존에 갖고 있는 에이즈에 대한 두려움과 결합될 때 지나치게 위협적인 것으로 나타난다고 말했다.

① 레든과 힐은 이득의 차원에서 위협 소구의 내용을 제시한 것이라고 할 수 있겠군.

② 힐의 위협 소구 연구 결과는 재니스의 곡선 이론을 뒷받침하는 구체적인 사례라고 할 수 있겠군.

③ 로저스는 힐의 연구에서 최소한의 수준의 위협 소구는 그 구성 요소가 인지적 평가 과정에서 방어 동기를 유발하지 않은 것이라고 판단하겠군.

④ 레든의 연구를 통해 위협 소구의 효과를 위해서는 재니스가 주장한 위협 소구의 수준 이외에 수신자의 특성에 대한 고려도 필요함을 알 수 있겠군.

⑤ 재니스는 레든의 연구에서 죽음이라는 강력한 수준의 위협 소구에 비해 정신 장애, 피부 발진 등을 강조하는 위협 소구가 중간 정도 수준의 위협이라고 평가하겠군.

[24902-0056] ○ △ ✕

8 윗글을 바탕으로 〈보기〉의 공익 광고에 대해 판단한 내용으로 적절하지 <u>않은</u> 것은?

〈 보기 〉

① ㉯에서 수신자의 감정적 긴장 정도가 높아졌다면 자발적 방어 반응이 나타날 가능성이 있겠군.

② ㉯는 위협 소구를 통해 수신자가 지구의 환경을 보호하는 방향으로 태도를 변화시킬 것을 기대하는 것으로 볼 수 있겠군.

③ ㉯는 로저스의 이론에 따를 때, 권고된 행동의 효율성 평가가 태도 변화에 영향을 미칠 수 있겠군.

④ ㉯의 메시지는 손실의 차원에서, ㉰의 메시지는 이득의 차원에서 전달되고 있군.

⑤ ㉯와 비교할 때, ㉮, ㉰는 최소한의 수준의 위협을 사용한 것으로 볼 수 있군.

08회 미니모의고사

EBS 수능특강 **Q** 미니모의고사 **국어**

◯ 알고 맞힘 ___ /8   △ 헷갈림 ___ /8   ✕ 모르고 틀림 ___ /8

[1~4] 다음 글을 읽고 물음에 답하시오.

서울이야 **부귀한 사람들** 모인 곳이라	京師富貴地
철따라 명절을 챙기지만	四時多佳節
시골은 빈천한 사람들	鄕里貧賤人
추석 같은 명절 또 있으랴!	莫如仲秋日

[A]

가을날 햇빛이 맑게 비치고	秋日有淸暉
가을밤 달이 밝게 떠서	秋宵有明月
㉠풍경이 참으로 아름답지만	風景固自佳
우리들 위해 만들어진 건 아니지.	非爲我輩設

보이나니 사방으로 트인 들판에	但見四野中
좋은 곡식 이삭을 드리우니	嘉穀正垂實
올벼는 벌써 타작마당 올랐고	早禾已登場
콩과 팥도 따로 거두고	豆菽亦採擷
마당가에 해바라기씨 털어 내고	中庭剝旅葵
뒤뜰에선 알밤을 깐다네.	後園摘苞栗

[B]

둥그런 질화로에	團團土火爐
고주배기* 벌겋게 타올라	吹扇紅榾柮
밥 짓고 국 끓여서	責飯作羹湯
온 가족 실컷 먹고 마시네	大家劇啗啜
한번 배가 부르매 기분이 늘어져서	一飽便意氣
떠들썩 이런저런 이야기꽃 피네.	散漫雜言說

지난해 큰 흉년 만났을 젠	去年大凶年
아주 죽어 못 살 듯싶더니만	幾乎死不活
금년엔 대풍이 들었어	今年大豐年
㉡하늘이 사람을 영영 죽이실 리 있겠나.	天意固不殺

(중략)

앞마을엔 **막걸리 거르고**	南里釃白酒
뒷마을엔 **누렁소 잡는데**	北里宰黃犢
홀로 서촌의 어느 집에	獨有西隣家
섧디섧게 밤새도록 곡을 하는고.	哀哀終夜哭
곡하는 이 누군가 물어보니	借問哭者誰
ⓐ유복자 안은 홀어미라네.	寡婦抱遺腹

[C]

서방님이 살아 계실 적엔	夫君在世日
두 식구가 이 한 집 지켜	兩口守一屋
문전의 멍석만 한 땅에서	門前一席地
매해 벌어서 근근이 풀칠은 하였는데	歲收僅糜粥
지난해 가을 서리 일찍 내려	去年秋早霜
비로 쓴 듯 콩 반쪽도 구경 못 했다오.	掃地無半菽
겨와 밀기울에 송기를 섞어 먹어도	糠麩雜松皮
겨울나기 부족하였지요.	過冬猶不足

[D]

봄이 오자 부잣집에 가서	春來向富人
나락을 구걸하여 한 줌 얻어다가	乞禾得滿匊
㉢한 톨도 먹기 아까워	一粒惜不嚼
고스란히 간직했다 종자로 쓰고 나니	持爲種田穀
근력은 날로 쇠약해지고	氣力日以微
위와 창자 날로 오그라들고	腸胃日以縮

굶거나 먹거나 함께하였는데	同是一般飢
이 몸은 나무둥치처럼 모진지……	妾何頑如木
홀연히 서방님만 저세상으로 보내어	却送夫君去
앞산 기슭에 내 손으로 묻었다오.	去埋前山麓

㉣앞산에 묻힌 사람 썩어 갈 때에	埋人人骨朽
논에 심은 곡식은 익어 갔다오.	種穀穀頭熟
벼 이삭 익은들 무엇하리오?	穀頭熟何爲
차마 보지 못해 문 닫고 들어앉아	閉門不忍目
㉤차라리 따라 죽자 해도	卽欲決相隨
젖먹이 어린것 두고 어이하리 ……	奈此兒匍匐

이 아이 비록 아비를 모르지만	兒雖不識父
단 하나 서방님의 혈육이니	猶是君骨肉
아이를 품에 안고 영위 앞에 고하다가	抱兒向靈語
말을 잇지 못하고 혼절하였는데	氣絶久不續
문득 문을 두들기는 소리	忽驚吏打門
아전이 세곡 바치라 외쳐 댄다.	叫呼貢稅粟

[E]

 - 이건창, 「전가추석(田家秋夕)」

※ **고주배기**: 땔감으로 사용한 나무 그루터기.

[24902-0057] ○ △ ✕

1 윗글에 대한 설명으로 가장 적절한 것은?

① 같은 시간에 서로 다른 공간에서 펼쳐지는 정경을 대비하여 주제 의식을 형상화하고 있다.
② 농민의 삶과 관련된 소재를 활용하여 비판의 대상이 되는 인물을 해학적으로 묘사하고 있다.
③ 인물의 회상을 통해 현실 문제의 원인을, 인물 간 대화를 통해 문제에 대한 극복 의지를 드러내고 있다.
④ 사건과 관련된 시간적 배경과 인물의 이름을 구체적으로 제시하여 사건 발생의 실제성을 확보하고 있다.
⑤ 특정 계절의 풍속에 대한 여러 인물의 목소리를 들려주어 풍요로운 농촌의 모습을 입체적으로 제시하고 있다.

[24902-0058] ○ △ ✕

2 ㉠~㉤에 대한 이해로 적절하지 **않은** 것은?

① ㉠: 가난한 농민들이 느끼는 상대적 박탈감이 드러나 있다.
② ㉡: 금년의 풍년을 하늘의 뜻으로 여겨 감사해하는 농민들의 마음이 나타나 있다.
③ ㉢: 지난해의 흉년으로 굶주리면서도 종자로 쓸 곡식을 먹지 못하는 농민들의 안타까운 상황이 드러나 있다.
④ ㉣: 누군가의 희생으로 얻은 결실에 감사해하면서 그 희생을 안타까워하는 태도가 나타나 있다.
⑤ ㉤: 상실감으로 생을 포기하려는 마음을 어린 자식 때문에 억제하는 모습이 드러나 있다.

[24902-0059] ○ △ ✕

3 〈보기〉를 참고하여 [A]~[E]를 감상한 내용으로 적절하지 **않은** 것은?

〈 보기 〉

「전가추석」은 이건창이 26세 때인 1877년에 지은 작품이다. 그는 당시 충청도 암행어사로 나가 호서 지방에서 일어나는 관료의 학정과 백성들의 비참한 삶을 직접 목격하였다. 이를 바탕으로 정치의 문란, 계층 간 불평등과 같은 현실 모순에 대해 문제의식을 갖게 되었는데 그때의 경험을 소재로 하여 쓴 시가 이 작품이다. 작품에 언급된 '지난해'는 조선 시대 최악의 흉년으로 꼽히는 '병자년(1876년) 기근'이 있었던 해로, 당시 수많은 백성이 굶어 죽거나 고향을 떠나 유랑민이 되었다. 재난을 당해 힘든 상황에 처한 백성들을 돕는 진휼 제도가 있었지만 그 실질적 혜택이 백성들에게 돌아가는 경우는 드물었다. 무능하고 부패한 지방 수령과 향리들이 고통받는 백성들의 현실을 외면하고 갖은 농간을 부려 진휼을 위한 재원의 대부분을 착복했기 때문이다. 이듬해 풍년을 맞이했지만 흉년을 견뎌 낸 이들과 그러지 못한 이들의 상반된 현실은 작가로 하여금 풍요로움과 슬픔이 공존하는 정경으로 추석을 형상화하게 했다.

① [A]에서는 '서울'의 '부귀한 사람들'과 '시골'의 '빈천한 사람들'을 비교해 추석의 의미가 계층에 따라 다름을 언급하는데, 이는 작가가 암행어사로서 백성들의 비참한 삶을 목격하면서 얻게 된 현실 모순에 대한 문제의식을 드러낸 것이라고 할 수 있겠군.
② [B]에서는 '올벼는 벌써 타작마당 올랐고', '뒤뜰에선 알밤을 깐다네'로 표현된 농촌의 가을 정경을 제시하는데, 이는 지난해의 흉년을 견뎌 내고 풍년과 추석을 맞이한 농민들의 풍요로움과 활기를 드러낸 것이라고 할 수 있겠군.
③ [C]에서는 '막걸리 거르고', '누렁소 잡는데'로 표현된 흥성거리는 풍경을 배경으로 '섦디섦게 밤새도록 곡'을 하는 인물의 모습을 부각하는데, 이는 재난을 당해 힘든 상황에서 고향을 떠난 유랑민의 비극적 현실을 나타낸 것이라고 할 수 있겠군.
④ [D]에서는 '문전의 명석만 한 땅'을 경작해 근근이 살다가 '지난해 가을 서리 일찍 내려' 굶주리게 된 상황을 보여 주는데, 이는 조선 시대 최악의 흉년으로 꼽히는 '병자년 기근'으로 백성들이 겪어야 했던 비참한 삶을 나타낸 것이라고 할 수 있겠군.
⑤ [E]에서는 '말을 잇지 못하고 혼절하였는데'로 표현된 비극적 상황과 '아전이 세곡 바치라 외쳐 댄다'에 나타난 관리의 모습을 대비하여 제시하는데, 이는 백성들의 고통스러운 현실을 외면하는 가혹한 정치에 대한 비판적 인식을 드러낸 것이라고 할 수 있겠군.

[24902-0060] ○ △ ✕

4 윗글의 ⓐ와 〈보기〉의 ⓑ를 비교한 내용으로 가장 적절한 것은?

〈 보기 〉

　ⓑ큰애기 새각시 짧은 치마 맨다리로 진흙탕에서
팽이자루 손에 쥐고 연뿌리 파고들 있구나.
길 가던 사람 걸음 멈추고 웃으며 "당신들 그건 캐서 뭣하오?"
"이걸로 입에 풀칠이나 하자고요." 하며 형편을 말하네.
"작년에는 큰 가뭄 들어서 산이 타고 개천이 말라
논농사 밭농사는 물론이요, 나무 열매 풀씨도 없는 지경이라.
금년 초여름 보릿고개 넘어가기 어찌 이리 더딘지
나락 바치라 돈 내놔라 발꿈치 돌릴 새도 없이
소나무 가지 껍질 다 벗겨지고 들에는 캐고 캐서 풀이 없는
지경에
주린 배 안고서 날이면 날마다 어디 간들 양식 얻을 곳 있으랴!
　　　　　　　　　(중략)
우리네야 연뿌리 캐서 이걸로 식량을 삼지요.
그 맛 딱딱하고 떫어서 입에 넘기기 거북합니다."
　　　　　　　　　　　　　　　－ 여규형, 「익주채련곡」

① ⓐ와 달리 ⓑ는 자연에 대한 긍정적 시각을 드러내고 있다.
② ⓑ와 달리 ⓐ는 인간의 유한성을 인식하여 허무감을 드러내고 있다.
③ ⓐ는 상대방의 행동을 비판하고, ⓑ는 상대방의 행동 변화를 기대하고 있다.
④ ⓐ와 ⓑ 모두 미래의 불확실성에 대한 인식을 바탕으로 현재의 삶을 살아가고 있다.
⑤ ⓐ와 ⓑ 모두 자신이 처한 현재의 상황이 과거의 사건과 연관되어 있다고 생각하고 있다.

[5~8] 다음 글을 읽고 물음에 답하시오.

㉮ 행정 법규는 '행정청은 A에 해당하면 B를 해야 한다. / B를 할 수 있다.'와 같은 형식을 지닌 '요건－효과'의 조건문 형태로 규정되어 있다. 즉 특정의 사실들이 법 규정에서 정한 법률 요건에 해당하면 해당 행정청이 특정의 행정 행위를 해야 하거나 할 수 있는 법률 효과가 발생한다.

　이때 'B를 해야 한다'의 경우처럼 법규상 요건이 충족되면 행정청이 반드시 어떠한 행위를 하여야 하는 행정 행위를 기속 행위라고 한다. 예를 들어 도로 교통법은 운전자가 술에 취한 상태에 있다고 인정할 만한 이유가 있음에도 음주 측정을 거부한 경우 지방 경찰청장은 운전면허를 취소하여야 한다고 규정하고 있다. 이 경우 행정청인 지방 경찰청장은 음주 측정 거부자의 운전면허를 취소해야 하는 의무를 지므로 이때의 운전면허 취소 행위는 기속 행위이다. 반면 'B를 할 수 있다'처럼 법규가 가능 규정 형식으로 행정청에 선택권을 부여한 경우의 행정 행위를 재량 행위라고 한다. 도로 교통법은 운전자가 난폭 운전을 한 경우 운전면허를 취소하거나 정지시킬 수 있다고 규정하여 지방 경찰청장에게 운전면허의 취소·정지 또는 그 집행에 대해 재량을 부여하고 있다.

　행정청의 위법한 행정 행위는 법원의 통제를 받아야 한다. 기속 행위의 경우 행정청에 특정 행위를 하여야 할 의무가 부과되므로 이에 따르지 않은 행정 행위는 법원에서 그 효력이 부정될 수 있다. 재량 행위의 경우 입법자가 가능 규정을 통해 행정청에 선택권을 부여하고 있으므로 법원은 행정청에 주어진 재량권이 주어진 목적을 벗어나 행사된 것인지만 심사할 뿐 재량권의 범위 내에서 행정 행위가 이루어진 경우 위법성을 인정하지 않는다. 다만 법 규정에서 정하지 않은 행위를 택하였거나, 재량을 행사함에 있어 공익과 사익 등 반드시 고려하여야 할 요소를 고려하지 않은 경우에는 재량 행위라도 위법성을 인정할 수 있다. 이처럼 [A] 어떤 행정 행위가 기속 행위인지 재량 행위인지에 따라 행정 행위에 대한 법원의 통제 범위가 달라진다.

㉯ 법률 요건에 추상적인 법 개념이 사용되는 경우가 있다. 예를 들어 공공의 복지·공적 질서·위험 등과 같은 법 개념은 그 해석뿐 아니라 구체적인 상황에의 적용 여부를 판단하는 데 어려움이 있다. 이와 같이 법 규정의 의미가 일의적이 아니라 다의적이어서 진정한 의미가 무엇인지 구체적인 상황에 따라 판단되는 법 개념을 '불확정 법 개념'이라고 한다. 법 규정이 발생 가능한 모든 경우를 구체적으로 예측하는 것은 불가능하므로 불확정 법 개념을 사용하여 추상적으로 규정할 수밖에 없다. 그런데 불확정 법 개념이 사용된 경우 행정청의 광범위한 판단권을 인정할 수 있을 것인가에 대해 견해의 대립이 있다.

　㉠판단 여지설은 법률 요건에 불확정 법 개념이 사용된 경우 하나의 결정만이 아닌 다양한 판단 가능성이 행정청에 주어진다

고 보고, 이를 행정청의 판단 여지 라고 정의한다. 이 입장은 법 적용 과정을 사실 관계의 확인, 법률 요건에 사용된 법 개념의 해석, 확인된 사실 관계의 법률 요건으로서의 포섭으로 구분한다. 여기서 사실 관계의 확인과 법 개념의 해석은 사법 심사의 대상이 되지만, 확인된 사실 관계가 불확정 법 개념에 포섭될 수 있는지 판단하는 것은 행정청의 전문성과 주관적인 가치 판단을 동시에 요구하므로 행정청의 판단 여지가 인정된다고 본다. 즉 행정의 특수성으로 인해 사법 심사가 곤란한 영역이 존재한다는 것이다.

ⓒ판단 수권설은 불확정 법 개념의 해석에 행정청의 선택권이 인정될 수 없으므로 하나의 올바른 결정만이 존재한다고 본다. 불확정 법 개념은 그것을 적용할 때 그 시대의 사회·경제·기술 분야의 평균적이고 지배적인 견해에 따라 특정한 내용으로 구체화할 수 있다고 본 것이다. 따라서 이 입장에 따르면 행정청의 판단 여지는 입법자인 의회가 행정청에 불확정 법 개념의 판단에 관한 권한을 부여한 경우에만 예외적으로 인정될 수 있다. 행정청의 판단 여지는 불확정 법 개념에 내재하는 것이 아니라 입법자의 수권[*]에 근거하고 있는 판단 수권이라는 것이다.

행정청의 판단 여지 인정 여부는 행정의 탄력성과 국민의 권익 구제를 고려하여 엄격하게 해석해야 한다. 일반적으로 시험 및 평가 등에 대한 교육적인 판단, 주택 시장 변화에 대한 예측 등과 같은 고도의 전문성이 필요한 행정 영역에서는 행정청의 판단을 존중해야 할 필요가 있다.

※ **수권(授權)**: 일정한 자격, 권한, 권리 따위를 특정인에게 부여하는 일.

5 (가)의 내용과 일치하지 <u>않는</u> 것은?

① 기속 행위뿐 아니라 재량 행위도 법원에 의한 사법적 통제를 받는다.
② 행정 법규는 법률 요건과 법률 효과의 두 부분으로 이루어진 조건문 형태로 구성되어 있다.
③ 도로 교통법에 따르면 음주 측정 거부자에 대한 지방 경찰청장의 운전면허 취소 행위는 기속 행위이다.
④ 도로 교통법에 따르면 운전자가 난폭 운전을 한 경우 지방 경찰청장은 해당 운전면허를 취소 또는 정지해야 하는 의무를 지닌다.
⑤ 재량 행위와 달리 기속 행위의 경우 행정청은 특정한 행정 행위만 할 수 있을 뿐 복수의 행정 행위 중 하나를 선택할 수 있는 권한이 없다.

6 [A]의 이유로 가장 적절한 것은?

① 기속 행위의 경우 행정청에 법적 의무가 주어지지만, 재량 행위의 경우 행정청에 법적 권한만 부여되기 때문이다.
② 구체적 사실 관계가 법률 요건에 해당하는지를 판단하는 기준이 기속 행위와 재량 행위의 경우에서 각각 다르기 때문이다.
③ 입법자가 행정 법규의 효과 부분에서 가능 규정 형식을 사용한 결과, 재량 행위에 대한 법규는 '요건-효과'의 조건문 형식을 벗어나게 되기 때문이다.
④ 기속 행위는 사법적 통제의 대상이 되는 행위로서 행정청에 대해 법원의 우위가 인정되지만, 재량 행위의 경우 행정청은 법원과 동등한 재량권을 지니기 때문이다.
⑤ 기속 행위는 행정청이 부여받은 구체적 의무를 이행하였는지가, 재량 행위는 행정청이 부여받은 의무의 범위 내에서 행위하였는지가 위법성 판단의 기준이기 때문이다.

[24902-0063] ○ △ ✕

7 판단 여지의 인정 여부에 대한 ㉠, ㉡의 입장을 이해한 내용으로 적절하지 <u>않은</u> 것은?

① ㉠은 행정 영역에 따라 행정청이 지닌 고도의 전문성을 인정해야 하는 경우가 있다는 점에서, 특정한 행정 영역에서 행정청의 판단 여지를 인정한다.

② ㉠은 확인된 사실 관계가 불확정 법 개념에 포섭되는지 여부에 대해 법원이 행정청의 판단을 존중해야 한다는 점에서, 행정청의 판단 여지를 인정한다.

③ ㉡은 구체적 사실 관계에 특정한 법 개념이 적용되는지 여부에 대한 판단은 행정청이 아닌 입법자가 해야 한다는 점에서, 행정청의 판단 여지를 인정하지 않는다.

④ ㉡은 불확정 법 개념이 사용된 경우라도 구체적인 법률 집행 과정에서 단 하나의 올바른 판단만이 허용된다는 점에서, 일반적으로 행정청의 판단 여지를 인정하지 않는다.

⑤ ㉠과 ㉡은 모두 행정의 탄력성이 요구되는 상황을 고려하여 의회가 행정청에 불확정 법 개념의 판단에 관한 권한을 부여한 경우 행정청의 판단 여지를 인정한다.

[24902-0064] ○ △ ✕

8 (가)와 (나)를 바탕으로 〈보기〉의 행정 법규에 대해 이해한 내용으로 적절하지 <u>않은</u> 것은?

〈 보기 〉

의료법

제53조(신의료기술의 평가)
제1항 보건복지부장관은 국민건강을 보호하고 의료기술의 발전을 촉진하기 위하여 … 신의료기술평가위원회의 심의를 거쳐 신의료기술의 안전성·유효성 등에 관한 평가를 하여야 한다.
제2항 제1항에 따른 신의료기술은 새로 개발된 의료기술로서 보건복지부장관이 안전성·유효성을 평가할 필요성이 있다고 인정하는 것을 말한다.

제59조(지도와 명령)
제1항 보건복지부장관 또는 시·도지사는 보건의료정책을 위하여 필요하거나 국민보건에 중대한 위해(危害)가 발생하거나 발생할 우려가 있으면 의료기관이나 의료인에게 필요한 지도와 명령을 할 수 있다.

① 의료법 제53조 제1항의 '국민건강', '의료기술의 발전'은 구체적인 상황에서 그 의미가 결정된다고 할 수 있으므로, 불확정 법 개념이라고 할 수 있다.

② 의료법 제59조 제1항에 따른 지도와 명령은 재량 행위이므로, 행정청이 어떠한 내용의 지도나 명령을 선택할 것인지에 대한 재량권이 인정된다고 볼 수 있다.

③ 보건복지부장관이 의료법 제53조 제1항의 '신의료기술평가위원회'의 심의를 거쳐 특정 의료기술의 안전성이 미흡하다는 판단을 내렸다면, 이러한 판단은 존중해야 하므로 사법 심사가 불가하다.

④ 의료법 제53조 제2항에 따른 '신의료기술'의 안전성·유효성 평가와 제59조 제1항에 따른 '신의료기술'의 국민보건에 대한 위해 여부 판단은 행정청이 지닌 전문성이 요구되는 판단이라고 할 수 있다.

⑤ 보건복지부장관이 특정 의료기술에 대해 의료법 제59조 제1항에 따라 해당 기술의 시술을 중단하라는 행정 명령을 내렸다면, 재량권이 부여된 목적을 벗어나 행사된 것인지에 대해서만 사법 심사가 가능하다.

[1~4] 다음 글을 읽고 물음에 답하시오.

㉮ 이씨의 사촌이 되지 말고
　민씨의 팔촌이 되려무나
　　아리랑 아리랑 아라리요
　　아리랑 띄여라 노다 가세　　　　〈1연〉

　남산 밑에다 장춘단을 짓고
　군악대 장단에 받들어 총만 한다
　　아리랑 아리랑 아라리요
　　아리랑 띄여라 노다 가세　　　　〈2연〉

　밭은 헐려서 신작로 되고 ┐
　집은 헐려서 정거장 되네 ┘[A]
　　아리랑 아리랑 아라리요
　　아리랑 띄여라 노다 가세　　　　〈5연〉

　말깨나 하는 놈 재판소 가고
　일깨나 하는 놈 공동산 간다
　　아리랑 아리랑 아라리요
　　아리랑 띄여라 노다 가세　　　　〈6연〉

　나를 버리고 가시는 님은
　십 리도 못 가서 발병 난다
　　아리랑 아리랑 아라리요
　　아리랑 띄여라 노다 가세　　　　〈10연〉

　풍년이 왔다네 풍년이 와요 ┐
　삼천리강산에 풍년이 와요 ┘[B]
　　아리랑 아리랑 아라리요
　　아리랑 띄여라 노다 가세　　　　〈11연〉
　　　　　　　　　　　– 작자 미상, 「본조 아리랑」

㉯ 신고산 우루루루 **함흥 차** 가는 소리
　구고산 큰애기 반봇짐만 싼다
　　어랑 어랑 어허야 어러럼마 듸여라 연사연이로구나 〈1연〉

어린아해 밥 달라고 발버둥질 치는데 ┐
영감님은 술만 먹고 양산도만 하누나 ┘[C]
　　어랑 어랑 어허야 어러럼마 듸여라 연사연이로구나 〈3연〉

정든 님을 다리고 산나물을 갈까 ┐
우리 오빠 따라서 봉천 차를 탈까 ┘[D]
　　어랑 어랑 어허야 어러럼마 듸여라 연사연이로구나 〈5연〉

바람 많은 세파에 부대끼는 이내 몸
언제 언제나 **걱정 구름**을 면할가
　　어랑 어랑 어허야 어러럼마 듸여라 연사연이로구나 〈9연〉

상개굴 큰애기 님 오기만 기다리고
푸릇푸릇 봄배추는 봄비 오기만 기다린다
　　어랑 어랑 어허야 어러럼마 듸여라 연사연이로구나 〈10연〉

독수리 날뛰자 병아리 간곳없구요 ┐
무심한 기차 뚝 떠나자 우리 님 간곳없구나 ┘[E]
　　어랑 어랑 어허야 어러럼마 듸여라 연사연이로구나 〈11연〉

부령 청진 가신 님 돈 벌면 오고
공동묘지 가신 님 언제나 오나
　　어랑 어랑 어허야 어러럼마 듸여라 연사연이로구나 〈12연〉
　　　　　　　　　　　– 작자 미상, 「신고산 타령」

[24902-0065]　〇 △ ✕

1 (가)와 (나)의 공통점으로 적절하지 **않은** 것은?

① 시대적 변화에 따라 예전과 달라진 개인적 삶의 양상이 나타나 있다.

② 구체적 공간을 언급하고 해당 공간에서 일어난 사건을 드러내고 있다.

③ 다양한 종결 어미를 사용하여 시적 정황에 대한 태도를 드러내고 있다.

④ 초월적 세계에서의 삶을 떠올리고 해당 세계에 대한 지향을 표현하고 있다.

⑤ 각 연의 상황을 다채롭게 구성하여 특정한 상황에서 느끼는 정서를 표현하고 있다.

[24902-0066] ○ △ ✕

2 〈보기〉와 관련지어 (가)의 〈1연〉, 〈2연〉을 이해한 내용으로 적절하지 <u>않은</u> 것은?

〈 보기 〉

민씨 가문의 사람인 명성 황후가 살해된 지 5년 후인 1900년, 고종 이희는 충성을 바치다 먼저 떠난 신하들의 혼령을 위로하기 위해 지금의 중구, 즉 남산 밑에 '장충단'을 지었다. 처음에는 을미사변과 갑오년에 순직한 신하들을 대상으로 제사를 올렸고 추후 임오군란과 갑신정변에 순의, 사절한 문신들도 대상에 포함하였다. 장충단에서 제사를 지낼 때 새로 조직한 신식 군대가 군악을 연주하며 조총을 쏘았다. 국권을 상실한 후 장충단은 결국 일제의 지시에 의해 폐사되고 만다. (가)의 '장춘단'은 '장충단'을 말하는 것으로, (가)의 1, 2연은 이와 같은 역사적 배경 속에서 그 의미를 파악할 수 있다.

① 조선의 임금이 '이씨'라는 점을 고려할 때, 〈1연〉의 '이씨의 사촌이 되지 말고'에는 충성을 바치다 죽음을 맞이한 신하들에 대한 안타까운 마음이 투영되어 있군.

② 명성 황후가 '민씨'라는 점을 고려할 때, 〈1연〉의 '민씨의 팔촌이 되려무나'는 임금의 외척들이 임금의 친족보다 더 큰 권세를 누리던 현실을 드러내는 것이겠군.

③ 1900년에 장충단을 지었다는 사실을 고려할 때, 〈2연〉의 '남산 밑에다 장춘단을 짓고'를 통해 이 민요의 가사가 형성된 시기와 역사적 배경을 짐작할 수 있군.

④ 장충단에서 제사를 지낼 때 신식 군대가 군악을 연주했다는 상황을 고려할 때, 〈2연〉의 '군악대 장단'은 신식 군대를 떠올리게 하려는 표현이라 할 수 있겠군.

⑤ 국권을 상실하고 장충단이 폐사된 역사적 상황을 고려할 때, 〈2연〉의 '받들어 총만 한다'에는 개혁을 통해 더 나은 현실을 만들지 못한 상황에 대한 비판적 인식이 투영되어 있겠군.

[24902-0067] ○ △ ✕

3 [A]~[E]의 표현상의 특징에 대한 설명으로 적절하지 <u>않은</u> 것은?

① [A]는 성격이 비슷한 두 개의 상황을 나열하여 변화하는 현실의 모습을 부각하고 있다.

② [B]는 동일한 구절을 반복하며 의미를 강조하여 화자가 염원하는 상황을 드러내고 있다.

③ [C]는 두 대상의 행동에서 공통된 요소를 찾아 부정적 세태를 풍자적으로 그려 내고 있다.

④ [D]는 성격이 서로 다른 두 개의 상황을 병치하여 화자의 내면적 갈등을 드러내고 있다.

⑤ [E]는 자연물의 모습과 인간사의 모습을 나란히 두어 화자가 느끼는 비애감을 강화하고 있다.

[24902-0068] ○ △ ✕

4 〈보기〉를 바탕으로 (가), (나)의 각 연을 설명한 내용으로 적절하지 <u>않은</u> 것은?

〈 보기 〉

민요의 사설을 장내 언술과 장외 언술로 구분하기도 한다. 장내 언술은 설정된 상황 안에 존재하는 화자가 자신의 처지나 상황, 심리를 털어놓는 서술 방식이라면, 장외 언술은 상황 밖에 존재하는 화자가 혼잣말을 하듯 외부의 상황을 전달하는 서술 방식에 해당한다. 따라서 장내 언술의 주된 내용은 화자가 스스로 당면하고 있거나 직접 관여하고 있는 사항인 경우가 많고, 장외 언술의 주된 내용은 화자가 관찰 대상과 거리를 두며 살펴보는 문제인 경우가 많다. 즉 제시된 상황에 얽매여 있을 때에는 장내 언술을, 주어진 상황으로부터 자유로울 때는 장외 언술을 선택하게 되는 것이다.

① (가)의 〈6연〉은 화자가 '말깨나 하는 놈', '일깨나 하는 놈'이 처하게 되는 상황을 거리를 두며 드러낸다는 점에서 장외 언술을 선택한 것이겠군.

② (가)의 〈10연〉은 임이 '나를 버리고 가시는' 상황을 언급하며 화자 자신의 처지와 심리를 털어놓고 있다는 점에서 장내 언술을 선택한 것이겠군.

③ (나)의 〈1연〉은 상황 밖에 존재하는 화자가 신고산 '함흥차'의 모습과 구고산 '큰애기'의 행동을 관찰하여 드러낸다는 점에서 장외 언술을 선택한 것이겠군.

④ (나)의 〈9연〉은 '바람 많은 세파'나 '걱정 구름'에 얽매여 지내는 '나'의 당면한 상황과 바람을 드러내고 있다는 점에서 장내 언술을 선택한 것이겠군.

⑤ (나)의 〈12연〉은 화자가 '부령 청진 가신 님'이나 '공동묘지 가신 님'을 기다리는 인물의 상황으로부터 자유롭다는 점에서 장외 언술을 선택한 것이겠군.

[5~8] 다음 글을 읽고 물음에 답하시오.

가 우주의 진화를 설명하는 이론 중 가장 널리 알려진 '빅뱅 이론'은 1929년 에드윈 허블이 발표한 관측 결과가 단서가 되었다. 허블은 은하들이 발하는 빛의 파장이 스펙트럼에서 본래 있어야 할 위치보다 붉은색 쪽으로 치우치는 '적색 편이'가 일어나는 것을 발견했다. 멀리 떨어진 은하일수록 더 많이 적색으로 치우쳤는데 이는 은하들이 지구에서 일정한 비율로 멀어지고 있다는 것, 즉 우주가 팽창한다는 증거로 해석이 되었다. 이를 바탕으로 조지 가모프는 우주의 시간을 뒤돌려 보면 우주는 모든 질량과 에너지가 밀집되어 있는 한 점이 팽창하여 형성되었을 것이라는 이론을 제시했고, 이 이론은 빅뱅 이론으로 불리게 되었다. 1964년에 벨 연구소의 과학자인 아노 펜지어스와 로버트 윌슨은 약 2.7K의 마이크로파 노이즈를 검출했다. 접시 안테나의 방향과 상관없이 발견되었던 이 마이크로파는 빅뱅 이론에서 예견했던 우주 배경 복사, 즉 초기 우주에서 방출된 빛이라는 것이 확인되었고 가모프의 이론은 표준 빅뱅 이론으로 자리를 잡게 되었다.

나 그런데 표준 빅뱅 이론의 가장 강력한 근거였던 우주 배경 복사는 새로운 문제를 내포하고 있었다. 펜지어스와 윌슨 이후 인공위성을 통한 정밀한 관측 결과 우주 배경 복사는 전체 하늘 어느 방향에서 오는 것을 관측해도 똑같이 $2.726 \pm 0.001K$였다. 이처럼 관찰하는 방향이 달라져도 특성이 변하지 않는 것을 등방성(等方性)이라고 한다. 표준 빅뱅 이론에서는 우주가 팽창하면서 밀도가 낮아져 온도가 3,000K 정도로 내려가게 되자 전자-양성자 플라스마에서 광자가 빠져나와 우주 전체에 고르게 퍼지기 시작했다고 보았다. 이렇게 우주 전체로부터 등방성을 가진 우주 배경 복사가 오고 있다는 것은 표준 빅뱅 이론과 잘 부합했다. 그런데 우주 배경 복사가 등방성을 가지고 있다는 것은 관측의 한계인 우주 지평선 너머의 우주에도 같은 특성을 가진 우주 배경 복사가 있는 필연적 이유를 설명해야 하는 난제를 안겨 주었다.

다 예를 들어 우리가 120억 광년 떨어진 은하를 보고, 그와 반대 방향으로 120억 광년 떨어진 은하를 본다고 하자. 우리는 두 은하를 볼 수 있지만 두 은하에서는 서로를 볼 수가 없다. 왜냐하면 두 은하는 240억 광년 떨어져 있는데 현재의 추정으로 우주의 나이는 137억 년밖에 되지 않기 때문이다. 그러므로 두 은하는 서로에게 우주 지평선 밖에 존재하는 것이다. 상대론에 따르면 어떤 정보도 광속보다 빠르게 전달될 수는 없다. 여기에서 말하는 '정보'란 어떤 종류의 물리적 상호 작용을 이른다. 예를 들어 열이 뜨거운 지점에서 차가운 지점으로 흐르면 이것은 일종의 정보 교환이라고 할 수 있다. 그러므로 우주 지평선 밖에

있는 지점과는 어떤 정보도 공유할 수 없을 것이다. 정보 교환이 없었던 격리된 구역들에서 동일한 특성을 가진 우주 배경 복사를 가질 가능성은 없다. 이것은 마치 ㉠전혀 교류가 없는 두 나라에서, ㉡일면식도 없는 두 사람이 ㉢한국에 보낸 편지의 내용이 일치하는 것과 같은 것이기 때문이다. 바꾸어 말하면 등방성이 있다는 것은 어떤 식으로든 초기에 접촉이 있었다는 것을 의미한다.

라 앨런 구스는 이러한 우주론의 난제를 가장 작은 입자를 다루는 입자 물리학과 연결시킴으로써 해결의 실마리를 찾았다. 그는 빅뱅 후 아주 짧은 시간 동안 우주가 엄청나게 커지는 급팽창이 있었기 때문에 우주 배경 복사가 같은 특성을 가지게 되었다고 설명한다. 입자 물리학에서는 온도가 $10^{28}K$ 이상 올라가면 원자핵을 이루고 있는 힘인 강한 핵력과 약한 핵력이 통합될 것으로 예측했다. 구스는 빅뱅 후 10^{-35}초경 우주의 온도가 $10^{28}K$ 이하로 내려갈 때, 강한 핵력과 약한 핵력이 분리되면서 엄청난 에너지를 방출했고, 이에 따라 우주는 기존의 빅뱅 이론에서 예측했던 것보다 훨씬 빠른 속도로 팽창했다고 보았다. 그는 10^{-35}초일 때 직경이 $10^{-23}cm$이던 우주는 10^{-32}초에는 10cm로 팽창했다고 추정했다. 이는 우주 자체가 광속보다 훨씬 빠르게 팽창한 것이지만 모든 정보는 빛보다 빠르게 전달될 수 없다는 법칙에 위배되는 것은 아니다. 왜냐하면 공간이 광속보다 빠르게 팽창한다고 해서 물체나 정보가 광속보다 빠르게 움직일 필요는 없기 때문이다. 따라서 급팽창에 따라 같은 기원을 가지는 구역들이 우주 지평선 밖으로 밀려났고 이 구역들은 같은 특성을 유지함으로써 우주는 균질성을 가지는 것이라고 설명할 수 있었다.

마 표준 빅뱅 이론으로 오늘날 우리가 관측하는 우주 배경 복사가 균질하다는 것을 설명하기 위해서는 정보가 우주를 가로질러 광속의 100배의 속력으로 전달되어야 한다. 하지만 급팽창 이론에서는 급팽창의 시기를 상정함으로써 이 문제는 완전히 사라진다. 급팽창 이론에서는 우주의 시발점이 표준 빅뱅 우주론에서 상정한 것보다 훨씬 더 작은 구역, 즉 양성자의 수십억 분의 일에 버금가는 작은 구역에서 시작했다고 본다. 우리의 우주가 될 그 구역이 엄청나게 작았지만 그곳에서는 균질한 온도에 도달할 충분한 시간이 있었다. 일단 이러한 균질 상태에 도달해 있을 때 이 작은 구역이 급속하게 팽창했고 나중에는 우주 지평선 너머까지 포함할 정도로 커졌다는 것이다. 이렇게 급팽창 이론은 상대론과 모순되지 않으면서도 우주 배경 복사가 등방성을 가지는 이유를 설명해 준다.

[24902-0069] ○ △ ✕

5 (가)~(마)에 대한 설명으로 적절하지 <u>않은</u> 것은?

① (가): 표준 빅뱅 이론의 정립 과정을 통시적으로 설명하고 있다.

② (나): (가)에서 제시한 빅뱅 이론의 근거에 내포된 문제점을 지적하고 있다.

③ (다): (나)에서 언급한 문제점에 대해 예시와 비유를 통해 상술하고 있다.

④ (라): (다)에서와 다른 정보 전달 속도를 전제함으로써 문제가 해결됨을 증명하고 있다.

⑤ (마): (라)에서 설명한 이론이 기존에 제기된 문제를 해결할 수 있음을 설명하고 있다.

[24902-0070] ○ △ ✕

6 윗글을 읽고 이해한 내용으로 가장 적절한 것은?

① 우주 배경 복사가 방향에 따라 다른 값을 가졌다면 표준 빅뱅 이론은 부정되지 않았을 것이다.

② 급팽창 이론에 따르면 우주 배경 복사는 빅뱅 후 10-35초에 방출된 빛이 현재에 남아 있는 것이다.

③ 급팽창이 일어나는 상황을 가상 실험을 통해 재현하기 위해서는 초기의 온도를 1028K 이상으로 설정해야 한다.

④ 상대론에 따르면 지구에서 관측했을 때 우주의 지평선 부근에 있고 방향은 반대인 두 은하는 지구와 정보를 공유할 수 없다.

⑤ 급팽창 이론에서 예측한 우주의 시작점은 표준 빅뱅 이론이 예측한 것보다 충분히 컸기 때문에 우주 지평선 너머까지도 설명할 수 있다.

[24902-0071] ○ △ ✕

7 〈보기〉는 윗글을 읽은 학생이 자료를 사용하여 친구들에게 설명한 내용이다. ⓐ~ⓔ 중 적절하지 <u>않은</u> 것은?

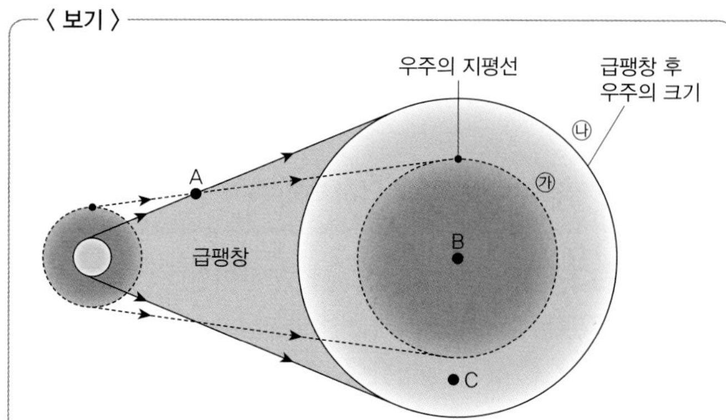

위의 그림은 우주가 광속으로 팽창했을 때와 급팽창했을 때의 차이를 보여 줍니다. ㉮ 원은 광속으로 우주가 팽창했을 때를 가정한 것으로 ⓐ㉮ 원 안에서 정보 교환이 있었다는 것은 상대론으로 설명이 가능합니다. ⓑ㉯ 원은 우주의 지평선 밖에도 우주 공간이 있다는 것을 보여 주는 것입니다. ⓒ급팽창 이론에서는 A점에서 광속과 팽창 속도가 같아지면서 같은 기원을 가지는 구역이 우주 지평선 밖으로 나간다고 설명합니다. ⓓ표준 빅뱅 이론에서는 B와 C 지점이 정보를 공유하려면 정보가 광속보다 빨리 전달되어야 한다는 모순이 일어나지만, ⓔ급팽창 이론에서는 B와 C 지점이 과거에 동일한 기원을 가지는 구역이었기 때문에 정보의 교환이 있었다고 설명합니다.

① ⓐ   ② ⓑ   ③ ⓒ   ④ ⓓ   ⑤ ⓔ

[24902-0072] ○ △ ✕

8 ㉠~㉢에 대응되는 내용끼리 연결한 것으로 적절한 것은?

	㉠	㉡	㉢
①	137억 광년 넘게 떨어진 두 구역	정보를 교환한 적이 없는 두 지점	광속보다 빠르게 전달되는 에너지
②	137억 광년 넘게 떨어진 두 구역	접촉이 있었던 두 지점	우주 배경 복사
③	지구에서 관측되지 않는 두 은하	정보를 교환한 적이 없는 두 지점	광속보다 빠르게 전달되는 에너지
④	우주의 진화 초기에 생성된 두 은하	접촉이 있었던 두 지점	일정한 온도의 마이크로파
⑤	서로에게 우주 지평선 바깥에 있는 두 구역	정보를 교환한 적이 없는 두 지점	우주 배경 복사

10회 미니모의고사

EBS 수능특강 **Q** 미니모의고사 **국어**

○ 알고 맞힘   /8   △ 헷갈림   /8   ✕ 모르고 틀림   /8

[1~4] 다음 글을 읽고 물음에 답하시오.

가 화왕(花王)이 처음 이 세상에 왔다. 모란이었다. 향기로운 동산에 심고 푸른 휘장으로 둘러치고선 임금님으로 받들어 모셨다.

바야흐로 따스한 봄이 돌아왔다. 온갖 꽃들이 피어나고 있었다. 화왕은 곱고 탐스러운 꽃을 피웠다. 꽃 중의 꽃으로 빼어나게 아름다웠다.

멀고 가까운 곳에서 여러 가지 꽃들이 다투어 화왕을 뵈러 왔다. 깊고 그윽한 골짜기의 맑은 정기를 타고난 탐스러운 꽃들과 양지바른 동산에서 싱그러운 향기를 맡으며 피어난 꽃들이 앞다투어 모여들었다.

문득 한 가인이 앞으로 나왔다. 붉은 얼굴과 옥 같은 이에 신선하고 탐스러운 감색 나들이옷을 차려입고, 방랑하는 무희처럼 얌전하게 걸어 나왔다. 가인은 임금에게 아뢰었다.

"이 몸은 설백(雪白)의 모래사장을 밟고, 거울같이 맑은 바다를 바라보며 자라났습니다. 봄비가 내리면 목욕하여 몸의 먼지를 씻고, 상쾌하고 맑은 바람 속에 유유자적(悠悠自適)하면서 지냈습니다. 이름은 장미(薔薇)라 하옵니다. 전하의 높으신 덕을 듣자옵고, 꽃다운 침소에 그윽한 향기를 더하여 모시고자 찾아왔습니다. 전하께서 이 몸을 받아 주실는지요?"

이때, 베옷을 입고 허리에는 가죽띠를 두르고 손에는 지팡이, 머리에는 백발을 인 장부 하나가 둔중한 걸음으로 나와 공손히 허리를 굽혔다.

"이 몸은 서울 밖 한길 옆에 사는 놈으로서 이름은 백두옹(白頭翁)이라 하옵니다. 아래로는 창망한 들판을 내려다보고 위로는 우뚝 솟은 산 경치를 의지하고 있습지요. 가만히 보건대, 좌우에서 보살피는 신하는 고량진미(膏粱珍味)와 향기로운 차와 술로 수라상을 받들어 전하의 식성을 흡족게 하고 정신을 맑게 해 드리고 있사옵니다. 하지만 또한 저장되어 있는 것이 있다면 보자기를 풀어, 좋은 약으로는 전하의 양기를 돕고 나쁜 돌이 있다면 그것은 그것대로 전하의 몸에 있는 독을 제거해 올려야 할 줄 아옵니다. 그래서 말하기를, '비록 명주나 삼베가 있어도 **군자 된 자**는 거적이나 띠풀이라고 해서 버리는 일이 없고, 부족에 대비하지 않음이 없다.' 하옵니다. 전하께서도 이러한 뜻을 가지고 계신지 모르겠습니다."

한 신하가 아뢰었다.

"두 사람이 왔사온데, 전하께서는 누구를 취하고 누구를 버리시겠습니까?"

화왕이 입을 열었다.

"장부의 말도 도리가 있긴 하나 가인은 얻기 어려우니 어찌할꼬?"

장부가 앞으로 나와 입을 열었다.

"제가 온 것은 전하의 총명이 모든 사리를 잘 판단한다고 들었기 때문입니다. 하오나 지금 뵈오니 그렇지 않으시군요. 대체로 **임금 된 자**로서 간사하고 아첨하는 자를 가까이하지 않고 정직한 자를 멀리하지 않는 이는 드뭅니다. 그래서 **맹자(孟子)**는 불우한 가운데 일생을 마쳤고, **풍당(馮唐)**은 낭관으로 파묻혀 머리가 백발이 되었습니다. 예부터 이러하오니 전들 어찌하오리까."

화왕은 비로소 깨달은 듯 말했다.

"내가 잘못했다. 잘못했다."

– 설총, 「화왕계(花王戒)」

나 영천(永川)의 토질은 대나무가 자라기에 적합하여, 민가에서는 대를 심어 가꾸기도 하고 울타리를 만들기도 한다. 온 고을이 다 그러하나 그들은 대나무의 본성을 진실로 깊이 알지는 못할 것이다.

전 장관 **김영지**는 사족(士族)으로 본래 대나무를 사랑하였다. ⊙해직한 뒤로부터 고향에 물러앉아 남이 알아주는 것을 바라지 않고, 이수의 남쪽에 터를 잡아 침실 동쪽에 정자를 짓고 대를 곁에 심었다. 그리고 그것을 편안히 쉬는 거처로 정함과 동시에 그 이름을 '**죽헌(竹軒)**'이라 하였다.

무릇 대나무란 **네 계절을 통하여 변하지 않고** 온갖 초목 가운데 홀로 특색을 보존한다. 그 **곧은** 것은 능히 풍속을 고칠 만하고 그 **건장한** 것은 능히 나약함을 일으켜 세울 만하다. 겨울에는 눈 속에서 그 차가운 소리가 창에 뿌리고, 여름에는 바람 속에서 서늘한 기운이 탑 자리에 가득하다.

⊙연기와 아지랑이가 자욱하여 소상강이 눈앞에 있는 것과 같고, 별과 달이 비치고 빛나서 상쾌한 것은 마치 선경이 사람의 정신을 융화하게 하는 것 같다. ⓒ시를 읊으면 흥취가 더욱 더해지고 귀한 손님을 대하면 오가는 말소리가 따라서 맑아지니, 이것이 다 누각 죽헌의 공이다.

세상이 오얏과 연꽃을 봄과 여름의 구경거리로 삼고, 국화나 매화를 가을과 겨울의 완상으로 삼지만 간혹 대나무에 대해서는 귀하게 여기지 않는다. 그러나 오얏과 연꽃은 부귀한 사람에게 어울리고, 국화나 매화는 똑같이 풍월을 읊는 데에 소중할 따름

이다. 대나무는 곧고 화사하지 않으며 **고고하여 속되지 않다.** 또한 추우나 더우나 한결같은 **절개**로 예나 지금이나 같은 빛이다.

세상 사람은 대개 위와 같이 이것들의 ⓔ자태의 곱고 아름다움과 이슬에 젖은 꽃망울의 향기만을 사랑하여, 자기도 모르게 사치할 마음과 간사한 뜻이 생겨 방탕하고 음란함에 빠지는 줄을 알지 못한다.

아, 대나무는 그렇지 않다. 대나무를 보면 야비하고 인색한 마음이 없어진다. 대나무의 덕성을 본받으면 **선비의 행실이 다듬어진다.** 비나 이슬은 그 화려함을 대나무에 보태 주지 못하고, 바람과 서리는 대나무의 절개를 바꾸지 못한다.

다만 대나무에는 붉은색의 현란함과 향기가 없는 까닭에, 이것을 **사랑하는 사람들이 적다.** 비유하자면 소인이 사람을 대할 때면 그 안색을 갖추고 그 언어를 비위에 맞게 하여 대하므로 아부하는 자가 많은 반면에, 군자가 사람을 대할 때는 의관을 바르게 하고 바라보는 것을 높게 하면서 점잖기 때문에 **따르는 자가 적은** 것과 같다. 이로 보아 대나무를 사랑하는 사람이 적은 것도 당연하다.

ⓜ지금 **김 군**이 홀로 대나무를 사랑하여 이를 정원에 심고, 밤낮으로 대하며 성정을 가꾸고 더러운 것을 씻고 있다. 따라서 그 가슴속의 맑고 더러움은 진실로 이미 구별되었을 것이다.

그가 대나무의 **절개를 본받아 임금을 섬기면 그 충성은 변하지 않고, 어버이를 섬기면 그 효도가 변하지 않을** 것이니, 나는 그의 이런 점 때문에 사랑하는 것이다.

나는 **남쪽으로 귀양살이를 갔을 때**, 운 좋게 그 누각을 한 번 가서 보고, **김 군의 삶을 고상하게 여겼었다.** 이 때문에 나는 내 글이 졸렬함에도 불구하고 이 글을 지어 그 누각에 걸게 하려 한다.

– 유방선, 「김 장관 댁 죽헌기(金場官宅竹軒記)」

[24902-0073]

1 (가)와 (나)의 공통점으로 가장 적절한 것은?

① 초현실적 인물을 사건에 개입시켜 인물 간의 갈등을 중재하고 있다.

② 등장인물에 대한 외양 묘사를 통해 인물의 성격 변화를 암시하고 있다.

③ 공간적 배경에 대해 감각적으로 묘사하여 인물의 감정 변화를 보여 주고 있다.

④ 대조적인 성격을 지닌 소재를 활용하여 현실에 대한 부정적인 인식을 드러내고 있다.

⑤ 자연물에 대해 작중 인물들이 가진 다양한 관점들을 절충하여 새로운 관점을 제시하고 있다.

[24902-0074]

2 〈보기〉를 참고하여 (가), (나)를 감상한 내용으로 적절하지 <u>않은</u> 것은?

〈 보기 〉

전통적인 글쓰기에 객관적으로 존재하는 사실이나 사물에 대한 글쓴이의 경험과 사색을 독자에게 전달하는 방식이 있다. 이러한 글쓰기는 특정한 목적을 구체적으로 명시한 경우라고 해도 독자들에게 교훈을 주거나 그들을 설득하려는 의도를 전제하고 있는 것이 대부분이다. 따라서 글쓴이는 교훈의 전달과 설득의 효과를 높이기 위해 다양한 글쓰기 방법을 동원하게 된다. 가령 과거의 의미 있는 인물과 관련된 역사적 사실이나 어떤 유래가 얽혀 있는 말을 인용하거나 비유적인 수사를 빈번하게 사용하는 등과 같은 방법들이다.

① (가)에서 '군자 된 자'가 지켜야 할 덕목을 언급하고 있는 것으로부터 교훈적인 성격을 띤 글쓰기라는 점을 확인할 수 있다.

② (가)에서 '맹자', '풍당'과 같은 과거의 의미 있는 인물들이 한 말을 직접 인용하여 설득의 효과를 높이고 있음을 찾을 수 있다.

③ (가)에서 '임금 된 자'의 도리를 밝혀 과오를 경계하기 위해 꽃을 의인화하고 있는 것으로부터 비유적인 수사를 사용하고 있음을 알 수 있다.

④ (나)에서 '나'가 '남쪽으로 귀양살이를 갔을 때' 김 군의 '죽헌'을 방문한 사실을 밝힌 것으로부터 직접 경험한 일을 전달하고 있음을 알 수 있다.

⑤ (나)에서 '나'는 '김 군의 삶을 고상하게 여'겨서 그 뜻을 글로 지어서 누각에 걸기 위함이라는 특정한 목적을 구체적으로 명시하고 있음을 확인할 수 있다.

[24902-0075] ○ △ ×

3 ㉠~㉤에 대해 감상한 내용으로 적절하지 <u>않은</u> 것은?

① ㉠: '김영지'에 대한 글쓴이의 안타까움과 동정이 드러나 있다.

② ㉡: 글쓴이가 상상력을 동원하여 대상의 아름다움을 부각하고 있다.

③ ㉢: 글쓴이가 '김영지'가 지은 죽헌에 대해 칭찬하며 그 이유를 밝히고 있다.

④ ㉣: 외적인 화려함만을 추구하는 세태에 대한 글쓴이의 경계가 나타나 있다.

⑤ ㉤: 글쓴이가 '김영지'의 행위를 바탕으로 하여 그의 고결한 성품을 짐작하고 있다.

[24902-0076] ○ △ ×

4 〈보기〉를 바탕으로 (나)의 '대나무'를 이해한 내용으로 적절하지 <u>않은</u> 것은?

〈 보기 〉

선생님: 문학 작품에서 어떤 자연물은 다음과 같은 사고 과정을 거쳐 글쓴이의 주장을 드러내는 데 활용되기도 합니다.

| 자연물의 의미를 추상화하기 | → | 인간 세상에서 유사한 대상을 유추하기 | → | 자연물과 유추 대상을 연결하기 | → | 자연물의 함축적 의미로부터 주장 드러내기 |

① 대나무의 '네 계절을 통하여 변하지 않고' '곧'고 '건장한' 속성은 '절개'의 의미로 추상화되고 있다.

② 대나무가 '고고하여 속되지 않'은 모습은 인간 세상에서 '다듬'지 않은 '선비'의 모습과 유사하다.

③ 대나무를 '사랑하는 사람들이 적'은 이유로부터 군자를 '따르는 자가 적은' 이유를 유추할 수 있게 된다.

④ 대나무를 사랑하는 '김 군'의 삶은 곧 대나무가 가진 '절개를 본받'고자 하는 삶의 태도와 연결된다고 할 수 있다.

⑤ 대나무와 같이 '임금을 섬기면 그 충성은 변하지 않고, 어버이를 섬기면 그 효도가 변하지 않'아야 한다는 주장이 나타나 있다.

[5~8] 다음 글을 읽고 물음에 답하시오.

호랑이의 줄무늬, 표범의 점무늬처럼 동물은 저마다의 무늬를 가지고 있다. 인류는 동물의 무늬가 생기는 이유에 대해 의문을 지녀 왔는데 1952년 영국의 수학자 튜링이 소위 반응-확산 모델과 이에 대한 방정식을 만들어 동물의 무늬 생성 이유를 과학적으로 설명을 하는 데 성공하였다. 동물의 무늬가 나타나는 데 관여하는 물질을 형태소라고 한다. 튜링의 반응-확산 모델에서는 색을 발현시키는 역할을 하는 형태소인 '활성자'와 이를 억제하여 색의 발현을 막는 형태소인 '억제자'가 상호 작용을 하는 반응을 하면서 확산하게 된다. 수조에 잉크 방울을 떨구면 ㉠물속에서 잉크가 확산하면서 전체가 균일해진다. 그런데 ㉡튜링이 말하는 확산은 아무 반응 없이 균일하게 확산되는 잉크의 확산과 달리 응집을 유발하여 무늬를 만드는 것이다.

그렇다면 튜링의 반응-확산 모델에서 활성자와 억제자가 어떤 상호 작용을 하여 무늬를 만드는 것일까? 활성자는 자가 촉매 기능을 지녀서 자신과 같은 대상을 만들어 내는 반응을 일으킨다. 따라서 그 수가 많을수록 더 많은 대상이 만들어진다. 그러나 이 모델에서 활성자는 활성자의 생성을 방해하는 억제자의 생성을 활성화시키는 반응도 함께 한다. 이러한 상호 작용이 튜링의 반응-확산 모델의 반응에 해당한다. 튜링의 모델에서 반응 이외에 무늬가 형성되는 데 기여하는 중요한 요소는 활성자와 억제자의 확산 속도이다. 튜링의 모델에서 억제자의 확산 속도는 활성자의 확산 속도에 비해 매우 빠르다.

[A]
　　튜링의 모델에서 한 점에서 확산하는 형태소를 아래 〈그림〉을 통해 1차원적으로 살펴보자. 〈그림〉 I의 원 안에서 볼 수 있듯이 형태소가 생체 내에 균일하게 존재하는 것처럼 보이지만 미시적으로 살펴보면 미세한 농도 차이가 존재한다. 활성자가 억제자에 비해 많은 부분에서는 활성자의 자가 촉매 작용에 의해 활성자의 농도가 억제자에 비해 높아지게 된다. 그러면 〈그림〉 II처럼 그 지점의 촉매 반응에 의해 활성자의 농도는 더욱 높아지게 되며 동시에 활성자에 의해 억제자가 생성되어 억제자의 농도 또한 높아지게 된다. 그런데 억제자가 활성자에 비해 매우 빠르게 확산하며 주변 세포로 이동하기 때문에 다음과 같은 현상이 나타난다. 첫째로, 활성자의 높은 농도는 안정화되어 일정 농도 수준을 유지하게 된다. 둘째로, 이웃한 세포의 억제자의 농도는 빠르게 확산한 억제자에 의해 높아져 〈그림〉 III과 같이 활성자의 농도가 증가하는 것을 억제하는 수평적 억제 작용이 나타난다. 그러나 이와 같은 수평적 억제 작용이 벗어난 지점에서는 다시 〈그림〉 IV와 같은 원리가 작동하여 새로운 활성자와 억제자 봉우리가 나타난다. 이러한 방식으로 결국 〈그림〉 V와 같은 모양으로 전체적인 패턴이 만들어진다.

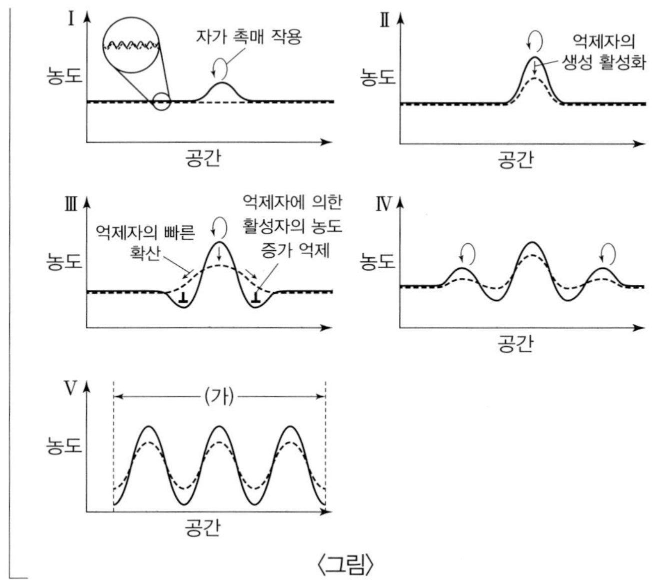

〈그림〉

이와 같은 원리를 바탕으로 튜링이 만든 동물의 무늬 생성을 설명하는 방정식에 의하면 활성자와 억제자의 생성 속도, 억제자에 의한 억제 속도, 형태소의 확산 속도, 촉진과 억제의 작용 정도에 의해 다양한 무늬가 결정된다. 튜링의 이 방정식은 후대 과학자들에게 다양한 동물의 무늬를 설명할 수 있는 초석을 제공해 주었다. 대표적인 후대 과학자인 머레이는 튜링의 반응-확산 모델의 방정식에 기반을 두고 포유동물 꼬리에서 발견되는 무늬의 크기와 형태를 탐구하였다. 머레이는 동물의 무늬는 반응과 확산이 일어나는 시점에서 태아의 크기가 중요하다는 것을 알아냈다. 그에 따르면 태아의 크기가 매우 작을 때 활성자, 억제자의 반응-확산이 일어나면 표피에 무늬가 생기지 않으며, 태아가 조금 자랐을 때 반응-확산이 일어나면 줄무늬가 생성된다. 태아가 더 크게 자란 후에 형태소의 반응-확산이 일어나면 점무늬가 생긴다.

또한 머레이는 포유동물의 꼬리가 점점 가늘어지는 원통형으로 수학적 모델링이 비교적 수월하다는 특징에 착안하여 포유동물의 꼬리 무늬에 대한 연구를 수행하였다. 포유동물의 꼬리 무늬는 기본적으로 두 가지 기본 패턴으로 이루어지는데, 꼬리를 둘러싸는 줄무늬이든가 아니면 점무늬이다. 그러나 어떤 무늬이든 끝부분은 줄무늬로 이루어져 있다. 머레이는 가늘어지는 원통형에 대해서 반응-확산 모델이 어떤 패턴을 형성하는지를 계산한 결과 줄무늬와 점무늬가 꼬리 끝에서 멀리 떨어진 부분에서 둘 다 생성이 가능하나 꼬리 끝부분에서는 줄무늬만이 생성된다는 결론에 이르렀다. 즉 원통이 가늘면 꼬리 축을 따라서만 일차원적인 패턴 생성이 가능하여 줄무늬가 형성되고, 원통이 굵으면 축을 따라서만이 아니라 꼬리 둘레를 따라서 이차원적인 무늬가 생성됨을 알아낸 것이다. 온몸에 점무늬가 있는 치타나 표범이 꼬리 끝부분만큼은 줄무늬인 이유도 바로 이 때문이며 마찬가지로 태아가 작으면 반응-확산 과정에 의해 생기는 원형 무늬 전체가 태아 속에 들어가지 못하고 그 일부분만 들어가기 때문이다.

5 윗글의 반응-확산 모델에 대해 이해한 내용으로 가장 적절한 것은?

① 동물 꼬리의 무늬는 억제자와 활성자의 상호 작용이 없다.
② 머레이가 최초로 반응-확산 모델을 방정식의 형태로 제시했다.
③ 생물의 생체 내에 존재하는 형태소는 미시적으로 균일하게 존재한다.
④ 활성자는 억제자와 달리 자가 촉매 작용을 하므로 형태소라 볼 수 없다.
⑤ 포유류의 꼬리 무늬 형성에 대한 머레이의 설명은 튜링이 개발한 방정식에 기반을 두었다.

6 ㉠, ㉡을 비교한 내용으로 가장 적절한 것은?

① ㉠은 ㉡과 달리 농도가 낮은 쪽에서 높은 쪽으로 확산한다.
② ㉠은 ㉡과 달리 확산 속도가 다른 두 물질이 있다.
③ ㉡은 ㉠과 달리 색의 발현에 관여하는 물질이 한 가지이다.
④ ㉡은 ㉠과 달리 확산하는 물질들 사이에서 반응이 일어난다.
⑤ ㉠과 ㉡은 모두 시간이 충분히 지나면 확산하는 물질의 농도가 균일해진다.

[24902-0079] ○ △ ✕

7 윗글의 〈그림〉 V의 (가) 구간 안에 있는 봉우리를 회색으로 나타내어 이차원 평면에 표현했을 때, 가장 적절한 것은?

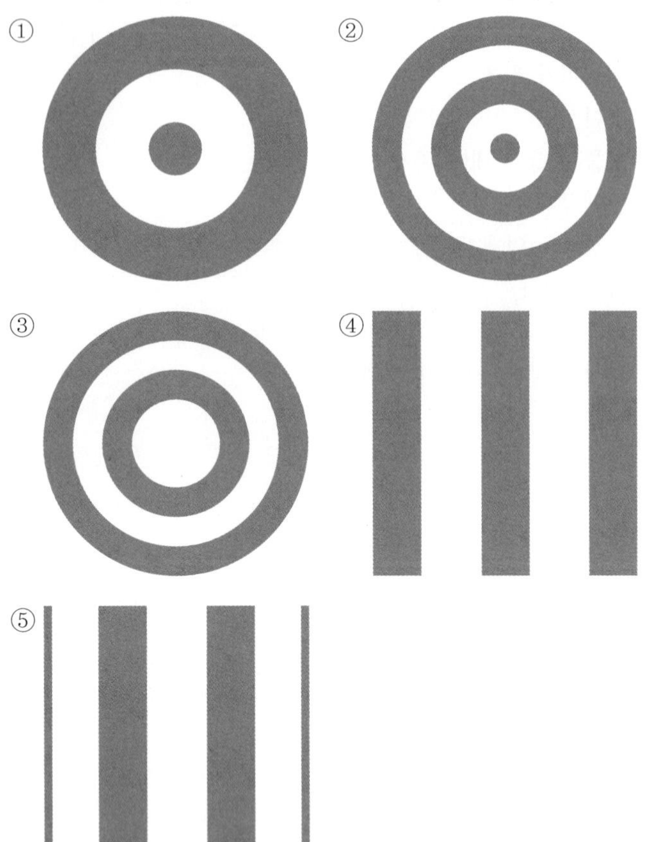

① ② ③ ④ ⑤

[24902-0080] ○ △ ✕

8 [A]를 〈보기〉의 ㉮~㉲에 적용하여 이해한 내용으로 적절하지 <u>않은</u> 것은?

〈 보기 〉

㉮토끼가 숲의 전체 영역 중 ㉯특정 영역에 많이 서식하는 경우를 생각해 보자. 이 영역에는 더 많은 토끼들이 태어난다. 토끼의 개체 수가 늘어나게 되면 포식자인 ㉰여우가 많아지게 되고 이로 인해 토끼의 수는 점차 줄어든다. 이에 따라 여우의 먹잇감이 줄어 여우의 개체 수 또한 줄어들게 된다. 한편, 포식자인 ㉱여우는 포식자를 두려워하는 토끼에 비해 더 빠르게 영역을 확대해 나간다. 따라서 여우의 영역은 토끼의 영역을 에워싸게 되고 토끼들을 중간에 가두어 놓아 토끼가 사는 영역이 더 이상 늘지 못하여 토끼의 서식지가 ㉲일정 지역에서만 형성된다.

① ㉮: 활성자
② ㉯: 형태소의 미시적인 비균일 농도
③ ㉰: 억제자의 자가 촉매 작용
④ ㉱: 활성자와 억제자의 확산 속도 차이
⑤ ㉲: 동물의 무늬 발현

11회 미니모의고사

EBS 수능특강 Q 미니모의고사 **국어**

○ 알고 맞힘   /8   △ 헷갈림   /8   ✕ 모르고 틀림   /8

[1~4] 다음 글을 읽고 물음에 답하시오.

가 동식물이나 다른 사물을 인격화하여 인간의 부도덕한 면이나 치부를 풍자하는 우화 소설은 우리나라에서 18세기 후반에서 19세기 사이에 집중적으로 창작되었는데, 당시의 역사적 상황을 담아내고 있는 경우가 많다. 특히 조선 후기 향촌 사회와 향촌민 그리고 그들이 겪는 향촌 사회 내 갈등이 주로 담겨 있는데, 이는 조선 후기 농민층의 분화와 연관이 있다. 부농과 빈농 간의 경제적 격차가 심해지는 한편, 새로운 경제 질서 안에서 부를 축적하여 신분적 속박에서 벗어나거나 관직을 얻고자 했던 부농층인 요호 부민의 등장으로 그러한 갈등이 더욱 심화되었다는 역사적 인식이 깔려 있는 것이다.

우화 소설 중에서 송사를 중심으로 이야기가 전개되는 유형은 재물의 탈취와 뺏김이라는 문제를 중심으로 당대인들의 갈등을 보여 준다. 재물을 축적했다는 이유로 빈민 구제를 하고도 지속적인 요구에 시달리는 요호 부민층에 대한 동정과 이들을 약탈하려는 부패한 관리들에 대한 비판적 태도도 나타난다. 또한 백성이 양식을 구걸해야 할 정도의 상황에 처한 것이나 앙심을 품고 송사를 일으킬 정도로 몰염치한 것 등을 지배층의 문제로 돌려 비판한다는 점도 특징이다.

한편 나이 다툼을 중심으로 이야기가 전개되는 유형도 있는데, 주로 나이를 빙자하여 상좌(上座)에 오르기를 욕망하는 인간상과 이를 위해 거짓을 고하는 모습들을 풍자하는 내용이 주로 담긴다. 그리고 기존 질서인 나이를 통해 상좌를 차지하고 이를 지키기 위해 노력하는 모습은 조선 후기 향촌 사회에서 점차 영향력을 잃어 가던 선비들의 현실적 처지를 우의적으로 드러낸 것이라는 평가도 있다. 특히 요호 부민층의 성장으로 인해 경제적으로 몰락한 선비층으로 형상화된 동물이 위엄 없이 구석에서 눈치만 보다가 상좌를 차지하기 위해 노력하는 모습을 보여 주기도 하고, 심지어 요호 부민층에 해당하는 인물들이 막강한 힘을 가진 지배층을 비판하며 자신들의 뜻에 따라 초대 여부를 결정하는 등 조선 후기 변화된 사회상을 여실히 드러냈다는 평가를 받는다.

나 "대개 만물의 경중을 알고자 할진대 저울만 같음이 없고, 송사의 곡직을 알진대 양언(兩言)을 들음만 같음이 없나니, 일편의 말만 듣고 선불선을 가벼이 판결치 못할지라. 소진(蘇秦)의 말로써 진나라를 배반함이 어찌 [A]

옳다 하며 장의(張儀)의 말로써 진나라를 섬김이 어찌 그르다 하리오. 소장(訴狀) 양인의 말을 같이 들은 연후에야 종횡을 쾌히 결단하리니, 다람쥐는 우선 옥으로 내리고 서대쥐를 즉각 착래(捉來)하여 상대한 연후에 가히 백변하리라."

한번 제사하매 오소리와 너구리 두 형졸로 하여금 서대쥐를 빨리 잡아 대령하라 분부하니 두 짐승이 청령하고 나올새 오소리가 너구리더러 일러 왈,

"내 들으니 서대쥐 재물이 많으므로 심히 교만하매 우리 매양 괴악히 알아 벼르던 바이러니, 오늘 우리에게 걸렸는지라. ㉠이 놈을 잡아 우리를 괄시하던 일을 설분하고 또 소송당한 놈이 피차 예물 바치는 전례는 위에서도 아는 바라. 수백 냥이 아니면 결단코 놓지 말자."

하고 둘이 서로 약속을 정하고, 호호탕탕한 기분을 발호하고 예기(銳氣)는 맹렬하여 바로 구궁산 팔괘동에 이르러 토굴 밖에서 여성대호(厲聲大呼)하여 가로되,

"서대쥐 정소(呈訴)를 만나매 백호산군의 명을 받아 패자(牌子)를 가지고 잡으러 왔나니 서대쥐는 빨리 나오고 지체 말라."

독촉이 성화 같은지라. 비복들이 이 말을 듣고 혼백이 비월하여 급급히 들어가서 서대쥐게 연유를 고할새 서대쥐 호흡이 천축하고 한출첨배(汗出沾背)*하는지라. 모든 쥐들이 이를 보고 눈을 둥글고 두 귀 발록발록하여 황황망조(遑遑罔措)하거늘 서대쥐 왈,

"너희들은 놀라지 말라. ㉡옛말에 일렀으되 칼이 비록 비수라도 죄 없는 사람은 해치지 못한다 하였으니 우리 본디 죄를 범한 바 없는지라 무엇이 두려우리오."

(중략)

'이번 송사도 신과 다람쥐 사이에 무도함이 아니라 책재원수(責在元帥)*라. 산군의 교화가 이르지 못함이요 덕이 무왕을 효측지 못함이라. 신은 구궁산에 거한 지 수년에 조상이 전하온 재물이 수천 금에 지나고 겸하여 요사이 당천자 사급*하옵신 율목이 사만여 주에 지나오니 항상 마음에 과복함을 염려하는 바요, 상하 권솔이 매양 무슨 볼일이 있어도 출필곡 반필면 하옵거늘 노복종이라도 하일에 무엇이 부족하여 ⓐ타인의 양미를 엿보아 도적을 하오리까. 다람쥐는 수십 세를 내려오며 빈한한 것은 천산만학이 중소공지(衆所共知)*요, 성품이 본래 장구지계하는 원려(遠慮)가 없고 다만 ㉢고식지계(姑息之計)*로 어제 거두어 오늘 살고 금일 취하여 내일 지내오며, 또한 가중이 본디 적막하여 훼장삼척(喙長三尺)*에 사벽이 매

어늘, 무엇이 넉넉하여 도둑맞을 수십 양미를 어느 겨를에 저축하오리까. 다람쥐가 거년에 애연한 사정을 신더러 말하옵기에 생률 백자 일이 석을 주어 구활하온 후 금년 신정에 다시 나와 두 번 와 사정하오나 마침 신의 집에 용도가 많아서 그 청을 들어 주지 못하였더니, 그로 활원하와 보은함은 생각지 않고 이같이 소송을 제기하기에 이르니 어찌 억울치 않사오리까. 증공의 글에 일렀으되 도적이 증거를 밝혀야 도적에게도 도리어 복을 주게 된다고 하였으며, 옛날 한 태조는 진나라를 멸하고 함양에 들어가 포로와 더불어 삼장법(三章法)을 언약할 제 살인자는 사(死)하고 상인자와 도적은 죄로 다스리기로 국법을 밝혔사오니, 원컨대 산군은 진상을 명찰하신 후에 만일 신이 도적에 나타나는 형상이 분명하올진대 쾌히 신을 명정기죄(明正基罪)*하와 일후 다른 짐승으로 하여금 징계하시고, 산군도 덕화를 멀리 베푸지 못하사 교화 널리 흐르지 못하므로 이런 송사가 생기는 것이오면 스스로 탄식만 하옵시고 신등의 쟁송함을 그르다 마옵소서.'

백호산군이 서대쥐의 소지를 본 후 말이 없더니, 이윽고 제사를 불렀다.

– 작자 미상, 「서동지전」

※ 한출첨배: 몹시 부끄럽거나 무서워서 흐르는 땀이 등을 적심.
※ 책재원수: 가장 높은 지위에 있는 사람에게 책임이 있음.
※ 사급: 나라나 관청에서 금품을 내려 줌.
※ 중소공지: 뭇사람들이 모두 아는 일.
※ 고식지계: 우선 당장 편한 것만을 택하는 꾀나 방법.
※ 훼장삼척: 허물이 드러나서 숨기어 감출 수가 없음.
※ 명정기죄: 명백하게 그 죄명을 집어냄.

다 장 선생 맏손자가 여쭈되,

"우리 집에 경연(慶宴)을 배설하오매 각처 손님을 청하려니와 만일 백호산군을 청치 않으면 후일에 필경 화가 될 듯하오니 어찌하오리까."

장 선생이 눈을 감고 오래 생각을 하다가 이르되,

"백호산군은 힘만 믿고 사나와 친구를 모르고, 몇 해 전 네 형을 해하려고 급히 쫓아오니 네 형이 뛰기를 잘못하였던들 아마 죽을 뻔하였다. 그러므로 내 집에 혐의 있고, 또한 산군이 좌석에 참례하면 각처 손님이 필경 황겁하여 잘 놀지 못할 것이니 청치 않음이 당하도다."

이때 이화 도화 만발하고 왜철쭉 두견화가 새로이 피었고 각색 방초(芳草)는 드리웠으니 만학천봉에 춘흥이 가득하여 경개절승(景槪絕勝)한지라. 주인 장 선생이 연석을 배설할새, 구름으로 차일 삼고 산세로 병풍 삼고 잔디로 포진하고, 장 선생은 갈건야복(葛巾野服)으로 손님을 기다리더니 동서남북으로 짐승 손님이 들어올 제, 뿔 긴 사슴과 요망한 토끼며 승냥이며 방정맞은 잔나비며 요괴로운 여우며 어룽더룽 두꺼비며 거친 고슴도치며 빛 좋은 오소리며 만신이 미련한 두더지며 어이없는 수달피 등 동물이 앞서며 뒤서며 펄펄 뛰며 문이 메어지게 들어오니, 주인

은 동계(東階)에 읍하고 객은 서계(西階)에 올라 상좌를 다투어 ⓑ좌차(座次)*를 결단치 못하여 분분 난잡하니 주인은 어찌할 줄을 몰랐다. 두꺼비는 원래 위엄이 없는지라 분요(紛擾)* 중에 아무 말도 못 하고 가슴을 벌럭이며 엉금엉금 기어 한 모퉁이에 엎드려 거동만 보더니, 그중에 토끼란 놈이 깡충 뛰어 내달라 눈을 깜짝이며 말하되,

[B]

"모든 손님은 훤화(喧譁)치 말고 내 말을 잠간 들어 보소."

노루가 대답하되,

"무슨 말씀입니까."

토끼 왈,

"오늘 모꼬지에 조용히 좌를 정하여 예법을 정할 것이어늘, 한갓 요란하고 무례하니 우리 모꼬진들 해연치 않으랴."

노루란 놈이 턱을 끄덕이며 웃어 왈,

"말씀이 가장 유리하니 원컨대 선생은 좋은 도리를 가르쳐 좌정케 하소서."

토끼 모든 손님을 돌아보며 가로되,

"내 일찍 들으니 조정(朝廷)엔 막여작이요 향당(鄕黨)엔 막여치라* 하오니 부질없이 다투지 말고 연치(年齒)를 따라 좌를 정하소서."

노루가 허리를 수그리고 펄쩍 뛰어 내달아 왈,

"ⓒ내가 나이 많아 허리가 굽었노라. 상좌에 처함이 마땅하다."

하고, 암탉의 걸음으로 엉금엉금 기어 상좌에 앉으니, 여우란 놈이 생각하되,

'한갓 허리 굽은 것으로서 나이 많은 체하고 상좌에 앉으니 낸들 어찌 무슨 관계로 나이 많은 체 못 하리오.'

하고 나룻을 쓰다듬으며,

"내 나이 많아서 나룻이 세었노라."

노루 답 왈,

"네 나이 많다 하니 어느 갑자에 났느냐, 호패를 올리라."

하니 여우 답 왈,

"소년 시절에 호협(豪俠)하여 주사청루에 다닐 적에 술이 대취하여 오다가 ⓓ대신 가시는 길을 건넜다 하여 호패를 빼앗겨 이때까지 찾지 못하였거니와, 천지개벽한 후 처음에 황하수(黃河水) 치던 시절에 나더러 힘세다고 가래장부 되었으니 내 나이 많지 않으리오. 나는 이렇거니와 너는 어느 갑자에 났느냐."

노루 답 왈,

"천지개벽하고 하늘에 별 박을 때 나더러 궁통(窮通)하다 하여 별자리를 분간하여 도수를 정하였으니 내 나이 많지 않으리오."

하고 둘이 상좌를 다투거늘 두꺼비 곁에 엎드렸다가 생각하되,

'저놈들이 서로 거짓말로 나이 많은 체하니 낸들 거짓말 못 하리오.'

– 작자 미상, 「두껍전」

※ **좌차**: 좌석의 차례.

※ **분요**: 어수선하고 소란스러움.

※ **조정엔 막여작이요 향당엔 막여치라**: 조정에서는 벼슬이 제일이고 향당에선 나이가 제일임.

[24902-0081] 〇 △ ✕

1 ㉠~㉤에 대한 설명으로 적절하지 <u>않은</u> 것은?

① ㉠: 자신들이 '서대쥐'와 관계가 좋지 않음을 드러내는 말이다.

② ㉡: 두려운 마음을 이겨 내며, 자신의 결백함을 주장하는 말이다.

③ ㉢: 자신에게 송사를 건 '다람쥐'의 성품과 그로 인해 '다람쥐'가 도적질을 당하게 된 원인을 밝히는 말이다.

④ ㉣: 자신의 외양을 근거로 자신이 상좌(上座)에 앉아야 하는 이유를 대는 말이다.

⑤ ㉤: 자신이 상대가 요구한 증거를 제시하지 못하는 이유를 그럴듯하게 꾸며 구체적으로 설명하는 말이다.

[24902-0082] 〇 △ ✕

2 ⓐ와 ⓑ에 대해 이해한 내용으로 가장 적절한 것은?

① ⓐ는 '다람쥐'가 훔친 것이고, ⓑ는 '장 선생'이 결정할 수 있는 것이다.

② ⓐ는 '형졸'들이 '서대쥐'에게 요구하는 것이고, ⓑ는 '장 선생'이 경연을 연 원인이다.

③ ⓐ는 '서대쥐'가 가지고 있었던 것이고, ⓑ는 '여우'가 '노루'에게 거짓을 말하게 되는 원인이다.

④ ⓐ는 '다람쥐'가 잃어버린 것이라 주장하는 것이고, ⓑ는 '토끼'가 나이로 해결할 수 있다고 보는 문제이다.

⑤ ⓐ는 '다람쥐'를 옥으로 내리게 된 원인이고, ⓑ는 '노루'와 '두꺼비'가 말다툼을 하게 되는 원인이다.

[24902-0083] 〇 △ ✕

3 [A]와 [B]에 대한 설명으로 가장 적절한 것은?

① [A]에는 송사를 판단하는 인물의 신중한 면모가 드러난다.

② [B]에는 상대방의 주장을 반박하며 자신의 의견을 관철하려는 모습이 드러난다.

③ [A]는 [B]와 달리 앞으로 순차적으로 일어날 일들에 대해 예측하는 말하기가 나타난다.

④ [B]는 [A]와 달리 문제의 진상 파악을 위해 상대방에게 명령을 내리고 있다.

⑤ [A]와 [B]는 모두 고사를 인용하여 자신의 판단을 뒷받침하는 근거로 활용하고 있다.

[24902-0084] 〇 △ ✕

4 (가)를 바탕으로 (나)와 (다)를 이해한 것으로 적절하지 <u>않은</u> 것은?

① (나)에서 '다람쥐'가 두 번이나 '서대쥐'를 찾아와 사정한 것을 보아 '서대쥐'를 조선 후기 부농으로 '다람쥐'를 빈농으로 설정한 것이겠군.

② (나)에서 '다람쥐'가 '서대쥐'에게 구제를 거절당하자 송사를 건 것으로 볼 때, 재물의 탈취와 뺏김이라는 문제를 중심으로 벌어진 갈등을 형상화한 것이겠군.

③ (다)에서 '토끼'가 '부질없이 다투지 말고 연치를 따라 좌를 정하소서'라고 하는 것을 볼 때, '토끼'를 기존의 사회 질서를 받아들이지 않고 변화된 사회상을 드러내는 인물로 설정한 것이겠군.

④ (나)에서 '서대쥐'가 '백호산군'의 '교화가 이르지 못'하였다고 하는 것과 (다)에서 '백호산군이 힘만 믿고 사나와 친구를 모르'며, 초대를 할 경우 '각처 손님'이 놀지 못할 것이니 청하지 말자고 하는 것은 지배층에 대한 비판적 인식을 드러낸 것이겠군.

⑤ (나)에서 '서대쥐'가 '다람쥐'의 '애연한 사정'을 듣고 구활한 적이 있음에도 '서대쥐'가 다시 '다람쥐'에게 구활해 달라고 부탁을 받는 것과 (다)에서 '두꺼비'가 '위엄'이 없이 '가슴을 벌럭이며 엉금엉금 기어' 눈치만 보고 있는 모습은 각각 조선 후기 사회의 요호 부민층과 몰락한 선비층의 모습을 형상화한 것이겠군.

[5~8] 다음 글을 읽고 물음에 답하시오.

가 빛과 색의 실체를 밝히려는 노력은 고대 그리스로부터 시작되었으며, 중세 아랍에서는 실험적 방법을 통해 빛과 관련된 여러 현상들을 파악하기도 했다. 그렇지만 색깔에 대해 17세기까지 가장 널리 통용되던 이론은 고대 그리스의 ㉠아리스토텔레스의 이론이었다. 아리스토텔레스는 색에는 원래 물체에 존재하는 실제 색깔과 빛에 의해 생기는 겉보기 색깔이 있다고 보았다. 실제 색깔은 물체가 가진 고유한 성질로 빛과 상관없이 존재하는 색깔이고, 겉보기 색깔은 빛이 있을 때만 존재하며 물체의 고유한 성질이 아니라고 보았다. 사과의 붉은 색은 빛이 없어도 사라지지 않지만 무지개 색깔은 빛이 없으면 존재하지 않게 된다. 아리스토텔레스는 겉보기 색은 빛과 어둠의 혼합에 의해 만들어지며 혼합 비율에 따라 다양한 색깔이 만들어진다고 보았다.

17세기의 ㉡데카르트는 물질마다 고유한 속성이 있다는 신비주의적 사고를 배격하고, 사과의 색깔이나 무지개의 색깔이 만들어지는 이유를 하나의 원리로 설명하고자 했다. 그는 공간이 눈에 보이지 않는 미세 물질로 채워져 있으며, 빛이 반사나 굴절되면 공간을 조밀하게 채우고 있는 미세 물질의 회전 속도에 차이가 생긴다고 생각했다. 그리고 우리의 눈은 미세 물질의 회전을 통해 전달되는 압력을 색으로 인지한다는 가설을 세웠다. 직진하던 빛이 반사나 굴절된 이후 미세 물질에는 회전 속도에 차이가 생기게 되고, 그 차이를 눈이 색으로 인지한다는 것이다. 그는 무지개의 적색은 직진하던 태양광이 프리즘이나 물과 같은 다른 매질 속을 지나면서 미세 물질이 가장 빠르게 회전할 때 나타나며, 청색은 미세 물질이 가장 느리게 회전할 때 나타난다고 생각했다. 그리고 사과를 비롯한 모든 물체가 색깔을 띠는 것은 물체 표면의 상태에 따라서 빛이 반사하며 미세 물질이 회전하는 정도가 변하기 때문이라고 생각했다.

데카르트 이후에 ㉢뉴턴은 실험적 사실과 실제적 설명을 중시하여 연역적 사고를 통해 이론을 정립하기보다는 실험의 계획과 수행을 통해 관찰한 바를 바탕으로 하여 현상을 실증적으로 설명하고자 했다. 실험의 첫 단계에서 뉴턴은 원형의 구멍을 통해 프리즘을 통과한 태양광이 여러 색깔을 나타내도록 만들고 이때 색의 띠가 스크린에 나타나는 형태에 주목했다. 데카르트는 무지개를 관찰할 때 프리즘과 스크린의 사이를 불과 몇 센티미터밖에 떨어뜨리지 않아서 프리즘을 통과한 태양광의 형태가 원형이라고 보았다. 그러나 뉴턴은 프리즘과 스크린의 사이를 6미터가 넘도록 두었고, 프리즘을 통과한 스펙트럼은 원형이 아니라 너비에 비해 길이가 5배가량 긴 길쭉한 모양으로 스크린에 비친다는 사실을 확인했다. 그 모양으로부터 뉴턴은 무지개색 띠를 이루는 각 색깔마다 꺾이는 정도가 다르기 때문에 태양광이 프리즘을 통과하고 나서 길쭉해지는 것이 아닐까 하는 생각을 했다.

뉴턴은 두 번째 실험을 진행했다. 그는 세모꼴로 된 프리즘을 두 개 준비하여 먼저 첫 번째 프리즘에 태양광을 통과시켜 무지개색의 띠를 만들었다. 다음에는 판자에 미세한 구멍을 뚫어 적색 이외의 모든 색은 판자에 막혀서 통과하지 못하도록 하고 적색 빛만 구멍을 통해 두 번째 프리즘으로 지나가도록 했다. 적색 빛은 첫 번째 프리즘에서와 똑같은 각도만큼 꺾였으며 여전히 적색을 띠었다. 그는 통과하는 빛을 달리하여 청색 빛으로도 동일한 과정을 수행했고, 청색 빛이 적색 빛보다 더 많이 꺾인다는 것을 제외하고는 동일한 결과를 얻었다. 빛이 공기 중에서 프리즘을 통과할 때 색깔에 따라 다른 각도로 꺾일 것이라는 자신의 생각을 실험을 통해 확인한 것이다. 두 번째 실험의 결과를 통해 뉴턴은 태양광은 모든 색깔의 광선을 담고 있으며, 색깔은 태양광의 변형이 아니라 태양광 안에 있는 광선들의 굴절 각도가 달라서 생긴다는 것을 알게 되었다.

나 무지개는 태양광이 프리즘의 역할을 하는 물방울을 통해 분해될 때, 시야각 내에 퍼진 무수한 색깔의 빛이 눈에 포착되는 자연 현상이다. 태양광이 물이나 유리 등 투명한 물체 속에서 나아갈 때는 공기 속을 나아갈 때에 비해 속도가 느려져 진로가 꺾이는 굴절이 일어난다. 감속이 클수록 굴절률이 크고 그 정도는 빛의 색깔에 따라 달라지는데, 적색은 굴절률이 가장 작고 보라색은 굴절률이 가장 크다.

우리가 관찰하는 무지개는 태양광이 공기 중의 물방울로 입사하면서 굴절되고 물방울과 공기의 경계면에서 물방울 내로 한 번 반사된 뒤 물방울 밖으로 다시 굴절되어 나오는 과정을 거친다. 이렇게 두 번의 굴절과 한 번의 반사를 거치며 태양광은 굴절률에 따라 여러 색깔로 퍼져 나온다. 태양광이 하나의 물방울을 거치며 분해될 때 무지개색의 띠가 만들어질 수 있지만 관찰자가 그것을 온전한 형태의 무지개로 지각하는 것은 아니다.

물방울의 표면이 곡면이기에 평행하게 지구에 입사하는 태양광일지라도 그 입사각은 태양광이 물방울 표면의 어떤 지점에 입사하는지에 따라 달라진다. 또한 태양광이 굴절률에 따라 여러 각도로 분산되며 무지개색의 띠를 만들더라도 관찰자는 그중 특정 각도에서 전달되는 한 가지 색의 빛만 볼 수 있다. 눈으로 관찰 가능한 색의 띠 중에서 가장 적게 굴절하는 적색 빛은 태양광이 입사한 데서 약 42°를 이루는 각도에서 관찰자의 눈에 도달하고, 굴절률이 큰 보랏빛은 40° 정도의 각도에서 관찰자의 눈에 도달한다. 그 빛은 태양광과 평행한 가상의 선을 밑변으로 한 수직 시야각*에 대해서도 같은 값을 지니게 되어 관찰자는 자신의 42°의 수직 시야각에 있는 물방울에서 적색 빛을, 40°의 수직 시야각에 있는 물방울에서 보라색 빛을 관찰할 수 있다. 관찰자가 움직일 경우에는 그 움직임에 따라 또 다른 물방울로부터의 빛이 눈에 도달한다. 관찰자가 움직이며 무지개를 본다면 실제로는 움직일 때마다 다른 무지개를 보게 되는 것이다.

---

* **수직 시야각**: 사람이 지면에 똑바로 선 상태에서 고개를 아래위로 움직이며 바라보는 각도.

[24902-0085] ○ △ ✕

5 (가)와 (나)를 이해한 내용으로 적절하지 <u>않은</u> 것은?

① 한 장소의 여러 사람이 동시에 무지개를 관찰하더라도, 실제로는 모두가 저마다 다른 무지개를 관찰하는 것이다.

② 무지개를 이루는 빛들은 태양광이 공기 중의 물방울에 입사하며 굴절, 반사, 굴절의 과정을 거쳐 만들어진다.

③ 데카르트는 인간의 눈이 공간을 채우는 미세 물질의 운동을 통한 압력을 색으로 인지한다는 가설을 세웠다.

④ 무지개는 태양광이 하나의 물방울을 거치며 형성하는 색의 띠를 그대로 육안으로 관찰한 것이다.

⑤ 아리스토텔레스는 색을 어둠에서도 유지되는 것과 그렇지 못한 것으로 구분 지어 설명했다.

[24902-0086] ○ △ ✕

6 (가)에 나타난 뉴턴의 과학적 연구 과정에 대한 설명으로 적절하지 <u>않은</u> 것은?

① 뉴턴은 태양광이 프리즘을 통과한 후 나타나는 색의 띠가 길쭉한 모양으로 스크린에 비치는 현상에 대해, 당대의 이론으로는 설명이 충분하지 않다고 보고, 의문을 해결하기 위해 스스로 실험을 설계했겠군.

② 뉴턴은 색깔이 만들어지는 과정을 설명하며 두 종류로 색깔을 나누는 이론을 내세운 아리스토텔레스의 견해를 수용할 수 없었겠군.

③ 뉴턴은 자신이 주목한 현상을 설명하기 위한 실험을 전개하는 과정에서 태양광이 모든 색깔의 광선을 담고 있다는 결론에 이르렀겠군.

④ 뉴턴은 관찰한 현상을 객관적으로 검증하기 힘들더라도 일반적 사실에 기반한 사유를 통해 진리를 얻을 수 있다고 생각했겠군.

⑤ 뉴턴은 실험을 통해 프리즘을 통과한 후 서로 다른 색을 띠는 광선들은 꺾이는 정도가 서로 다르다는 것을 확인할 수 있었겠군.

[24902-0087] ○ △ ✕

7 (나)를 읽고 〈보기〉의 a~d 빛에 대해 추론한 내용으로 적절하지 <u>않은</u> 것은?

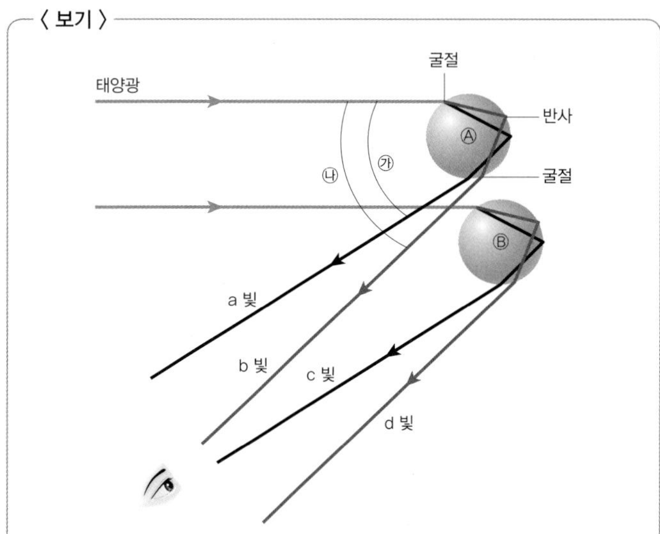

※ a 빛과 c 빛, b 빛과 d 빛의 굴절률은 서로 같고, ㉮는 40°, ㉯는 42°로 가정한다.
※ 물방울 Ⓐ와 Ⓑ는 관찰자의 수직 시야각에서 각각 42°, 40°에 위치한다.

① a 빛이 공기 속에서 물방울로 진행할 때 감속되는 정도는 b 빛에 비해 크겠군.

② 관찰자는 b 빛과 c 빛 사이의 수직 시야각에 있는 물방울들을 통해 무지개를 볼 수 있겠군.

③ b 빛과 d 빛은 굴절률이 같기에 두 빛은 관찰자의 눈에 동일한 정도로 지각되겠군.

④ 물방울을 거치며 빛이 꺾이는 정도는 a 빛이 d 빛보다 더 크겠군.

⑤ 같은 물방울에서 나왔더라도 c 빛보다 굴절률이 작은 빛은 관찰자의 눈에 들어오지 않겠군.

[24902-0088] ○ △ ✕

8 ㉠~㉢에 대해 파악한 내용으로 적절하지 <u>않은</u> 것은?

① ㉠은 무지개는 빛이 없으면 사라지는 것이기에 겉보기 색깔로 이루어진다고 생각했군.

② ㉡은 미세 물질의 회전 속도에 차이가 생기면서 여러 색의 무지개가 나타난다고 보았군.

③ ㉢은 프리즘을 통과한 적색 빛이 한 번 더 프리즘을 더 통과해도 그 색이 변하지 않을 것이라고 생각했군.

④ ㉠은 ㉡과 달리 사과의 색깔은 빛이 없을 때에도 존재한다고 보았군.

⑤ ㉡은 ㉢과 달리 각각의 물체는 원래부터 저마다의 색을 지니고 있는 것이 아니라고 여겼군.

12 회 미니모의고사

EBS 수능특강 Q 미니모의고사 **국어**

○ 알고 맞힘 　/8　△ 헷갈림 　/8　✕ 모르고 틀림 　/8

[1~4] 다음 글을 읽고 물음에 답하시오.

하루는 승상이 홀로 외헌(外軒)에 조용히 앉아 있는데, 홀연 갈건을 쓰고 학창의를 입은 사람이 대나무 지팡이를 짚고 승상 앞에 나타났다. 승상이 보니 그 사람의 기골이 신선처럼 고상하고 우아하기에 놀라서 어찌할 줄 모르다가 황급히 의관을 바로 하고 나아가 맞으며 말했다.

"귀한 손님께서 이렇듯 누추한 곳에 찾아오셨는데, 제가 미처 예의를 갖추지 못하고 오래 서 계시게 하여 부끄럽기 그지없나이다. 청컨대, 대청으로 올라오소서."

그 사람이 허리를 굽히며 대답했다.

"저는 천산도사라고 하오는데, 작은 술법으로 가끔 관상을 보곤 하나이다. 지나가던 중 잠깐 들른 것이온데, 어찌 귀인께서 이렇듯 맞아 주시리라 생각했겠나이까?"

승상이 활짝 웃으면서 말했다.

"도인께서 신이한 재주를 가지신 듯하니, 제 얼굴도 보아 주소서."

도사가 한동안 승상의 얼굴을 지긋이 보고 있다가 대답했다.

"그대의 이마는 보름달처럼 넓고 팔자 눈썹은 높고 맑으니 비록 재주는 많으나 부모를 일찍 여읠 것이요, 코가 살지고 두 귀뺨은 희미한 복사꽃 같으니 출장입상(出將入相)하여 만인지상이 될 것이요, 두 눈이 가늘고 길며 흐르는 눈빛이 물결 같으니 재기가 넘치고 지극히 귀하게 될 것이요, 입술이 단사(丹砂)를 찍은 듯 얇으니 말주변은 소진(蘇秦)처럼 뛰어나고, 치아는 백옥처럼 희니 짐짓 나라를 위태롭게 할 만큼 아름다운 얼굴이옵니다. 그러나 너무 아름답기에 도리어 부부의 즐거움이 없을 것이요, 이마에 사마귀가 하나 있으며 피부가 너무 맑고 빼어나서 자녀가 없을 얼굴이요, 골격이 아담하고 풍치가 있으며 지저분하고 어지러운 속세의 태(態)가 전혀 없으니 수명은 사십을 넘기지 못할 것입니다. 반드시 오래지 않아 천궁(天宮)에서 옥제(玉帝)께 조회(朝會)하게 되리이다. 제가 본 승상의 관상을 사실대로 아뢰었으니, 당돌한 점이 있었다면 용서하소서."

말을 마친 도사는 한줄기 맑은 바람이 되어 사라져 버렸다. 다만 그가 앉아 있던 자리에 꽃부채가 하나 놓여 있었다. 승상이 집어서 보니 도사의 글이었다. 그 글에 이르기를,

"음양을 바꾸어 임금과 세상을 속였으니, 그에 대한 벌이 없지 아니하리로다. 천궁에 있을 때 방자하게 호색하여 이

[A] 승에서 **부부의 즐거움을 끊은 것이니**, 스스로 그 죄를 아는가? 물이 그릇에 차면 넘치고 영화가 지극하면 슬픔이 오는 것이 세상의 이치니라. 이제 **옥제께서 옛 신하를 보고자 하시니**, 원컨대 내년 삼월 초나흗날에 공을 다시 만나길 기약하노라."

하였더라.

(중략)

이후 승상의 병세가 더욱 위중해지니, 상서 내외는 망극하여 천지신명께 부친이 더 오래 살게 해 달라고 빌었다. 천자께서도 어의를 보내어 승상의 병을 돌보게 하고 약탕을 친히 달여 보내시는 등 걱정을 많이 하셨으나, 승상의 병이 조금도 차도가 없다는 소식을 듣고 더욱 슬프고 안타깝게 여기셨다. 그러다가 승상을 다시 보지 못할까 염려해 친히 승상의 집에 이르시니, 승상이 병약한 몸을 움직여 조복(朝服)을 몸 위에 걸치고 어가(御駕)를 맞이했다. 천자께서 보시기에 승상의 용모가 수척하고 호흡이 가빠 며칠도 지탱하지 못할 듯했다. 천자가 놀라서 용안이 참혹해지면서 구슬픈 눈물을 흘렸다. 승상의 손을 잡고도 슬픈 나머지 차마 말씀을 이루지 못하시니, 승상이 상서의 부축을 받고 일어나 임금께 감사의 인사를 올렸다. 또한 자기의 본색이 죽은 뒤에 알려진다면 그것은 임금을 속이는 일일 뿐 아니라 신하의 도리가 아니라고 생각해, 마음을 굳게 정하고 병든 몸을 억지로 일으키며 임금께 아뢰었다.

"신이 오늘 용안을 마지막으로 뵈옵게 되었기에 그간의 소회를 모두 말씀드리고자 하오니, 성상께서는 죽을죄를 지은 저를 용서하소서."

천자께서 물으셨다.

"경에게 무슨 소회가 있는가?"

승상이 귀밑으로 구슬 같은 눈물을 비 오듯 흘리고 오열하며 아뢰었다.

[B] "신은 본래 여자입니다. 일찍 부모가 돌아가시고 어린 생각에 가문이 망할까 염려하고 있었는데, 신이 열두 살 되던 해 폐하께서 널리 인재를 구하신다는 소식을 듣고 구경하려고 나왔다가 폐하의 성은을 입사와 오늘에 이르게 되었으나, 그간 신의 본색을 차마 아뢰지 못했사옵니다. 또한 영 공이 강요하기에 부득이 영녀와 인연을 맺게 되었습니다. 영녀는 처음부터 신의 본색을 알고서도 성품이 괴이하여 발설하지 않았나이다. 그리하여 신과 영녀는 한낱 지기가 되어 다른 사람의 시비를 피한 지 오래되었사옵니다. 오

늘에 이르러 신이 천벌을 받아 황천에 가게 되었기에 그간의 소회를 모두 아뢰옵나이다. 낙성도 신의 친아들이 아니라 하늘이 내려 주신 것을 신이 기른 것이옵니다. 마침내 죽기에 이르러 더 이상 폐하를 속일 수가 없어 실상을 모두 아뢰옵고, 또한 신이 규중의 여자인데도 몸을 함부로 드러내 예법을 흩트렸기에 감히 팔뚝 위의 주표*를 보여 드린 후 폐하와 세상을 속인 죗값을 청하고자 하나이다.”

승상이 말을 마치고 넓은 소매를 걷어 올려 옥처럼 고운 팔뚝의 주표를 드러내 어람(御覽)하시기를 기다렸다. 천자께서는 전혀 뜻하지 않게 승상의 참된 사정을 듣고 매우 놀라시더니, 이내 기쁜 얼굴로 크게 칭찬하여 말씀하셨다.

[C] “오늘 경의 실상을 들으니 놀랍고도 기특하다. 경은 어질면서도 기이한 사람이도다. 규중 여인의 지혜가 어찌 이 같으리오? 규중의 연약한 몸이 이토록 지혜와 용기가 뛰어나고 굳세어 적진을 대할 때마다 신출귀몰하며 싸움마다 이길 줄 누가 알았겠는가? 짐은 경의 신체와 용모에 부족함이 없다고 생각했지만 오직 키가 다른 신하들에 비해 작고 수염이 없는 것을 이상하게 여기긴 했도다. 그러면서도 망연히 깨닫지 못해 경의 인륜을 온전하게 지켜 주지 못했으니, 이는 짐이 어리석고 사리에 밝지 못한 탓이로다. 백 번 뉘우치고 천 번 애달파할지라도 누구를 원망하리오? 경은 안심하고 하루빨리 자리에서 일어나길 바라노라. 짐은 마땅히 저버리지 아니하리라. 주표를 보지 않을지라도 어찌 경의 절개를 모르겠는가?”

그러시더니, 승상의 일을 더욱 기이하게 여기며 천자가 재삼 승상을 위로하셨다.

– 작자 미상, 「방한림전」

---

* **주표**: 여자의 팔에 꾀꼬리의 피로 문신한 자국. 동정을 잃으면 없어진다고 옛사람들은 생각했다고 함.

[24902-0089] ○ △ ✕

1 윗글의 인물에 대한 설명으로 적절하지 <u>않은</u> 것은?

① 어의는 승상의 병을 돌보는 과정에서 승상의 본색을 알게 되었으나 발설하지 않았다.
② 천산도사는 승상의 관상을 보고 승상의 재능뿐만 아니라 미래에 일어날 일까지 헤아려 말했다.
③ 낙성은 승상의 친아들이 아니지만 승상은 낙성을 하늘이 내려 주신 아이로 생각하여 거두어 길렀다.
④ 승상이 천자에게 자신의 본색을 숨겨 왔던 잘못에 대해 벌받기를 청했으나 천자는 승상을 벌하지 않았다.
⑤ 승상은 자신이 세상 사람의 의혹을 피해 남성으로서의 삶을 살아오는 데 영녀가 도움이 되었다고 생각했다.

[24902-0090] ○ △ ✕

2 〈보기〉와 관련지어 [A]를 이해한 내용으로 적절하지 <u>않은</u> 것은?

〈 보기 〉

　「방한림전」의 주인공 방관주와 그의 부인 영혜빙은 세상을 떠난 후 낙성의 꿈에 나타나 다음과 같이 자신들의 전생담을 들려준다.

　　우리는 본래 천상의 문곡성(文曲星)과 상아성(嫦娥星)이었는데, 부부간의 정이 너무 깊어 잠시도 떨어져 있지 않았으며, 맡은 일도 아예 돌보지 않았노라. 상제께서 이를 밉게 여기시던 차에 태을이 우리를 농간하려고 상제께 아뢰니, 상제께서 문곡성은 방가(方家)에 내치고 상아성은 영가(瀛家)에 내치셨느니라. 문곡성은 본래 남자이기에 남자의 사업을 해야 하는데 태을이 나를 희롱하려고 일부러 여자로 태어나게 하고, 또 영 부인과 헛된 이름으로만 부부가 되게 하여 우리가 천상에서 너무 방자하게 행동한 것을 징벌했노라.

① [A]에서 ‘음양을 바꾸어’라고 말한 것은 천상의 문곡성과 상아성이 지상의 인간으로 태어날 때 태을이 행한 농간 때문에 그 둘의 성별이 뒤바뀌게 된 사실을 뜻하는 것이겠군.
② [A]에서 ‘임금과 세상을 속였으니’라고 한 말이 뜻하는 행위는 천상에서 문곡성이 본래 남자였다는 사실과 관련되는 것이겠군.
③ [A]에서 ‘부부의 즐거움을 끊은 것이니’라고 한 말이 뜻하는 상황은 천상에서 부부였던 문곡성과 상아성에게 상제가 내린 징벌의 성격을 띠는 것이겠군.
④ [A]에서 ‘그 죄를 아는가?’라고 한 말은 천상에서 문곡성과 상아성이 맡은 일을 전혀 돌보지 않았던 사실을 가리키는 것이겠군.
⑤ [A]에서 ‘옥제께서 옛 신하를 보고자 하시니’라고 말한 것은 상제가 자신이 내친 문곡성을 용서하고 되돌아오게 하려는 뜻에서 비롯한 것이겠군.

[24902-0091] ○ △ ✕

3 〈보기 1〉의 관점에서 윗글과 〈보기 2〉를 연결해 이해한 내용으로 적절하지 <u>않은</u> 것은?

〈보기 1〉

　여성 영웅 소설은 18~19세기에 유행하였으며 상층 계급의 여성들이 주된 독자층 중 하나였다. 이는 여성 영웅의 형상에 여성의 경험과 욕망이 투영되어 있으리라는 추론을 가능하게 한다. 여성 영웅 소설의 유행 시기와 거의 일치하는 시기에 창작·향유되었던 신변 탄식류의 규방 가사를 보면, 그 안에 담겨 있는 여성의 경험과 욕망이 여성 영웅 소설 속 여성 주인공의 일대기에 반영되어 있음을 확인하게 된다.

〈보기 2〉

　다음은 조선 후기의 규방 가사 「여자탄(女子嘆)」의 일부이다.

[가] 인간 남자 되었던들 성현호걸 배우리라
　　시서예악 익혀 내고 입신양명하올 제면
　　문장공명 일삼으며 사군자의 행실 하고
　　입상출장(入相出將)하여 문호생광(門戶生光) 하오리라

[나] 일인지하 만민상에 부귀영화 함도 할샤
　　위로는 충효 돕고 아래로 만민치정
　　태평세를 열어 놓고
　　수역춘대* 오르고저

[다] 어찌하여 중문 밖을 일생을 못 보는고
　　서황은 어디인가 지옥이 여기로다
　　이현경 왕홍벽*의 여화위남(女化爲男) 하릴없어
　　벽사창 굳게 닫고 침선만 잡고 앉아
　　가는 세월 모르거든 / 오는 시절 어이 알리

　　※ **수역춘대**: 태평성대를 뜻하는 말.
　　※ **이현경 왕홍벽**: 이현경은 여성 영웅 소설 「이학사전」의 주인공. 왕홍벽은 미상이나 뒤에 오는 '여화위남'(여성이 변화하여 남성이 됨. 즉 남장 여성을 말함.)이라는 표현으로 짐작건대 여성 영웅 또는 남장 여성일 것으로 보임.

① 〈보기 2〉의 [가]에서 '인간 남자 되었던들 성현호걸 배우리라'에 나타난 남성으로서의 삶에 대한 여성의 욕망은, 윗글의 주인공이 여성으로서 자신의 본색을 감추고 남성으로 사는 모습에서도 찾아볼 수 있다.

② 〈보기 2〉의 [나]에서 '일인지하 만민상에 부귀영화 함도 할샤'에 나타난 출세에 대한 여성의 욕망은, 윗글의 주인공이 뛰어난 능력을 지니고 존귀하게 될 관상을 지닌 인물로 표현된 것에서도 짐작할 수 있다.

③ 〈보기 2〉의 [나]에서 '위로는 충효 돕고 아래로 만민치정'에 나타난 공적인 존재로서의 삶에 대한 여성의 욕망은, 윗글의 주인공이 한 나라의 승상으로서 천자의 인정을 받는 모습에서도 찾아볼 수 있다.

④ 〈보기 2〉의 [다]에서 '어찌하여 중문 밖을 일생을 못 보는고'에 드러난 여성 현실에 대한 한탄은, 여성 독자들이 현실에서 충족되지 못한 욕망을 윗글의 주인공에게 투영해 대리 만족을 얻으려 했을 것임을 짐작하게 한다.

⑤ 〈보기 2〉의 [다]에서 '벽사창 굳게 닫고 침선만 잡고 앉아'에 투영된 규방의 삶에 대한 여성의 답답한 심정은, 윗글의 주인공이 천자 앞에서 스스로 여자임을 밝히는 행위에서도 찾아볼 수 있다.

[24902-0092] ○ △ ✕

4 〈보기〉를 참고하여 [B], [C]를 읽고 난 반응으로 적절하지 <u>않은</u> 것은?

〈보기〉

　여성 영웅 소설은 이른바 '영웅의 일생' 구조를 따른다는 점에서 남성 영웅 소설과 유사하지만 일부 이야기 요소가 여성 주인공의 성격에 맞게 변화·조정되면서 남성 영웅 소설과의 차별점이 나타난다. 여성 영웅 서사는 일반적으로 다음과 같이 제시된다.

　(가) 고귀한 혈통의 무남독녀로 출생함.
　(나) 가문 또는 개인 차원의 시련을 겪음.
　(다) 남장 후 집을 떠남.
　(라) 조력자를 만나 병법과 무예를 익힘.
　(마) 능력을 인정받아 벼슬에 오름.
　(바) 국가의 위기를 해결함.
　(사) 왕실 또는 귀족의 권유로 여성(왕실 또는 귀족의 딸)과 정혼함.
　(아) 원치 않게 여성임이 밝혀짐.
　(자) 남성과 결혼하여 여성의 삶으로 회귀함.

　작품에 따라 부분적으로 여성 영웅 서사의 일반적 틀에서 벗어나는 경우도 있는데 「방한림전」은 남성과의 결혼과 여성의 삶으로의 회귀가 나타나지 않는다는 점에서 특이한 사례가 된다.

① [B]: 주인공이 영 공의 강요로 영녀와 인연을 맺었다는 내용은 〈보기〉의 (사)에 해당하겠군.

② [B]: 주인공이 어린 나이에 부모를 잃고 가문의 위기를 걱정하는 상황에 놓였다는 내용은 〈보기〉의 (나)에 해당하겠군.

③ [B]: 주인공이 열두 살 되던 해, 널리 인재를 구하고 있던 천자에게 성은을 입었다는 내용은 〈보기〉의 (마)에 해당하겠군.

④ [C]: 주인공이 키가 작고 수염이 없어 오래전부터 천자에게 의심을 샀다는 내용은 〈보기〉의 (아)에 해당하겠군.

⑤ [C]: 주인공이 지혜와 용기가 뛰어나고 굳세어 적진을 대할 때마다 매번 이겼다는 내용은 〈보기〉의 (바)에 해당하겠군.

[5~8] 다음 글을 읽고 물음에 답하시오.

전기적 성질을 기준으로 물질을 구분할 때 철은 도체, 실리콘은 반도체이며, 유리는 부도체이다. 지구상에 존재하는 대부분의 물질은 도체, 반도체, 부도체 중 하나의 성질을 띤다. 탄소 나노 튜브(carbon nanotube, CNT)는 탄소들이 공유 결합*을 하며 나노미터 크기의 튜브 모양을 이룬 물질로서 1~20nm 범위의 직경을 가지며, 그 구조에 따라서 도체가 되기도 하고 반도체가 되기도 한다. 반도체는 도체와 달리 전압을 걸어 주었을 때 외부에서 에너지를 가해 전자가 특정 에너지 간격을 뛰어넘어야 전기가 흐르는 물질로서, 전자가 넘어야 하는 에너지 간격을 밴드 갭이라 한다. 반도체는 이러한 밴드 갭이 존재하기 때문에 온도가 올라가면 전기 전도도가 떨어지는 도체와 달리 열에너지에 의해 전자가 밴드 갭을 뛰어넘기 쉬워져 전기 전도도가 증가한다.

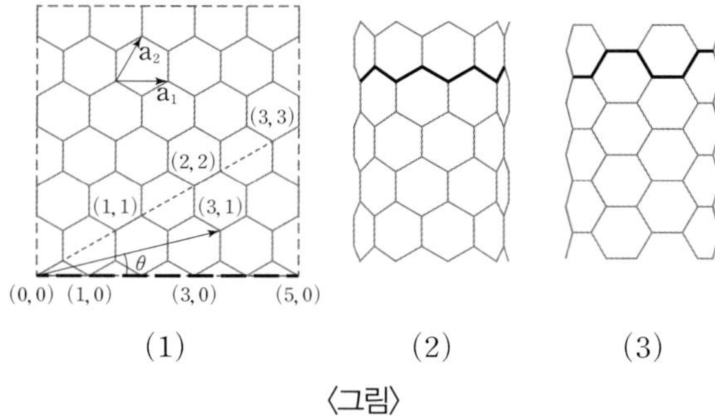

(1) (2) (3)

〈그림〉

CNT의 구조를 살펴보기 위해 〈그림〉 (1)과 같은 2차원 구조의 흑연 면을 생각해 보자. 하나의 탄소 원자가 3개의 다른 탄소 원자와 공유 결합을 하고 있으며 이러한 결합을 선으로 나타내면 정육각형의 벌집 구조 모양이 된다. 흑연 면의 한 점을 기준점으로 잡고 이를 (0, 0)으로 표시하면 흑연 면의 특정 탄소의 위치는 기본 단위인 a_1과 a_2를 이용해서 나타낼 수 있다. 가령 (0, 0)에서 출발해서 a_1의 방향으로 $3a_1$만큼 이동한 후, a_2의 방향으로 $1a_2$만큼 한 번 이동하면 〈그림〉 (1)의 (3, 1) 점이 된다. 이와 같은 방법으로 〈그림〉 (1)에서 탄소 나노 튜브가 형성되는 지점은 정수인 n과 m을 이용하여 (n, m)의 형태로 표시할 수 있다. 이때 (0, 0) 점이 (5, 0)이나 (8, 0)과 같이 (n, 0)으로 표시할 수 있는 점과 만나도록 말려서 튜브가 만들어지면 〈그림〉 (2)와 같이 탄소와 탄소의 결합선이 지그재그 모양이 되는 CNT가 생기게 된다. 이를 지그재그형 단일벽 CNT라 한다. 이에 비해 기준점과, (3, 3)과 같이 n=m인 점이 만나서 CNT가 만들어지면 〈그림〉 (3)과 같이 탄소 원자들 간의 결합선이 의자의 팔걸이와 같은 모양을 이루는 CNT가 된다. 이를 암체어형 단일벽 CNT라 한다. 또 기준점에서 위에 열거한 점들과 다른 점을 만나게 하여 튜브를 만들면 암체어형과 지그재그형의 중간 모양이 생기는데 이를 카이랄 단일벽 CNT라 한다. 이렇게 CNT가 만들어지는 방법이 달라지면 CNT 전자들의 에너지 상태가 달라지는데 암체어형 단일벽 CNT는 도체가 되고, 그 이외의 단일벽 CNT는 반도체의 성질을 갖게 된다. 이때 반도체 CNT의 밴드 갭 크기는 튜브의 직경이 작을수록 커지게 된다.

과학자들은 단일벽 CNT를 이용하여 ⓐ기존의 기술적 한계를 넘어서는 전자 소자*를 개발하고 있다. 단일벽 CNT를 이용하여 제작 가능한 대표적인 소자가 전계 효과* 트랜지스터이다. 전계 효과 트랜지스터에는 게이트, 소스, 드레인 3개의 전극이 사용되는데, 전계 효과 트랜지스터는 소스 및 드레인과 전기적으로 절연되어 있는 게이트 전극에 가하는 전압에 따라 소스와 드레인 사이에 흐르는 전류의 양이 달라지는 원리를 이용한 전자 소자이다. 소자의 집적도*를 높이기 위해서는 전계 효과 트랜지스터에서 전류의 통로인 채널의 폭을 작게 만들어야 하는데 실리콘으로 채널을 작게 만드는 것은 매우 어려운 일이다. 또한 채널의 폭을 작게 만들수록 전류에 해당하는 전자의 흐름의 경로도 더 작아져 전자의 이동도(mobility)가 떨어지게 되므로 실리콘보다 전자의 이동도가 더 큰 물질이 요구된다. 이동도가 증가하기 위해서는 전자가 이동하는 과정에서 산란이 작아야 한다. 산란이 없는 전자의 이동 현상인 발리스틱 전자 수송이 일어날 때가 최대의 이동도를 갖기 때문이다. 발리스틱 전자 수송은 단일벽 CNT와 같이 채널의 폭이 수 나노미터 이하가 되는 물질에서 일어나므로 기존의 대부분 전자 소자에 쓰이는 실리콘보다 단일벽 CNT가 고집적 트랜지스터를 구현함에 있어서 큰 장점을 갖는다. 이동도와 더불어 온-오프비(on-off ratio)는 전계 효과 트랜지스터의 성능을 평가하는 매우 중요한 지표이다. 온-오프비는 게이트 전압을 걸었을 때와 걸지 않았을 때 채널에 흐르는 전류값의 비인데, 단일벽 CNT의 경우 실리콘 소자보다 더 큰 값을 보이기 때문에 높은 신뢰성을 갖는 전계 효과 트랜지스터의 구현이 가능하다. 이뿐만 아니라 단일벽 CNT는 실리콘에 비해 직경이 작기 때문에 단일벽 CNT를 이용하면 고집적 전계 효과 트랜지스터의 실현이 가능하다.

하지만 단일벽 CNT 기반 전자 소자 출현을 위해 해결해야 할 기술적 과제들이 있다. CNT는 직경에 따라 그 물성이 달라지므로, 똑같은 직경의 단일벽 CNT를 안정적으로 합성해 낼 수 있는 기술이 확보되어야 한다. 또한 합성된 단일벽 CNT에는 반도체와 도체의 성질을 갖는 CNT가 섞여 있으므로 채널 물질로 CNT를 사용하기 위해서는 이들을 100% 분리해 낼 수 있는 기술의 개발이 요구된다. 그리고 원하는 위치에 반도체형 CNT를 위치시켜서 고집적으로 소자를 만드는 신뢰성 있는 기술의 개발도 필요하다.

---

* **공유 결합**: 한 쌍 이상의 전자를 함께 공유하여 이루어지는 화학 결합.
* **소자**: 전자 장치나 기계 장치의 구성 요소가 되는 낱낱의 부품.
* **전계 효과**: 전압에 의해 전기장을 형성하고 전기장의 세기에 따라 전류가 조절되는 것.
* **집적도**: 단위 면적당 포함되는 소자의 수.

[24902-0093] ○ △ ✕

5 윗글에서 언급하고 있는 내용이 <u>아닌</u> 것은?

① 전기적 성질에 따른 물질의 구분
② 전계 효과 트랜지스터의 성능 지표
③ 전계 효과 트랜지스터를 구성하는 전극
④ 형성 방법의 차이에 따른 단일벽 CNT의 종류
⑤ 실리콘과 단일벽 CNT의 밴드 갭 크기의 비교

[24902-0094] ○ △ ✕

6 ⓐ에 해당하는 내용으로 가장 적절한 것은?

① 단일벽 CNT를 합성하면 도체와 반도체가 공존함.
② 원하는 곳에 단일벽 CNT를 위치시키는 기술이 부재함.
③ 전자의 이동 과정이 발리스틱 전자 수송 현상으로 구현됨.
④ 집적도를 높이기 위해 채널을 작게 만들면 이동도가 저하됨.
⑤ 실리콘 물질이 반도체와 부도체의 두 가지 성질을 모두 보유함.

[24902-0095] ○ △ ✕

7 윗글을 바탕으로 〈보기〉를 이해한 내용으로 적절하지 <u>않은</u> 것은?

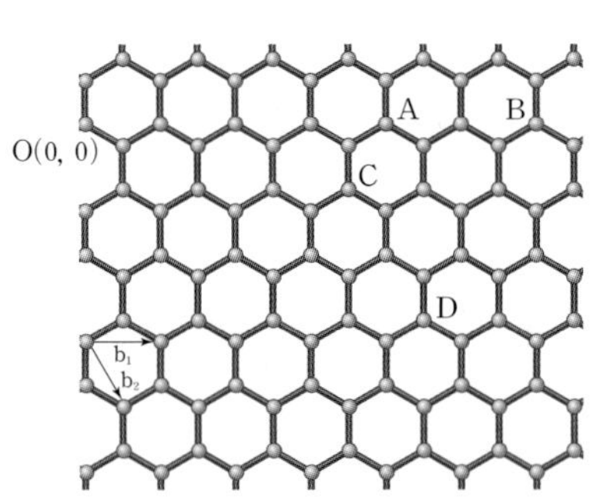

〈 보기 〉

　오른쪽과 같은 2차원 구조의 흑연 면에서 특정 탄소의 위치는 기본 단위인 b_1과 b_2를 이용해서 나타낼 수 있다. 기준점 O가 그림에 표시된 A, B, C, D의 네 점과 만나 각각 네 개의 단일벽 CNT가 합성되었다. 이때 합성된 단일벽 CNT를 각각 A-CNT, B-CNT, C-CNT, D-CNT라 하자.

① A 점의 탄소의 위치는 (4, 0)으로 나타낼 수 있다.
② B-CNT가 A-CNT보다 밴드 갭이 더 크다.
③ C-CNT는 반도체의 성질을 지닌다.
④ D-CNT는 암체어형 단일벽 CNT이다.
⑤ D-CNT는 반도체나 부도체가 아니다.

[24902-0096] ○ △ ✕

8 윗글의 전계 효과 트랜지스터 와 관련하여 〈보기〉를 이해한 반응으로 적절한 것은?

〈 보기 〉

　단일벽 CNT를 이용하여 제작한 전계 효과 트랜지스터의 구조는 오른쪽과 같다. ㉢에 가하는 전압에 의해 ㉠과 ㉡ 사이에 흐르는 전류의 양이 조절된다.

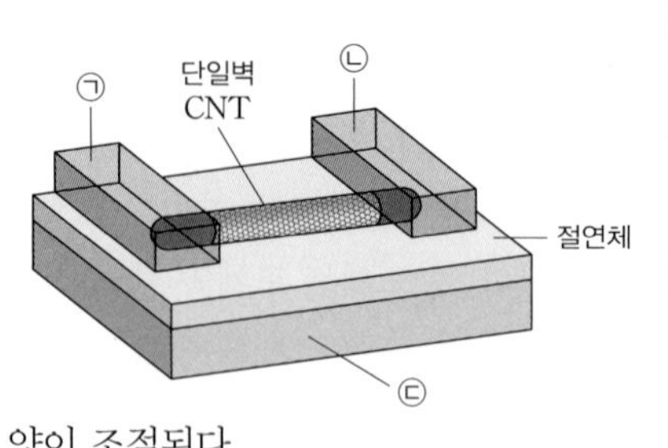

① ㉠과 ㉡ 사이에 흐르는 전류의 양은 소스인 ㉢에 의해 조절되겠군.
② ㉠에서 ㉡으로 전류가 흐를 때 산란이 많이 일어날수록 전자의 이동도가 높아지겠군.
③ ㉠과 ㉡ 사이에 위치한 단일벽 CNT는 전류가 잘 흐르는 암체어형이 쓰일 수 있겠군.
④ ㉠과 ㉡ 사이에 놓인 단일벽 CNT는 온도가 올라갈수록 전류가 잘 흐르는 성질을 갖는 물질이겠군.
⑤ ㉢은 ㉠과는 전기적으로 절연되어 있지만 ㉡과는 전기적으로 절연되어 있지 않겠군.

13회 미니모의고사

EBS 수능특강 **Q** 미니모의고사 **국어**

○ 알고 맞힘　/8　△ 헷갈림　/8　✕ 모르고 틀림　/8

[1~3] 다음 글을 읽고 물음에 답하시오.

제2과장 풍자탈

　원양반, 다음 양반, 홍백(紅白), 먹탈, 손님, 비뚜르미, 조리중, 말뚝이 순으로 ㉠춤을 추며 등장하여 새면*을 향하여 일 열로 선다.

원양반: 여러분.

양반들: 왜요?

원양반: 오늘 심심한데 말뚝이 요놈이나 불러다가 농담이나 하여 봅시다.

양반들: 그럽시다.

원양반: 이놈, 말뚝아.

말뚝이: 아— 어, 옳소이다.

원양반: 소년당상 애기 도령님은 좌우로 둘러서서 소 잡아 장고 메고 말 잡아 북 메고 개 잡아 소고 메고 안성맞춤 꽹과리 치고 운봉내기 징 치고 떡 치고 술 걸러 차려 놓고, 홍문연 높은 잔치 항우장사 칼춤 출 때 이내 마음이 심란하여 초당에 비켜 앉아 높은 베개 돋워 베고 고금(古今)의 삶을 곰곰이 생각하니 어따 괴롭고, 운봉 담양으로 귀양 갈 놈 양반의 철륭 뒤에서 응매 깽깽하는 소리 양반이 잠을 이루지 못하여서 이미 시끄럽게 떠드는 것을 금하려고 나온 김에 춤이나 한번 추고 가자. (불림) 처절 철철 철철— (굿거리장단에 맞춰 모두 ㉡춤을 춘다.)

말뚝이: 쉬— 이—, (음악과 춤 멈춘다.) 동정(洞庭)은 광활하고 천봉만학(千峯萬壑)은 그림을 그려 있고, **양유천만사(楊柳千萬絲)는 각유춘풍을 자랑하고,** 탐화봉접(探花蜂蝶)은 춘풍에 흔들흔들, **별유천지(別有天地)는 비인간(非人間)이로구나.** 어디서 말뚝이를 불러 계시는지 말뚝이 문안이요.

양반들: 음— 에헴!

말뚝이: 문안 아홉 가지 평안 아홉 가지 이구 십팔 열여덟 가지 문안을 잘 받아야지 **만약 문안을 잘못 받으면 양반놈들 혀를 쏙 빼리로다.**

원양반: 예익! 엑! 이놈, 네가 상놈으로서 양반을 모욕하고 살기를 바랄쏘냐. 이때는 어느 때뇨, 놀기 좋다 춘삼월 호시(好時)로다. 석양은 재를 넘고 강가의 말은 슬피 울 제, 초당에 앉은 양반 본디부터 그렇게 앉았기로 가장(家長)을 불러 훈장(訓長)을 단속하고 모모 친구 통지하여 술 한잔을 먹음차로 주점에 내려가서, 한 잔 먹고 두 잔 먹고 삼석 잔 거듭 먹어, 일배일배부일배로구나.

말뚝이: 주인공은 누구누구 모였던고?

원양반: 영양 공주, 난양 공주, 진채봉, 한일선, 백능파, 계섬월, 심모란, 김옥선 일등 미색 고운 태도 양반 눈앞에 보이니 양반의 마음이 흔들흔들하여 춤이나 한번 추어 보자. (불림) 처절 철철 철철— (굿거리장단에 맞춰 모두 ㉢춤을 춘다.)

말뚝이: 쉬— 이—. (음악과 춤 멈춘다.) 날이 떱떠부러하여지니 양반놈들이 **연당 못에 물뱀 새끼 모이듯이 촌 골목에 도야지 새끼 모이듯이** 그저 주렁주렁 모아 서서 말뚝인지 쇠뚝인지 꽃 피는 삼사월 초파일날 장안만호(長安萬戶) 등 달듯이 과거장(科擧場) 중에 제 의붓애비 부르듯이 그저 말뚝아 말뚝아 불러, 이놈들—.

원양반: 저런 죽일 놈이 있느냐? 이놈 네가 상놈으로서 양반을 모욕하고 살기를 바랄쏘냐.

말뚝이: 하! 하하하!— (크게 웃는다.) 니네가 양반이여? 양반이면 양반 근본을 내가 좀 들어 보자.

원양반: 이놈 네가 상놈으로서 양반 근본을 알아 무엇 하랴.

말뚝이: 그럴 것이었다. 니가 근본이 원래 좋지 못한 관계로써 나한테 일러 주지 않을 것은 사실이었다. 내가 너의 고을에 살려고 온 지가 수십 년 되었을 제 너의 근본을 탐정하였으니 내가 일러 줄 터이니 들어라. 첫째 양반 널로 두고 말을 하니 너 역시 양반의 자손이라 하였지만 네 집 근본을 탐정하여 보니 기생이 여덟이라. 기생이라 하는 것은 오는 관리마다 등을 긁어 너를 길렀거든 네가 무슨 양반 [A] 자손이라 자랑을 하며, 둘째 양반 널로 두고 말을 하면 너 역시 계집종의 자손으로서 계집종이라 하는 것은 많은 사람의 등을 긁어서 너를 길렀거든 네가 무슨 양반 자손이라 자랑하며, 셋째 양반 널로 두고 말을 하면 너 한 어미에 애비가 둘이로다. 한쪽은 홍가가 만들었고 한쪽은 백가가 만들었으니 네가 무슨 양반 자손이라 자랑하냐.

양반들: 예끼! 예끼!

(중략)

원양반: 이놈 네가 상놈으로서 양반 근본을 훼파(毀破)를 하다니 이놈! 그러면 너의 근본을 좀 들어 보자.

말뚝이: 그리하여라. 내 근본을 들어 보자 할 건 사실이었다. 나의 근본을 알려거든 사대조, 오대조, 육대조, 칠대조, 팔대조 이상은 물론하고 우리 할아버지께옵서는 소년에 등과하여 남병사, 북병사, 오한문 도대장을 계셨으니 그 근 [B] 본이 어떠하뇨, 이놈들. 우리 아버지께옵서는 이십에 등과

하여 평안감사, 진영감사, 이 년을 마친 후에 흑각궁, 황각궁을 걸어 매고 오한문 도대장으로 계셨으니 근본이 어떠하뇨, 이놈들. 요의 자식도 못난이요, 순의 자식도 못난이거든, 내 집 사랑에 종놈만도 못한 놈이 이놈 저놈 하는 소리에 아니꼽고 더럽도다 이놈아!

양반들: (소리) 비나이다! 비나이다! (중모리) 박 생원님 전 비나이다. **박 생원님 여보소, 들어 보시오. 황공하고 무리하여 살려 주오**, 살려 주오, 제발 생원님께서 살려 주오.

말뚝이: 너 이놈, 말 들어라. 너희의 행실 볼진대는 능지처참을 할 것이로되 인간의 도리로서 차마 죽이지 못하노니 네게 용서할 것이니 너의 마음 개심하여 네 집에 돌아가서 백 년 겁을 반성하라.

양반들: 예—이!

말뚝이: 함께 물러가거라.

양반들: 예—이!

양반들: (소리) (중중모리) 얼씨구나절씨구 얼씨구나절씨구 얼씨구절씨구 지화자 좋네. 얼씨구절씨구 얼씨구나 좋네. (굿거리장단에 맞추어 한바탕 ㉣덧배기춤*을 추고 퇴장한다.)

– 작자 미상, 「통영 오광대」

＊**새면**: 악사들이 앉는 자리.

＊**덧배기춤**: 덧뵈기춤. 농악의 덧뵈기장단에 맞추어 추는 춤으로, 영남 지방 민속춤의 특유한 춤사위.

---

1 ㉠~㉣에 대한 설명으로 적절한 것을 〈보기〉에서 모두 골라 묶은 것은?

〈 보기 〉

가. ㉠에서는 춤을 춤으로써 등장인물의 특징을 드러내고, ㉢에서는 춤을 춤으로써 공간의 특징을 드러낸다.

나. ㉠에서 등장인물이 추는 춤은 장면의 시작을 알리고, ㉣에서 추는 춤은 장면의 마무리를 알린다.

다. ㉡에서는 심란한 심사를 달래기 위해서, ㉢에서는 봄을 맞이한 흥취를 표출하기 위해 춤을 추려고 한다.

라. ㉡의 춤은 인물 간의 갈등을 유발하는 기능을 하고, ㉣의 춤은 인물 간의 갈등을 해소하는 역할을 한다.

① 가, 나   ② 나, 다   ③ 가, 다

④ 나, 라   ⑤ 다, 라

2 [A]와 [B]에 대한 설명으로 가장 적절한 것은?

① [A]에서는 직유의 방식으로 상대에 대한 비판 의식을 강조하고, [B]에서는 은유의 방식으로 상대에 대한 연민 의식을 강조한다.

② [A]에서는 반어적 표현으로 상대와 자신의 동질감을 드러내고, [B]에서는 역설적 표현을 사용해 상대와 자신의 이질감을 드러낸다.

③ [A]에서는 고사(故事)를 활용해 상대에게 동정심을 자아내고, [B]에서는 관용구를 활용해 상대에게 수치심을 느끼게 한다.

④ [A]에서는 설의적 표현을 활용해 상대의 무능함을 폭로하려 하고, [B]에서는 설의적 표현을 활용해 자신의 유능함을 드러내려 한다.

⑤ [A]에서는 열거의 방식으로 상대가 열등한 존재임을 부각하고, [B]에서는 질문의 방식으로 상대보다 자신이 우월한 존재임을 부각한다.

[24902-0099] ○ △ ✕

3 〈보기〉를 바탕으로 윗글을 감상한 내용으로 적절하지 <u>않은</u> 것은?

〈 보기 〉

　「통영 오광대」는 경상도 지역에서 연행되어 오던 가면극의 일종으로, 조선 후기에 향유된 다른 가면극과 마찬가지로 당대 지배층에 대한 풍자가 담겨 있다. 풍자의 주체인 '말뚝이'는 서민을 대변하는 인물로, 비속어와 과장 등 서민의 언어를 사용하여 직접적으로 지배층을 조롱하거나 비난하며 그들에 대한 적개심을 표출한다. 또 말뚝이는 한자어와 같은 양반의 언어를 능수능란하게 사용하는데, 이를 통해 서민도 양반과 같은 능력을 지님을 우회적으로 드러낸다. '양반들'은 풍자의 대상으로, 양반의 체통이나 체면을 상실한 인물로 그려진다. 특히 그들의 허위의식은 약자 앞에서는 강하고, 권력이나 권세 앞에서는 비굴해지는 모습을 통해 폭로되기도 한다.

① '양유천만사는 각유춘풍을 자랑하고'와 '별유천지는 비인간이로구나.'처럼 양반의 언어를 능숙하게 사용하는 말뚝이의 말에는, 서민이 양반에게 함부로 무시당하는 존재가 아님을 전달하려는 창작 의도가 담겨 있군.

② '만약 문안을 잘못 받으면 양반놈들 혀를 쑥 빼리로다.'라는 말뚝이의 말에는, 서민의 언어를 사용해 직접적으로 지배층을 조롱하려는 창작 의도가 담겨 있군.

③ '일등 미색 고운 태도 양반 눈앞에 보이니 양반의 마음이 흔들흔들'한다는 원양반의 말에는, 지배층으로서 지녀야 할 예법이나 체면을 중시하지 않는 당대 양반들의 인식을 드러내려는 창작 의도가 담겨 있군.

④ '연당 못에 물뱀 새끼 모이듯이 촌 골목에 도야지 새끼 모이듯이' 양반들이 모여 있다는 말뚝이의 말에는, 서민에게 횡포를 가하는 양반들의 허위의식을 폭로하려는 창작 의도가 담겨 있군.

⑤ '박 생원님 여보소, 들어 보시오. 황공하고 무리하여 살려 주오'라는 양반들의 말에는, 강자에게는 비굴한 모습을 보이는 당대 양반들의 부정적 행태를 보여 주려는 창작 의도가 담겨 있군.

[4~8] 다음 글을 읽고 물음에 답하시오.

㉠ 현재 지구에서 우주로 나가는 운송 수단은 로켓이 유일하다. 로켓을 우주로 보내기 위해서는 지구의 중력을 이겨 낼 만한 추력(推力)*을 낼 수 있고 공기가 없는 우주 공간에서도 작동되는 로켓 엔진이 필요하다. 이러한 이유로 로켓은 연료와 산화제를 함께 싣고 다니며 엔진 내부에서 연료와 산화제를 같이 연소시키는 방식을 사용한다. 이때 로켓 엔진에 사용되는 연료와 산화제를 가리켜 추진제라고 한다.

　로켓 엔진은 사용하는 추진제가 액체냐 고체냐에 따라 액체 로켓 엔진과 고체 로켓 엔진으로 나눌 수 있다. 먼저 ㉠액체 로켓 엔진은 추진제를 탑재하기 위한 연료통과 별도의 산화제 탱크를 설치해야 한다. 또한 추진제를 연소실로 보내기 위한 펌프, 밸브 및 파이프 등의 많은 부품이 필요하고 구조가 복잡하여 제작 비용이 많이 든다. 하지만 액체 로켓 엔진은 같은 질량 대비 추진제가 내는 추력의 효율이 더 높고, 발사 뒤에도 추진제의 공급을 조절하여 점화와 소화의 반복을 통해 추력을 제어할 수 있기 때문에 로켓의 자세 제어가 용이하다. 한편 ㉡고체 로켓 엔진은 연료와 산화제를 혼합하여 굳힌 고체 추진제만이 로켓 내부의 긴 원통형의 구조물에 들어가 있다. 고체 로켓 엔진에서는 이 구조물이 연소실을 겸하기 때문에 별도의 산화제 탱크와 추진제를 옮기기 위한 장치가 필요 없다. 이는 고체 로켓 엔진의 구조를 간단하게 하고 고체 로켓 엔진의 무게를 가볍게 만들어 준다. 그러나 고체 로켓 엔진은 추력을 제어하는 데 어려움이 따른다. 고체 로켓 엔진의 추력은 추진제 중앙에 형성된 빈 공간의 표면 형상에 의해서 결정되는데 고체 추진제는 일단 제작이 되고 나면 형상을 조절하기가 어렵기 때문에 추력을 제어할 수가 없으며, 점화 후 연소 속도의 조절도 불가능하다.

　로켓 엔진은 엔진 내부에서 추진제를 연소하여 고온·고압의 가스를 만들어 낸다. 이 가스를 분출함으로써 발생하는 반발력으로 로켓은 추력을 얻는다. 액체 로켓 엔진은 연료와 산화제가 만나서 연소하는 별도의 연소실이 있다. 높은 압력으로 연소실로 보내진 추진제는 연소실 내부의 수많은 분무공을 통해 물줄기 형태 또는 가스 형태로 뿜어진다. 이렇게 뿜어진 추진제는 서로 부딪치고 부서져 안개처럼 변하면서 연소가 활발하게 일어나는데, 이때 연소실 내부의 압력은 거의 균일하게 유지된다. 한편 고체 추진제의 점화는 추진제 중앙의 비어 있는 내부 표면에서 시작되고 연소가 진행됨에 따라 추진제의 연소면이 추진제의 내부로 파고들면서 추진제가 차지하지 않는 연소실 내부의 공간이 점점 넓어진다. 추진제가 모두 연소될 때까지 이러한 현상은 지속된다. 이에 따라 고체 로켓 엔진의 연소실 내부의 압력은 계속 변화한다. 추진제의 연소면에서 연소된 가스가 노즐을 통해 팽창하며 빠져나가는 것은 액체 로켓 엔진과 같다.

*추력: 물체를 운동 방향으로 밀어붙이는 힘.

나 1960년대 초반까지 모든 우주 발사는 태양, 행성, 우주선의 상호 작용을 고전적인 2체 문제*로 다루어 우주로의 이동을 위해 강력한 로켓의 힘으로 중력을 이기려고만 했다. 하지만 이러한 방법으로 달성이 가능한 우주 임무는 지구 궤도 안쪽으로는 금성, 지구 궤도 밖으로는 목성까지로 제한될 수밖에 없었다.

이러한 문제에 미국의 수학자 마이클 미노비치가 해답을 제시하였다. 미노비치는 우주선 발사체가 근접 비행으로 행성 부근을 통과하면 발사체의 운동 에너지가 행성 부근을 통과하기 전과 같을 수도 있고, 다를 수도 있다는 것을 발견했다. 그는 우주선 발사체가 행성에 접근하기 전의 운동 에너지와 근접 비행 후의 운동 에너지는 좌표계에 따라 다르게 보일 수 있다는 점을 주장하였다. 우주선 발사체가 지나는 행성을 기준으로 한 좌표계에서는 우주선 발사체의 운동 에너지는 변화가 없고 운동의 방향만 바뀐다. 하지만 태양을 기준으로 한 좌표계에서 보면 임의의 방향으로 움직이던 우주선 발사체를 행성이 나포해서 끌고 다녔으므로 행성이 우주선 발사체에 대해 일을 했거나 또는 우주선 발사체가 행성에 대해 일을 한 것으로 볼 수 있다. 따라서 태양을 기준으로 한 좌표계에서 본 우주선 발사체의 운동 에너지는 달라질 수밖에 없다. 미노비치는 이러한 현상을 이용하면 우주선 발사체가 연쇄적으로 행성과의 근접 비행을 통해 우주선 발사체의 속도와 방향을 변화시킬 수 있다고 생각했으며 이를 중력 추진이라고 불렀다.

우주선 발사체가 한 행성으로 접근하게 되면 우주선 발사체에 미치는 행성의 중력이 태양의 중력보다 큰 공간이 존재한다. 이러한 공간을 행성의 '중력장'이라 한다. 태양계의 각 행성은 각자의 중력장을 가지며 모든 행성과 위성의 중력장을 제외한 나머지 공간은 태양의 중력장이다. 우주선 발사체가 어느 행성의 중력장 안으로 진입하면 우주선 발사체는 행성의 중심을 초점으로 하는 쌍곡선을 따라 이동하면서 행성의 중력장을 탈출하여 다시 태양의 중력장 안으로 들어오게 된다. 이때 행성에 대한 우주선 발사체의 속도의 크기는 행성의 중력장에 진입할 때와 같고 방향만 바뀌어 행성에 대한 우주선 발사체의 에너지는 보존된다. 그러나 태양에 대한 우주선 발사체의 속도는 태양의 중력장을 탈출할 때와 진입 후에 방향뿐만 아니라 그 크기도 달라진다. 행성의 중력장 안에 있는 동안 우주선 발사체가 행성에 이끌려 운동하므로 태양에 대한 우주선 발사체의 속도는 행성에 대한 우주선 발사체의 속도에 행성의 공전 속도가 더해져야 하기 때문이다. 진입 속도의 방향이 행성의 궤도 속도 방향이냐, 아니면 반대 방향이냐에 따라 태양에 대한 우주선 발사체의 상대적인 속도의 크기는 더 커질 수도 있고 작아질 수도 있다. 이것이 미노비치가 발견한 중력 추진의 요체이다.

중력 추진의 방법을 이용하면 지구에 가까운 행성의 중력을 활용하여 더 멀리 있는 외행성까지 우주선 발사체를 빠르게 보낼 수 있고 태양계 바깥까지 멀리 보낼 수 있다.

*2체 문제: 서로 작용하는 두 물체의 운동을 다루는 문제.

[24902-0100] ○ △ ✕

4 다음은 (가)와 (나)를 읽은 학생들이 수행할 독서 활동지의 일부이다. 학생들의 대화 내용 중, 적절하지 <u>않은</u> 것은?

> ※ 다음에 제시된 두 가지 사항을 고려하여 (가)와 (나)의 공통점과 차이점에 대해 정리해 보자.
>
> • 글의 화제 및 내용
> • 서술 방식

학생 1: 각자 글은 다 읽어 봤지? 그럼 이제 함께 정리해 보자.

학생 2: 글의 화제 및 내용을 보면, 로켓이 우주 공간에서 비행하는 데 필요한 요소들을 다루고 있다는 점에서 (가)와 (나)의 공통점이 있는 것 같아. ····················· ①

학생 3: 하지만 (가)는 로켓의 추력과 관련된 구조적 측면의 요소를, (나)는 로켓의 추력에 영향을 미치는 외적 측면의 요소를 설명한다는 점에서 차이가 있지. ············· ②

학생 4: 그리고 서술 방식을 살펴보면, (가)는 (나)와 달리 두 대상 간의 공통점과 차이점을 밝혀 대상의 특징을 부각하고 있어. ························· ③

학생 1: 반면에 (나)는 (가)와 달리 특정 학자의 견해를 인용하여 로켓의 기존 이동 방법이 가진 문제에 대한 대안을 설명하고 있군. ····················· ④

학생 2: 마지막으로 덧붙이자면, (가)와 (나)는 모두 화제와 관련된 주요 개념을 정의하고 이에 대한 이해를 돕기 위해 실제 사례를 제시하고 있지. ················· ⑤

[24902-0101] ○ △ ✕

5 ⊙과 ⓒ에 대한 설명으로 가장 적절한 것은?

① ⊙은 ⓒ과 달리 추진제의 특성으로 인해 발사체의 무게가 가볍다.

② ⊙은 ⓒ과 달리 점화 후 연소 속도의 조절이 어려워 추진제의 추력 효율이 낮다.

③ ⓒ은 ⊙과 달리 추진제의 형상에 따라 추력이 큰 영향을 받게 된다.

④ ⓒ은 ⊙과 달리 제작에 많은 부품이 사용되기 때문에 비용이 많이 든다.

⑤ ⓒ은 ⊙과 달리 발사 뒤에도 점화와 소화의 조절을 반복하여 로켓의 추력 제어가 용이하다.

[24902-0102] ○ △ ✕

6 (가)를 참고하여 〈보기〉를 이해한 내용으로 적절하지 <u>않은</u> 것은?

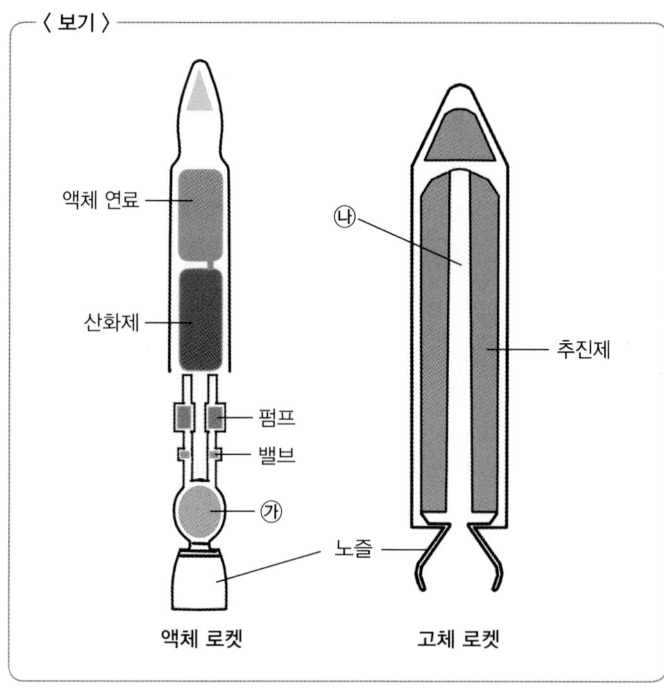

① 액체 로켓의 ㉮의 내부에는 수많은 구멍이 있으며 이를 통해 ㉮로 이동한 추진제의 연소를 촉진한다.

② 액체 로켓의 추진제는 높은 압력으로 ㉮로 보내지기 때문에 이를 위한 별도의 장치가 추가로 필요하다.

③ 액체 로켓은 ㉮에서 생성된 고온·고압의 가스를 통해 추력을 얻기 때문에 공기가 없는 곳에서도 비행이 가능하다.

④ 고체 로켓의 경우 연소가 진행됨에 따라 ㉯는 점차적으로 넓어지게 된다.

⑤ 고체 로켓에서는 온도와 압력이 높아진 연소 가스가 ㉯에서 일정한 압력으로 압축되어 노즐을 빠져나가도록 조절된다.

[24902-0103] ○ △ ✕

7 (나)를 읽고 알 수 있는 내용으로 적절하지 <u>않은</u> 것은?

① 중력을 이겨 내는 로켓의 힘만으로는 우주 탐사의 범위가 제한될 수밖에 없다.

② 태양계 안에서는 우주선 발사체에 미치는 행성의 중력이 태양의 중력보다 큰 공간이 존재한다.

③ 행성에 접근하기 전과 근접 비행 후 우주선 발사체의 운동 에너지는 좌표계와 관계없이 동일하다.

④ 우주선 발사체가 연쇄적으로 행성과의 근접 비행을 하면 우주선 발사체의 속도와 방향이 바뀔 수 있다.

⑤ 우주선 발사체가 어느 행성의 중력장 안으로 진입하면 행성의 중심을 초점으로 하는 쌍곡선을 따라 이동한다.

[24902-0104] ○ △ ✕

8 〈보기〉를 바탕으로 중력 추진을 이해한 내용으로 적절하지 <u>않은</u> 것은?

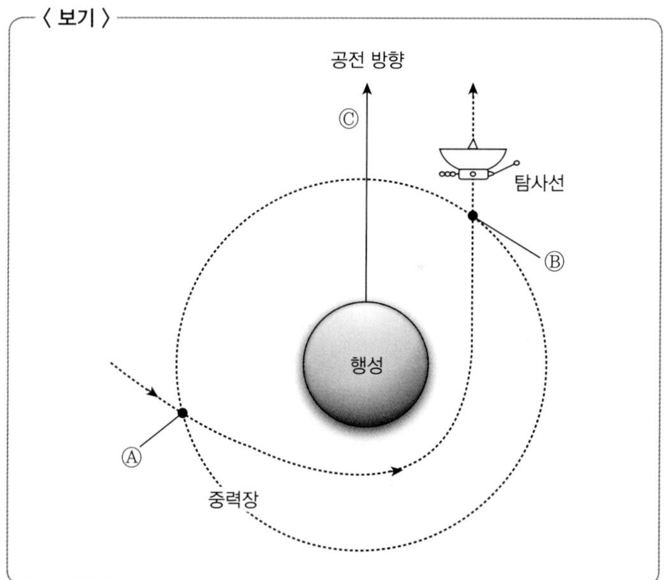

① Ⓐ와 Ⓑ에서 행성에 대한 탐사선의 속도의 크기는 동일하다.

② 탐사선이 Ⓐ와 Ⓑ 사이를 벗어나면 탐사선은 태양의 중력에 의한 영향을 받는다.

③ 탐사선이 Ⓐ를 지나 태양의 중력장을 탈출한 후 Ⓑ에서 다시 태양의 중력장에 진입한 것으로 보면 Ⓐ와 Ⓑ에서 태양에 대한 탐사선의 속도는 달라진다.

④ 태양을 기준으로 한 좌표계에서 볼 때, 탐사선이 Ⓐ와 Ⓑ 사이에 있는 동안 탐사선의 속도는 행성에 대한 탐사선의 속도에 행성의 공전 속도가 더해진 것이다.

⑤ 탐사선이 ⓒ의 반대 방향으로 진입하면, 행성에 대한 탐사선의 속도는 태양의 중력장을 탈출할 때보다 행성의 중력장을 탈출할 때에 더 작아진다.

14회 미니모의고사

EBS 수능특강 Q 미니모의고사 **국어**

○ 알고 맞힘 　/8　△ 헷갈림 　/8　✕ 모르고 틀림 　/8

[1~4] 다음 글을 읽고 물음에 답하시오.

㉮ 나 청허자(淸虛子)는 평소 산수를 몹시 좋아했다. 우리나라 명산 중에 삼각산, 금강산, 지리산, 팔공산, 가야산, 비슬산, 황악산, 속리산 등은 모두 정상까지 올랐다. 속세를 벗어나 드넓은 세상을 바라보며 천지가 크고 높고 넓고 깊다는 것을 알게 되었다. 더욱 좋은 것은 만 길 높이로 솟은 기암괴석, 그 사이에 자라난 소나무와 전나무, 어른거리는 구름과 안개, 맑은 시내와 하얀 바위, 호젓한 개울과 으슥한 숲이다. 모두 세속의 걱정을 깨끗이 씻어 내고 의지와 기개를 키우기 충분하다. 사방을 유람하는 선비와 승려를 만나 산수 이야기를 하노라면 나는 몹시 즐거워 묻고 답하느라 입에 침이 줄줄 흘렀으니, 세상 사람들이 모두 벽(癖)이 있다고 비웃었다.

그러다 늘그막에 다리 힘이 빠져 잘 걷지 못하게 되자 어찌할 수가 없어 부득이 누워서 유람할 꾀를 내었다. 고금의 유명한 사람들이 그린 산수화를 모아서 벽에 걸어 놓고 보았다. 가서 구경하고 싶은 마음에 약간 위안이 되기는 했지만, 그저 정교하고 강건한 필력과 가물가물한 풍경을 건졌을 뿐, 생동하고 핍진한 형상은 찾아보기 어려웠기에 마음속으로 늘 안타까워했다.

남산에 있는 내 별장에는 남쪽 담장 바깥 바위틈에서 ⓐ샘물이 흘러나오는데 맛이 달고 시원하다. ㉠그래서 마루 앞에 못을 파고 물을 담아 연꽃을 심고, 괴석을 가져다 그 가운데 가산(假山)을 만들고는 늙고 자그마한 소나무와 삼나무, 회양목을 심었다. 또 샘물이 나오는 바위틈을 계산하니 지면에서 석 자 정도 높았다. 땅 아래로 물을 끌어와 못 동쪽으로 흐르게 하였다. 대나무를 잘라서 구부린 다음 땅속에 묻어 대통으로 물이 들어가게 만드니, 그 물이 가산 위쪽으로 터져 나와 폭포가 되어 흘러내리는데, 두 단으로 못에 떨어지게 만들었다. 샘물이 담장 밖에 있는지도 모르고, 또 물이 땅 아래의 대통에서 나온 것도 모르다가 갑자기 맑은 물이 가산 꼭대기에서 솟아 흘러나오는 것을 보면, 모두들 깜짝 놀라며 그 물이 가산에서 바로 나온 줄 안다.

예로부터 산을 좋아하여 석가산(石假山)을 만든 사람은 많다. 간혹 폭포를 만든 사람도 있었지만, 으레 가산 뒤편의 땅을 높이고 가산 앞으로 물이 흐르도록 폭포를 만드는 것이 일반적이었다. 그러나 이렇게 해 놓으면 사면이 모두 못물에 둘러싸여 폭포의 맑은 물이 혼탁한 못물과 달라지는 문제가 있다. 여기에 비해 나의 것은 가산 꼭대기에서 물이 흘러나와 폭포를 이루니 더욱 기이하다. 고금에 이러한 것은 없을 듯하다.

㉡작은 것으로 큰 것을 비유하고 쉬운 것으로 어려운 것을 시도하는 법. 이 못은 둘레가 겨우 몇 길이고 깊이도 몇 자 되지 않는다. 산은 높이가 다섯 자이고 둘레가 일곱 자, 폭포는 두 자 남짓이고 나무는 네댓 치이다. 그런데도 봉우리가 험준하고 골짜기가 그윽하며 쏟아지는 폭포와 다투어 흐르는 물줄기가 진짜를 방불케 한다. 몇 길 땅 안에 큰 바다를 갈무리하고, 몇 자의 돌에다가 봉래산과 방장산을 축소해 넣었으니, 정건이나 왕유처럼 솜씨 좋은 화가들이 정성을 쏟고 기교를 다해 그린 그림이라도 여기에 비하면 만분의 일도 담아내지 못할 것이다.

아, 어느 것이 진짜고 어느 것이 가짜인가? 결국은 천지도 모두 가짜를 합한 것이고 사람의 육신과 사지도 모두 가짜를 합한 것이니, 큰 것과 작은 것, 진짜와 가짜를 따질 필요가 있겠는가? 그저 내가 좋아하는 바를 취할 뿐이다.

게다가 세상 만물에는 입에는 맞지만 눈에는 맞지 않는 것도 있고, 눈에는 맞지만 귀에는 맞지 않는 것도 있지 않은가? 이 샘물은 달고 시원하여 우리 집과 이웃에서 아침저녁 여기에 의지하고 있으니 입에 맞는다 하겠다. 이 샘물이 기암괴석과 소나무, 전나무 사이를 흘러 몇 자 높이에서 곧바로 떨어지는데, 마치 한 가닥 물줄기가 병풍 같은 푸른 산을 갈라놓은 듯 흰하다. 아침저녁으로 보아도 지겹지 않으니, 눈에 맞는다 하겠다. 고요한 밤에 잠을 이루지 못하여 베개를 높이 베고 그 소리를 듣노라면 공후나 축을 연주하는 맑은 소리처럼 울려 퍼지니, 귀에 맞는다 하겠다.

㉢나는 집이 가난하고 벼슬이 초라하여 곱게 단장한 여인네가 눈을 즐겁게 하는 일도 없고, 달고 기름진 음식이 입을 즐겁게 하는 일도 없으며, 피리나 거문고 같은 악기가 귀를 즐겁게 하는 일도 없다. 그저 이 샘물 하나에 의지하여 세 가지 즐거움을 누리며 살아가니, 참으로 담박하면서도 운치가 있다. 세상의 호걸들은 모두 초라한 나를 비웃겠지만 나는 즐거우니, 이 즐거움을 다른 것과 바꾸지 않겠다.

– 채수, 「석가산폭포기」

㉯ 여수의 남쪽, 돌산도 해안선에 동백이 피었다. 산수유도 피고 매화도 피었다. 자전거는 길 위에서 겨울을 났다. 겨울에는 봄의 길들을 떠올릴 수 없었고, 봄에는 겨울의 길들이 믿어지지 않는다. 다 지나오고 나도, 지나온 길들이 [A] 아직도 거기에 그렇게 뻗어 있는 것인지 알 수 없다. 그래서 모든 길은 처음부터 다시 가야 할 새로운 길이다. 겨우내 끌고 다니던 월동 장구를 모두 다 버렸다. 방한복, 장

갑, 털양말도 다 벗어 버렸다. 몸이 가벼워지면 길은 더 멀어 보인다. ㉣티셔츠 차림으로 꽃 피는 남쪽 바다 해안선을 따라 달릴 때, 온몸의 숨구멍이 바람 속에서 열렸다.

돌산도 향일암 앞바다의 동백 숲은 바닷바람에 수런거린다. 동백꽃은 해안선을 가득 메우고도 군집으로서의 현란한 힘을 이루지 않는다. 동백은 한 송이의 개별자로서 제각기 피어나고, 제각기 떨어진다. 동백은 떨어져 죽을 때 주접스런 꼴을 보이지 않는다. 절정에 도달한 그 꽃은, 마치 백제가 무너지듯이, 절정에서 문득 추락해 버린다. '눈물처럼 후드득' 떨어져 버린다.

돌산도 율림리 정미자 씨 집 마당에 매화가 피었다. 1월 중순에 눈 속에서 봉오리가 맺혔고, 이제 활짝 피었다. 매화는 잎이 없는 마른 가지로 꽃을 피운다. 나무가 몸속의 꽃을 밖으로 밀어내서, 꽃은 뿜어져 나오듯이 피어난다. 매화는 피어서 군집을 이룬다. 꽃 핀 매화 숲은 구름처럼 보인다. 이 **꽃구름**은 그 경계선이 흔들리는 봄의 대기 속에서 풀어져 있다. 그래서 매화의 구름은 혼곤하고 몽롱하다. 이것은 신기루다. 매화는 질 때, 꽃송이가 떨어지지 않고 꽃잎 한 개 한 개가 낱낱이 바람에 날려 산화(散華)한다. 매화는 바람에 불려 가서 소멸하는 시간의 모습으로 **꽃보라**가 되어 사라진다. 가지에서 떨어져서 땅에 닿는 동안, 바람에 흩날리는 그 잠시 동안이 매화의 절정이고, 매화의 죽음은 풍장이다. 배꽃과 복사꽃과 벚꽃이 다 이와 같다.

[B]

선암사 뒷산에는 산수유가 피었다. 산수유는 다만 어른거리는 꽃의 그림자로서 피어난다. 그러나 이 그림자 속에는 빛이 가득하다. 빛은 이 그림자 속에 오글오글 모여서 들끓는다. 산수유는 존재로서의 중량감이 전혀 없다. 꽃송이는 보이지 않고, 꽃의 어렴풋한 기운만 **파스텔처럼 산야에 번져** 있다. 산수유가 언제 지는 것인지는 눈치채기 어렵다. 그 그림자 같은 꽃은 다른 모든 꽃들이 피어나기 전에, 노을이 스러지듯이 문득 종적을 감춘다. 그 꽃이 스러지는 모습은 나무가 **지우개로 저 자신을 지우는 것**과 같다. 그래서 산수유는 꽃이 아니라 나무가 꾸는 꿈처럼 보인다.

산수유가 사라지면 목련이 핀다. 목련은 등불을 켜듯이 피어난다. 꽃잎을 아직 오므리고 있을 때가 목련의 절정이다. 목련은 자의식에 가득 차 있다. 그 꽃은 존재의 중량감을 과시하면서 한사코 하늘을 향해 봉오리를 치켜올린다. 꽃이 질 때, 목련은 세상의 꽃 중에서 가장 남루하고 가장 참혹하다. 누렇게 말라비틀어진 꽃잎은 누더기가 되어 나뭇가지에서 너덜거리다가 바람에 날려 땅바닥에 떨어진다. 목련꽃은 냉큼 죽지 않고 한꺼번에 통째로 툭 떨어지지도 않는다. 나뭇가지에 매달린 채, 꽃잎 조각들은 저마다의 생로병사를 끝까지 치러 낸다. 목련꽃의 죽음은 느리고도 무겁다. 천천히 진행되는 말기 암 환자처럼, 그 꽃은 죽음이 요구하는 모든 고통을 다 바치고 나서야 비로소 떨어진다.

㉤펄썩, 소리를 내면서 무겁게 떨어진다. 그 무거운 소리로 목련은 살아 있는 동안의 중량감을 마감한다. 봄의 꽃들은 바람이 데려가거나 흙이 데려간다. 가벼운 꽃은 가볍게 죽고 무거운 꽃은 무겁게 죽는데, 목련이 지고 나면 봄은 다 간 것이다.

ⓑ향일암 앞바다의 동백꽃은 사람을 쳐다보지 않고, 봄빛 부서지는 먼바다를 쳐다본다. 바닷가에 핀 매화 꽃잎은 바람에 날려서 눈처럼 바다로 떨어져 내린다.

매화 꽃잎 떨어지는 봄 바다에는, 나고 또 죽는 시간의 가루들이 수억만 개의 물비늘로 반짝이며 명멸을 거듭했다. 사람의 생명 속을 흐르는 시간의 풍경도 저러할 것인지는 알 수 없었으나, 봄 바다 위의 그 순결한 시간의 빛들은 사람의 손가락 사이를 다 빠져나가서 사람이 그것을 움켜쥘 수 없을 듯싶었고, 그 손댈 수 없는 시간의 바다 위에 꽃잎은 막무가내로 쏟아져 내렸다.

[C]

봄은 숨어 있던 운명의 모습들을 가차 없이 드러내 보이고, 거기에 마음이 부대끼는 사람들은 봄빛 속에서 몸이 파리하게 마른다. 봄에 몸이 마르는 슬픔이 춘수(春瘦)다.

– 김훈, 「꽃 피는 해안선」

[24902-0105] ○ △ ✕

1 (나)의 [A]~[C]에 대한 설명으로 적절하지 <u>않은</u> 것은?

① [A]에서 글쓴이는 계절의 차이점을 언급하며 자신의 소유물을 버리게 된 이유를 제시하고 있다.

② [B]에서 글쓴이는 자전거를 타고 여러 장소에서 마주한 꽃들의 개화와 낙화 과정을 소개하고 있다.

③ [C]에서 글쓴이는 [B]에서 언급한 꽃 중 일부만을 언급한 후, 그 꽃들이 바다 위로 떨어지는 모습에 주목하여 인간의 탄생과 죽음 사이의 시간의 흐름에 대한 사색적 태도를 보여 주고 있다.

④ [C]에서 글쓴이는 꽃들의 개화와 낙화를 통해 깨달은 '봄'에 대한 자신의 생각을 사람들의 모습과 연관 지으며 특정 단어의 의미를 제시하고 있다.

⑤ [A]에서 글쓴이는 시간의 흐름에 따라, [B]에서는 공간의 이동에 따라 대상의 모습을 소개한 후, [C]에서는 시간과 공간의 변화가 대상의 모습에 미친 영향을 제시하고 있다.

[24902-0106] ○ △ ✕

2 ㉠~㉤에 대한 이해로 적절하지 **않은** 것은?

① ㉠: 행위들을 연속적으로 제시하며 석가산을 만드는 과정과 그 구성 요소들을 소개하고 있다.

② ㉡: 대조적 의미를 지닌 어휘를 사용하여 글쓴이가 만든 석가산에 대한 생각을 나타내고 있다.

③ ㉢: 서술어로 특정 어휘를 반복하며 글쓴이가 석가산을 담박한 곳에 만든 이유를 제시하고 있다.

④ ㉣: 신체의 변화를 피동 표현으로 나타내며 자연과 조응하는 글쓴이의 모습을 드러내고 있다.

⑤ ㉤: 음성 상징어를 활용하여 목련꽃의 무게감과 목련꽃의 소멸 과정을 생동감 있게 나타내고 있다.

[24902-0107] ○ △ ✕

3 ⓐ와 ⓑ에 대한 설명으로 가장 적절한 것은?

① ⓐ는 글쓴이에게 다양한 감각적 즐거움을 제공하는 대상이고, ⓑ는 글쓴이의 시각을 자극하여 슬픔을 유발하는 장소이다.

② ⓐ는 글쓴이가 남산에 있는 별장으로 거처를 옮겨야 하는 원인이 되는 대상이고, ⓑ는 글쓴이가 다시 자전거를 타기로 마음을 먹는 장소이다.

③ ⓐ는 글쓴이가 석가산이 있는 연못을 만드는 계기가 되는 대상이고, ⓑ는 글쓴이가 낙화하는 꽃들을 바라보며 특정 계절의 의미를 탐색하는 장소이다.

④ ⓐ는 글쓴이가 만든 석가산과 다른 이들이 만든 석가산에 차별성을 부여하는 대상이고, ⓑ는 글쓴이가 낙화하는 꽃들의 차이점을 발견하는 장소이다.

⑤ ⓐ는 글쓴이의 취미가 지닌 멋스러움을 다른 이들이 확인하는 대상이고, ⓑ는 글쓴이가 다른 이들에게 낙화하는 꽃들의 아름다움을 소개하는 장소이다.

[24902-0108] ○ △ ✕

4 〈보기〉를 바탕으로 (가), (나)를 감상한 내용으로 적절하지 **않은** 것은?

〈 보기 〉

'묘사'란 글쓴이가 대상으로부터 받은 인상이나 느낌을 마치 그림을 그리듯 언어적으로 서술하는 서술 방식을 말한다. 이러한 묘사는 특정 시·공간에 위치한 대상의 모습을 객관적이고 사실적으로 드러내는 설명적 묘사와 감각적인 비유를 활용하여 대상에 대한 글쓴이의 참신한 시각을 드러내는 암시적 묘사로 나눌 수 있다. 한편, 대상 전체의 모습을 포괄적으로 전달하거나 대상을 이루는 부분들 중 글쓴이가 주목한 특징적 모습을 드러낼 때에도 묘사가 활용되는데, 글쓴이는 이러한 묘사를 활용하여 독자들이 대상을 간접 체험할 수 있는 경험을 제공하고, 대상과 관련된 자신의 정서를 생생하게 전달한다.

① (가)에서 석가산과 석가산이 위치한 못의 전반적인 모습을 설명적 묘사의 방법으로 제시함으로써, 대상을 직접 접하지 못한 독자들에게 석가산의 규모를 짐작할 수 있는 정보를 전달하고 있군.

② (가)에서 특정 시간에 석가산의 폭포 소리에서 느낀 감회를 청각적 심상과 비유적 표현을 통해 제시함으로써, 석가산과 함께하는 삶에 대한 만족감을 드러내고 있군.

③ (나)에서 동백꽃의 낙화 과정을 암시적 묘사의 방법으로 제시함으로써, 절정의 순간에 낙화하는 동백에 대한 글쓴이의 참신한 시각을 드러내고 있군.

④ (나)에서 특정 장소에서 피어난 매화와 낙화하는 매화를 각각 '꽃구름'과 '꽃보라'에 비유함으로써, 매화 숲 전체의 포괄적인 모습과 그 숲을 이루는 부분들의 특징적 모습을 전달하고 있군.

⑤ (나)에서 '파스텔처럼 산야에 번져 있'던 산수유가 낙화하는 모습을 '지우개로 저 자신을 지우는 것'에 비유함으로써, 산수유가 위치한 공간이 지닌 환상적 분위기를 암시적 묘사를 통해 전달하고 있군.

[5~8] 다음 글을 읽고 물음에 답하시오.

형질 전환을 이용한 품종 육성은 교잡과 같은 생식 과정을 거치지 않고 다른 종의 유전자를 이전하여 새로운 품종을 만드는 기술이다. 형질 전환을 이용한 식물 육종 기술이 가능해진 것은 유전자 조작 기술을 통해 특정 유전자를 탐색하고 복제할 수 있는 분자 생물학적 기법과 식물 조직 배양을 통해 체세포로부터 완전한 식물체를 재생시킬 수 있는 기술이 확립되었기 때문이다. 외래 유용 유전자를 이식하여 개체의 특성을 변화시킨 작물을 유전자 변형 작물(GMO)이라 부른다.

일반적으로 형질 전환은 복제된 외래 유전자를 유전자 운반체에 옮기고 이렇게 만들어진 재조합 운반체를 식물에 도입하는 과정을 통해 이루어진다. 특히 박테리아를 이용하여 외래 유용 유전자를 식물에 도입하는 과정은 크게 네 단계로 진행된다. 첫 번째 단계는 먼저 농업적으로 유용한 형질을 결정하는 것으로 판단되는 외래 유전자를 발굴하여 복제하는 단계이다. 외래 유용 유전자를 식물 세포에 도입하기 위해서는 그 유전자를 가진 식물로부터 그 유전자를 순수하게 분리할 수 있어야 한다. 그런데 한 생명체의 유전자를 암호화하고 있는 DNA를 분리하면 모든 유전자가 한꺼번에 추출되기 때문에 특정한 유전자를 찾아서 복제하는 유전자 복제 과정이 필요하다. 이때 사용되는 것이 박테리아에서 발견된 제한 효소이다. 제한 효소는 DNA 중 특정 염기 서열을 인지하고 이를 자르는 역할을 한다.

두 번째 단계는 복제한 유전자를 운반하고 식물 세포 내에서 효과적으로 발현할 수 있도록 하는 재조합 운반체를 만드는 단계이다. 원하는 유전자를 식물 세포에 운반하는 재조합 운반체로는 토양성 세균인 아그로박테리아의 플라스미드가 이용된다. 이 박테리아는 자신의 유전자 중 일부인 T-DNA를 식물체의 유전자에 이식하여 아그로박테리아에 감염된 숙주 식물이 자신에게 유리한 환경을 제공하도록 만든다. 플라스미드는 T-DNA를 지니고 있는 작은 DNA로, 선형의 이중 나선 구조를 지닌 식물 세포의 DNA와 달리 원형의 이중 나선 구조로 이루어져 있다. 재조합 운반체를 만들기 위해 제한 효소를 이용하여 플라스미드를 절단하고, 외래 유용 유전자와 절단된 플라스미드를 섞어 준다. 그리고 DNA 연결 효소를 사용하여 외래 유용 유전자와 플라스미드를 결합시켜 재조합된 플라스미드를 만든다. 이때 형질 전환된 세포를 선택적으로 선발할 수 있도록 항생제 저항성 유전자도 함께 넣는다.

세 번째 단계는 외래 유용 유전자가 식물에서 발현되도록 재조합 운반체를 식물의 유전체로 이식하는 단계로서, ㉠아그로박테리아를 이용하여 재조합된 플라스미드를 식물의 염색체에 도입하는 방법이 사용된다. 아그로박테리아는 원래 옥신과 시토키닌, 그리고 옥토파인을 만드는 유전자를 식물에 이식하는데, 이식된 유전자들이 식물 세포에서 발현되어 생성된 옥신과 시토키닌은 식물 세포의 분열을 촉진하여 아그로박테리아가 살 공간을 마련해 준다. 또한 옥토파인은 아그로박테리아의 생존에 필요한 양분으로 질소를 공급하는 역할을 한다. 이처럼 아그로박테리아는 식물체의 세포 분열을 촉진하여 줄기 혹은 뿌리에 비정상적인 혹을 만드는데, 이것이 근두암종이다. 아그로박테리아를 통해 외래 유용 유전자를 식물에 도입하는 방법은 옥신 등을 생산하는 유전자 대신 필요한 유전자를 박테리아의 유전자에 삽입하여 박테리아가 식물 세포에서 외래 유용 유전자를 발현하도록 하는 것이다. 또한 같은 원리로 작물이 가지고 있는 유전자를 발현시키지 않게 하기 위해서도 이용된다. 작물이 가지고 있던 유전자가 병에 걸리게 하는 이병성 유전자이거나 원하지 않는 형질을 나타나게 하는 경우, 이러한 유전자와 전사[*] 방향이 반대인 유전자를 삽입해 주면 그 발현을 억제할 수 있다.

네 번째 단계는 외래 유전자를 도입한 식물 세포를 증식하고 완전한 식물로 재분화시킨 후 형질 전환된 식물을 선발하는 단계이다. 항생제가 함유된 선발 배지에서 식물 세포를 배양하면 외래 유용 유전자가 이식된 세포만 선택적으로 선발할 수 있다. 그 후 필요한 영양분과 식물 호르몬을 함유한 재분화 배지에서 선발된 세포의 재분화를 유도하면 하나의 세포로부터 완전한 식물체를 얻을 수 있다. 이를 식물 조직 배양이라 하고, 세포가 완전한 식물로 재분화될 수 있는 성질을 전형성이라고 한다. 하지만 ㉡선발 배지에서 살아남았지만 목표한 형질로 전환되지 않는 경우가 발생하므로, 실제로 외래 유용 유전자가 발현했는지를 확인하는 생물 검정의 과정을 거쳐야 한다.

이렇게 얻어진 형질 전환 식물은 농업적인 성능 및 효용성, 안정성 검정을 거쳐 상품화를 위한 개체를 최종적으로 선발하게 된다. 선발된 개체는 정밀한 안정성 검사와 더불어 품종화가 이루어지고 종자 증식에 들어간다.

---

[*] **전사**: DNA의 유전 정보가 mRNA로 옮겨지는 과정. 전사된 mRNA에 의해 세포질에서 해당 유전 정보를 지닌 단백질이 합성됨.

14회 미니모의고사

[24902-0109] ○ △ ×

5 아그로박테리아 에 대한 이해로 적절하지 <u>않은</u> 것은?

① 아그로박테리아는 식물체에 근두암종을 유발하는 토양성 세균이다.

② 아그로박테리아의 플라스미드는 식물 세포의 DNA 구조와 구별되는 DNA 구조를 지니고 있다.

③ 식물체가 아그로박테리아에 감염되어 옥토파인이 생성되면 아그로박테리아는 이를 이용하여 질소를 공급받는다.

④ 아그로박테리아가 생산하는 옥신과 시토키닌은 세포의 분열을 촉진하여 숙주 식물의 줄기나 뿌리에 비정상적인 혹을 만든다.

⑤ 아그로박테리아의 플라스미드에 이병성 유전자와 전사 방향이 반대인 유전자를 삽입하여 식물 세포에 이식하면 이병성 유전자의 발현을 막을 수 있다.

[24902-0110] ○ △ ×

6 윗글을 참고하여 〈보기〉의 신품종 개발 과정을 설명한 것으로 적절하지 <u>않은</u> 것은?

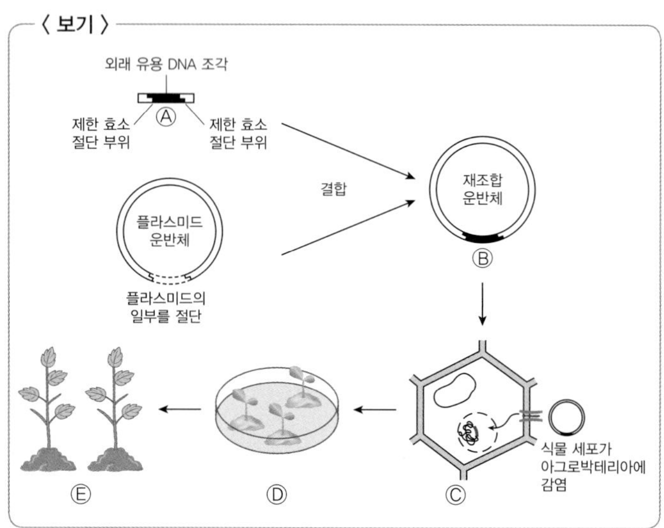

① ⓐ: 육종하려는 식물체가 아닌 다른 식물체의 DNA에서 유용한 DNA 조각을 제한 효소를 사용하여 절단한다.

② ⓑ: 아그로박테리아의 플라스미드 중 일부를 절단하고 DNA 연결 효소를 사용하여 그 부위에 외래 유용 유전자를 결합시킨다.

③ ⓒ: 식물 세포가 아그로박테리아에 감염되면 옥신을 만드는 유전자가 식물체의 유전자에 이식된다.

④ ⓓ: 외래 유용 유전자가 이식된 식물 세포를 선발한 후 배지에서 재분화시켜 완전한 식물체를 만들어 낸다.

⑤ ⓔ: 안정성 및 상품성이 인정된 개체를 선발하여 종자를 증식한다.

[24902-0111] ○ △ ×

7 ㉠과 〈보기〉의 ⓐ, ⓑ를 비교한 것으로 적절하지 <u>않은</u> 것은?

〈 보기 〉

ⓐ유전자 총을 이용한 형질 전환 방법은 외래 유전자를 텅스텐이나 금 분말 등의 미세한 금속으로 코팅한 후 식물 세포에 직접 주입하는 방법이다. 이때 금속 입자와 함께 외래 유전자가 식물체 핵 내로 이동하여 염색체에 삽입되며, 세포 재분화 과정을 거쳐 형질이 전환된 식물체를 얻을 수 있다. 금속 코팅을 통해 동시에 두 종류 이상의 유전자를 도입하는 것도 가능하다.

ⓑ바이러스를 이용한 형질 전환 방법은 바이러스를 유전자 운반체로 사용하는 방법이다. 바이러스의 특성상 성숙한 식물체라도 한 번의 감염에 의해 대부분의 세포로 새로운 유전자의 도입 및 발현이 이루어질 수 있다. 하지만 외래 유전자가 식물 유전체 내로 삽입되지는 않기 때문에 종자를 통한 다음 세대로의 유전은 기대할 수 없다.

① ㉠은 ⓐ와 달리 한 번에 한 종류의 외래 유전자만 식물체에 이식할 수 있겠군.

② ⓐ는 ㉠과 달리 외래 유전자를 운반체에 재조합할 필요가 없겠군.

③ ㉠은 ⓑ와 달리 성숙한 식물체에 외래 유전자를 바로 도입할 수 없겠군.

④ ㉠과 ⓑ는 모두 유전자 운반체를 사용하여 식물의 형질 전환을 일으키는 방법이로군.

⑤ ⓑ는 ㉠, ⓐ와 달리 식물 조직 배양 단계를 거치지 않고 외래 유전자를 발현하는 것이 가능하겠군.

[24902-0112] ○ △ ×

8 ㉡의 상황이 발생 가능한 경우로 적절하지 <u>않은</u> 것은?

① 선발 배지에 항생제가 충분히 함유되지 않은 경우

② 항생제 저항성 유전자는 발현된 반면 외래 유용 유전자는 발현되지 않은 경우

③ 항생제 저항성 유전자를 포함하지 않은 세포가 선발 배지에서 사멸하지 않는 경우

④ 외래 유용 유전자와, 그것과 전사 방향이 반대인 유전자를 형질 전환 과정에서 동시에 이식한 경우

⑤ 아그로박테리아에 감염된 식물 세포는 살아남았으나 항생제에 의해 아그로박테리아는 사멸한 경우

한눈에 보는 정답

01회 미니모의고사 본문 4~8쪽

1 ⑤	2 ④	3 ⑤	4 ⑤
5 ②	6 ①	7 ④	8 ⑤

02회 미니모의고사 본문 9~12쪽

1 ①	2 ⑤	3 ④	4 ⑤
5 ②	6 ③	7 ④	8 ⑤

03회 미니모의고사 본문 13~16쪽

1 ②	2 ③	3 ⑤	4 ③
5 ③	6 ⑤	7 ③	8 ④

04회 미니모의고사 본문 17~22쪽

1 ④	2 ④	3 ③	4 ⑤
5 ⑤	6 ③	7 ③	8 ④

05회 미니모의고사 본문 23~28쪽

1 ⑤	2 ④	3 ⑤	4 ⑤
5 ⑤	6 ⑤	7 ①	8 ⑤

06회 미니모의고사 본문 29~33쪽

1 ⑤	2 ③	3 ③	4 ④
5 ⑤	6 ③	7 ③	8 ②

07회 미니모의고사 본문 34~38쪽

1 ②	2 ⑤	3 ⑤	4 ③
5 ①	6 ⑤	7 ①	8 ⑤

08회 미니모의고사 본문 39~43쪽

1 ①	2 ④	3 ③	4 ⑤
5 ④	6 ⑤	7 ③	8 ③

09회 미니모의고사 본문 44~47쪽

1 ④	2 ①	3 ③	4 ⑤
5 ④	6 ③	7 ③	8 ⑤

10회 미니모의고사 본문 48~52쪽

1 ④	2 ④	3 ①	4 ②
5 ⑤	6 ④	7 ①	8 ③

11회 미니모의고사 본문 53~57쪽

1 ③	2 ④	3 ①	4 ③
5 ④	6 ④	7 ③	8 ⑤

12회 미니모의고사 본문 58~62쪽

1 ①	2 ①	3 ⑤	4 ④
5 ⑤	6 ④	7 ②	8 ④

13회 미니모의고사 본문 63~67쪽

1 ②	2 ⑤	3 ④	4 ⑤
5 ③	6 ⑤	7 ③	8 ⑤

14회 미니모의고사 본문 68~72쪽

1 ⑤	2 ③	3 ③	4 ⑤
5 ④	6 ③	7 ①	8 ⑤

01회 미니모의고사

본문 4~8쪽

| 1 ⑤ | 2 ④ | 3 ⑤ | 4 ⑤ |
| 5 ② | 6 ① | 7 ④ | 8 ⑤ |

[1~4] 현대시

㉮ 정지용, 「백록담」

해제 | 이 작품은 한라산의 풍경과 그에 따른 화자의 정서를 형상화한 시이다. 화자가 한라산의 정상에 이르는 과정과 정상에서의 상황이 잘 드러나 있다. 화자는 한라산에서 어미를 여읜 송아지를 보면서 일제 강점기에 정체성을 잃은 우리 민족의 모습을 연상하고 있으며, 백록담의 맑고 순수한 모습에서 몰아의 경지를 느끼고 있다.

주제 | 한라산의 아름다운 경치와 백록담에서 느끼는 신비로움

구성 |

- 1연: 절정에 가까이 와서 기진함.
- 2연: 휴식을 취함.
- 3연: 자작나무를 봄.
- 4연: 도체비꽃을 봄.
- 5연: 해발 육천 척 위에서 마소를 만남.
- 6연: 어미를 여읜 송아지를 보고 슬픔을 느낌.
- 7연: 한라산을 오르다가 아롱점말을 마주침.
- 8연: 동물들이 여러 식물을 취하며 살아감.
- 9연: 백록담을 보며 몰아의 경지를 느낌.

㉯ 정희성, 「저 산이 날더러 – 목월 시 운을 빌려」

해제 | 이 작품은 박목월의 「산이 날 에워싸고」의 시상 전개 방식과 유사한 전개 방식을 통해 힘들게 살아가는 화자의 모습을 형상화한 시이다. 박목월의 「산이 날 에워싸고」는 화자의 소망을 '산'이 화자에게 명령하는 것처럼 표현함으로써 화자의 소망을 강조하고 있지만, 이 작품은 '산'이 화자에게 명령하는 것처럼 표현하는 형식을 통해 화자가 처한 힘들고 비참한 삶의 현실을 강조하여 드러내고 있다.

주제 | 화자가 처한 힘든 삶의 현실

구성 |

- 1, 2행: 산이 흙이나 파먹으라고 함.
- 3~5행: 산이 쑥이 되라고 함.
- 6~9행: 산이 쑥국새마냥 울라고 함.
- 10~13행: 산이 아비, 에미처럼 울라고 함.
- 14, 15행: 산이 흙이나 파먹다 죽으라고 함.

1 표현상의 특징 파악

답 ⑤

정답이 정답인 이유

⑤ (가)는 연마다 시행을 나누지 않는 산문 형식으로 시상을 전개하고 있고, (나)는 '산이 ~라 한다'라는 형태의 첫 구절을 끝에서 반복하는 수미상관의 구조로 시상을 전개하고 있다.

오답이 오답인 이유

① (가)에서 설의법을 통해 화자의 태도를 강조하거나, (나)에서 영탄법을 통해 화자의 태도를 강조하는 부분은 나타나지 않는다.

② (가)에서 유년 시절을 떠올리며 주제 의식을 부각하거나, (나)에서 미래를 예측하며 주제 의식을 부각하는 부분은 나타나지 않는다.

③ (가)에서 하강적 이미지로 계절의 변화 과정을 그리거나, (나)에서 상승적 이미지로 계절의 변화 과정을 그리는 부분은 나타나지 않는다.

④ (가)에서 동일한 시행의 반복으로 리듬감을 주거나, (나)에서 음성 상징어를 활용하여 리듬감을 주는 부분은 나타나지 않는다.

2 시어, 시구의 의미와 기능 파악

답 ④

정답이 정답인 이유

④ '제주 휘파람새'는 한라산을 등반하고 있는 화자에게 '휘파람 부는 소리'를 들려줌으로써 화자를 둘러싼 주변의 분위기를 돋우는 역할을 한다고 볼 수 있다. '쑥국새'는 '흙 파먹다 죽은 아비 / 굶주림에 지쳐 / 쑥굴헝에 나자빠진 / 에미'와 관련된 화자의 정서를 심화한다.

오답이 오답인 이유

① '쑥국새'는 '울고' 있으므로 화자의 흥취를 북돋우는 역할을 한다고 보는 것은 적절하지 않다.

② '제주 휘파람새'나 '쑥국새'를 부정적 현실을 극복하려는 화자의 의지가 투영된 존재로 볼 만한 시적 상황은 나타나지 않는다.

③ '제주 휘파람새'는 '휘파람 부는 소리'를 낸다는 점에서 긴박한 분위기를 조성한다고 볼 수 없고, '쑥국새'는 '울고' 있는 상황에서 '에미처럼 울라'고 하는 상황으로 이어지고 있으므로 고조되었던 분위기를 이완한다고 볼 수 없다.

⑤ '제주 휘파람새'가 자연의 섭리를 부각한다고 볼 만한 시적 상황은 나타나지 않는다. '쑥국새'는 '울고' 있으므로 이상향에 대한 동경을 드러낸다고 볼 수 없다.

3 외적 준거에 따른 작품 감상

답 ⑤

정답이 정답인 이유

⑤ '나의 얼굴에 한나절 포긴 백록담은 쓸쓸하다.'에 드러나는 화자의 정서를 감안할 때, '나는 깨다 졸다 기도조차 잊었더니라.'는 백록담의 숭고함과 고독함 등으로 인해 유발된 정서라고 볼 수 있다. 화자가 한라산 정상에서 바라본 세상을 혼탁하다고 느끼고 이에 대한 안타까움을 드러낸 것으로 감상할 만한 근거는 나타나지 않는다.

오답이 오답인 이유

① 〈보기〉의 비유적 표현을 활용하여 한라산 등반 과정을 묘사하고 있다는 내용과 연관 지어, '화문처럼 판 박힌다.', '흩어진 성신처럼 난만하다.' 등을 한라산 등반 과정에서 화자가 바라본 뻐꾹채꽃의 모습을 비유적으로 표현한 것으로 감상한 것이므로 적절하다.

② 〈보기〉의 다양한 감각적 이미지를 활용하여 한라산의 자연물을 생생하게 묘사하고 있다는 내용과 연관 지어, '풍란이 풍기는 향기', '쏴아 쏴아 솔 소리', '흰 돌바기 고부랑길' 등을 다양한 감각적 이미지를 활용하여 한라산의 자연물을 생생하게 묘사한 것으로 감상한 것이므로 적절하다.

③ 〈보기〉의 일제 강점기의 암울하고 고통스러운 시대 상황을 간접적으로 나타내고 있다는 내용과 연관 지어, '어미를 여읜 송아지'가 '마구 매어 달'리는 모습을 보고 '우리 새끼들도 모색이 다른 어미한테 맡길 것을' 떠올리는 것을 암울하고 고통스러운 시대 상황을 간접적으로 나타낸 것으로 감상한 것이므로 적절하다.

④ 〈보기〉의 한라산의 정상인 백록담의 맑고 깨끗한 정경을 묘사했다는 내용과 연관 지어, '가재도 긔지 않는' '푸른 물'이 '실구름 일 말에도' '흐리운다'는 것을 백록담이 작은 구름에도 흐려질 정도로 맑고 깨끗한 곳임을 드러낸 것으로 감상한 것이므로 적절하다.

4 작품 간의 공통점, 차이점 파악   답 ⑤

정답이 정답인 이유

⑤ 〈보기〉의 '하늘은 날더러 구름이 되라 하고 / 땅은 날더러 바람이 되라 하네', '산은 날더러 들꽃이 되라 하고 / 강은 날더러 잔돌이 되라 하네' 등에서 화자는 '구름'이나 '바람'의 속성과 유사한 삶과 '들꽃'이나 '잔돌'의 속성과 유사한 삶 사이에서 갈등한다고 볼 수 있지만, (나)의 '쑥국새마냥 울라 하고'는 쑥국새처럼 살아가길 바라는 의도를 드러낸 것이라기보다는 쑥국새처럼 힘들게 살아가는 사람들의 모습을 드러낸 것이라고 볼 수 있으므로 적절하지 않다.

오답이 오답인 이유

① (나)의 '흙 파먹다 죽은 아비 / 굶주림에 지쳐 / 쑥굴헝에 나자빠진 / 에미처럼 울라 한다'에서 물질적 궁핍으로 인해 고통스럽게 살아가는 가족의 비참하고 치열한 현실을 확인할 수 있다.

② 〈보기〉의 '하늘은 날더러 구름이 되라 하고 / 땅은 날더러 바람이 되라 하네'에서 정착하지 못하고 떠돌이의 삶을 살 수밖에 없는 고달픈 삶에 대한 애환을 확인할 수 있다.

③ (나)에서는 '더러(는)', '이나', '-(으)라' 등의 반복과 '~라 하고 / ~라 한다' 등의 대구를 통해 리듬감을 드러내고 있고, 〈보기〉에서는 '더러', '-라', '-고', '-네' 등의 반복과 '하늘은 날더러 구름이 되라 하고 / 땅은 날더러 바람이 되라 하네', '산은 날더러 들꽃이 되라 하고 / 강은 날더러 잔돌이 되라 하네' 등의 대구를 통해 리듬감을 드러내고 있다.

④ (나)의 '산이 날더러(는) ~(으)라 한다'에서 힘들게 살아가는 화자의 처지를 확인할 수 있고, 〈보기〉의 '하늘(땅, 산, 강)은 ~ 되라 하고(네)'에서 방랑과 정착의 기로에서 갈등하는 화자의 상황을 확인할 수 있다.

[5~8] 인문

사단 칠정론

해제 | 이 글은 공자, 맹자, 주자 등을 통해 유학이 주목한 정감과 정감의 구체적 내용으로서 칠정 및 사단을 소개하고, 이들 간의 관계에 대한 이황과 기대승의 논쟁을 설명하고 있다. 『예기』에서는 인간이라면 누구나 지니고 있는 일반 정감인 칠정에, 맹자는 여기서 나아가 선한 정감인 사단에 주목했다. 주자는 음양론의 형이상학적 이론화를 통해 '리'와 '기'를 정의하고, 인간의 선한 본성이 발현된 것으로서 사단을 설명했다. 사단과 칠정의 관계에 대해, 이황은 사단은 '리'가, 칠정은 '기'가 발현한 것이라고 본 반면, 기대승은 사단과 칠정은 모두 정감이므로 '리'와 '기'의 결합으로 보아야 한다고 주장했다. 이러한 양자의 입장 차이는 수양의 방법에 있어서도 서로 다른 주장으로 이어졌다. 이황은 '성'이 사단으로 발현될 수 있도록 하는 '경'의 자세를 중시한 반면, 기대승은 칠정 그 자체를 제어하는 성의를 중시했다.

주제 | 유학에서의 정감에 대한 탐구와 사단·칠정의 관계에 대한 이황과 기대승의 견해

구성 |

- 1문단: 유학이 주목한 인간의 정감과 칠정, 사단
- 2문단: 주자의 이기론
- 3문단: 이황의 사단 칠정론과 기대승의 비판
- 4문단: 수양의 방법에 대한 이황의 관점
- 5문단: 수양의 방법에 대한 기대승의 관점

5 글의 구조와 전개 방식   답 ②

정답이 정답인 이유

② 이 글은 공자, 맹자, 주자를 거친 유학의 이론화 과정에서 도출된 개념인 칠정과 사단을 제시하고, 두 정감 사이의 관계에 대한 이황과 기대승의 견해의 차이를 설명하고 있다. 이황은 사단과 칠정이 별개의 것이라고 본 반면, 기대승은 사단이 칠정에 포함되는 것이라고 보았다는 점에서 그 차이가 있다.

오답이 오답인 이유

① 중국 유학이 조선의 지역적 특수성을 반영하여 변모한 내용은 나타나 있지 않다.

③ 이황과 기대승의 논쟁을 소개하고 있으나 이를 통해 서로 다른 이론적 경향이 하나의 일관된 흐름으로 절충된 과정은 설명하고 있지 않다.

④ 유학의 흐름이 이황의 사상과 기대승의 사상으로 나누어진 내용을 설명하고 있다고는 볼 수 있으나, 유학 자체의 내재적 모순은 설명하고 있지 않다.

⑤ 유학의 이론적 한계를 극복하게 된 계기나 역사적 사건, 중국 의 사상적 흐름이 조선 성리학으로 이어지게 된 원인은 설명하고 있지 않다.

6 세부 내용 파악   답 ①

정답이 정답인 이유

① 『예기』에서는 칠정을 인간이라면 누구나 가지는 정감으로 보았다. 즉 인간에게 정감이 선천적으로 주어져 있다고 보았으나 본성이 선하다고는 보지 않았다.

오답이 오답인 이유

② 맹자는 사람은 다른 이가 느끼는 아픔과 고통을 자기 것인 양 느

낄 수 있는 불인인지심을 지니고 있다고 보았고, 이러한 정감의 전
이 현상을 통해 사단을 구체화하였다.
③ 주자는 삼라만상의 변화를 음양의 변화로써 이해하고 스스로는
변하지 않으면서 만물을 변하게 하는 이치를 '리'로, 변화하는 물질
적 속성을 '기'로 정립하여 만물을 '리'와 '기'의 결합으로 파악했다.
④ 이황은 사단을 인간의 본성인 '리'가 발현한 것으로 파악하고,
이러한 본성이 그대로 사단으로 발현될 수 있도록 하는 경(敬)의 자
세를 중시했다.
⑤ 기대승은 마음은 '리'와 '기'의 결합이라는 주자학의 원칙을 바
탕으로 정감은 모두 인간의 선한 본성인 '성'에서 나온 것으로 보았
다. 따라서 '성'은 칠정으로 발현되는데, 칠정이 구체적인 상황에서
사단이 되지 못하는 문제가 발생할 수 있다고 보았다.

7 구체적 사례 적용 　　　　　　　　　　　　　　　　답 ④

④ 성의의 수양 방법은 칠정 그 자체를 제어하여 칠정이 사단이 되
도록 유도한다는 점에서 감정 그 자체를 중범죄로 다스린 리브리아
통치자들의 방식과 차이를 지닌다. 기대승은 성의의 수양을 통해
일반 정감인 칠정이 선한 정감인 사단이 되도록 유도해야 한다고
생각했다.

① 리브리아의 통치자들이 전쟁의 원인이 감정에 있다고 본 것은,
정감이 인간의 행동을 유발한다고 본 유학의 관점과 유사한 부분이
있다.
② 리브리아의 통치자들이 감정을 사람이라면 타고나는 것이라고
본 것은, 일반 정감인 칠정은 인간이라면 누구나 가지는 것이라고
본 『예기』의 내용과 유사한 부분이 있다.
③ 리브리아의 통치자들이 슬픔이나 우울함, 분노 등의 감정을 전
쟁의 원인으로 생각하여 부정적으로 본 점에서, 비도덕적 행위는
사욕과 같은 정감에서 비롯하므로 이러한 악한 정감을 경계해야 한
다고 본 이황의 관점과 유사한 부분이 있다.
⑤ 리브리아의 통치자들이 전쟁과 폭력이 없는 이상 사회를 건설하
기 위해 사람들의 감정을 제거한 것에 대해, 맹자의 입장에서는 올
바른 행동을 유발하는 선한 정감까지 제거된다고 판단할 것이다.

8 글에 드러난 관점, 내용 비판 　　　　　　　　　　　　답 ⑤

⑤ ㉡이 마음속에 근원이 다른 두 개의 선함이 존재하는 모순이 생
긴다고 한 것은 사단의 선함과 칠정의 선함을 다르게 본 것에 대한
비판이다. ㉡은 (나)에서 기쁨·사랑뿐 아니라 노여움·미움·욕심
까지 '인'이나 '의'와 비슷한 측면이 있다고 본 것에 대해, 정감이
'인'이나 '의'의 본성과 관련된다는 것을 말한 것이지 근원이 다른
두 개의 선함을 이야기한 것이 아니라고 판단할 것이다.

① ㉠은 기대승의 비판에 대해 사단이 '기'와 관련된다는 것을 인정

했으므로, (가)에서 사단 또한 정감이라고 한 것을 인정할 것이다.
하지만 ㉠은 사단을 만물의 이치인 '리'가 발현한 것으로 보므로,
사단이 옳지 않은 상황에 있을 수 있다는 것에 대해 이의를 제기할
것이다.
② ㉡은 (가)에서 사단이 상황에 맞지 않게 드러날 수 있다고 본 것
에 대해, 사단도 정감으로서 '기'와 무관하지 않기 때문이라고 볼
것이다. 그리고 이때의 정감은 사단에 이르지 못하고 칠정에 머무
른 것이라고 판단할 것이다.
③ ㉠은 사단과 칠정의 근거를 달리 설정하므로, (나)에서 사단은
'리'가, 칠정은 '기'가 드러난 것이라고 한 것에 대해 사단과 칠정의
근거가 서로 다르기 때문이라고 판단할 것이다.
④ ㉡은 정감을 '리'와 '기'의 결합으로 보므로 (나)에서 정감이 '인'
이나 '의'와 비슷한 측면이 있다고 한 것에 대해, 정감이 '리'와 별
개로 존재하는 것이 아니라 '리'와 '기'의 결합으로 나타나기 때문
이라고 판단할 것이다.

02회 미니모의고사 　　　　　　　　　　　　　　　본문 9~12쪽

| 1 ① | 2 ⑤ | 3 ④ | 4 ⑤ |
| 5 ② | 6 ③ | 7 ④ | 8 ⑤ |

[1~4] 현대시

⑦ 나희덕, 「음지의 꽃」

해제 | 이 작품은 벌목을 한 나무에서 버섯이 피어나는 현상을 통해 고통과 슬
픔을 극복해 가는 생명력을 예찬하는 작품이다. 벌목되어 생명을 잃어 가는 참
나무들이 서로를 의지하며 겨울을 나면서 벌목된 나무의 상처마다 버섯이 피
어나는 모습을 통해 이 작품은 슬픔 속에서도 잃지 않는 생명력과 그에 대한
희망을 드러내고 있다.

주제 | 가혹한 현실 속에서도 잃지 않는 희망과 생명력

구성 |
• 1~4행: 벌목되어 썩어 가는 참나무 떼
• 5~12행: 참나무의 구멍에서 피어나는 버섯
• 13~17행: 참나무를 뒤덮으며 자라나는 버섯의 생명력

⑭ 김남조, 「겨울 바다」

해제 | 이 작품은 소멸과 죽음의 이미지인 '불'과, 역경 극복과 생명의 이미지
인 '물'을 대립시키면서 대상의 부재와 이별로 인한 상실감에서 기인한 허무
의식을 극복하고자 하는 화자의 의지를 강조하고 있다. 시적 공간인 '겨울 바
다' 역시 소멸의 공간이자 깨달음의 공간이라는 대립적인 구도를 통해 삶의 의
지를 다지는 공간으로서의 의미가 강화된다. 종교적 색채가 묻어나는 시어와
경건한 어조를 통해 주제 의식을 효과적으로 드러내고 있다.

주제 | 삶의 허무와 이를 극복하고자 하는 의지

구성 |
• 1연: 기대와 희망이 소멸된 겨울 바다
• 2연: 상실이 불러온 삶의 아픔과 절망감
• 3연: 상실감으로 인한 삶의 허무감
• 4연: 깨달음을 통한 삶의 긍정

• 5연: 인간의 유한성 인식
• 6연: 기도를 통해 참된 삶의 의미를 찾고 싶은 소망
• 7연: 인간의 유한성 인식
• 8연: 삶의 허무를 극복하고자 하는 의지

1 표현상의 특징 파악　　　　　　　　　　　답 ①

정답이 정답인 이유

① (가)의 '고통을 순간에 멈추게 하는구나', '덮을 길 없는 우리의 몸을 / 뿌리 없는 너의 독기로 채우는구나'에서 '-구나'와 같은 감탄형 종결 어미를 활용한 영탄적 표현과 '오, 버섯이여'와 같은 영탄적 표현으로 생명을 잃어 가는 공간에 다시 생명을 불어넣는 버섯에 대한 예찬을 드러내고 있다.

오답이 오답인 이유

② (나)에는 '겨울'이라는 계절적 배경이 드러날 뿐, 계절의 순환은 나타나지 않는다.

③ (가)에는 '뚫렸던'과 같은 과거형 진술을 통해 상처를 입었던 과거에 대한 회상과 연관된 정서를 강화한다고 볼 수 있다. (나)도 '없었네', '섰었네', '있었네'와 같은 과거형 진술을 통해 '겨울 바다'에 가서 느꼈던 것들을 회상하면서 화자의 정서가 강화되고 있다.

④ (가)에서는 '이 땅'과 같이 명사로 시행을 종결하며 여운을 조성하고, (나)에도 '미지의 새', '시간……'과 같이 명사로 종결하여 여운을 조성하고 있다.

⑤ (가)에서는 '음지'와 같은 어둠은 드러나지만 밝음과 대비를 시키고 있지는 않으며, (나)에는 밝음과 어둠을 드러낸 시어가 나타나지 않는다.

2 시어, 시구의 의미와 기능 파악　　　　　　답 ⑤

정답이 정답인 이유

⑤ ⑪은 생명력이 소실된 공간에 피어난 '버섯'을 표현한 구절로 '뿌리'가 없음에도 불구하고 생명력이 소실된 공간에 새로운 생명으로 피어나는 것을 '독기'로 표현하여 '너', 즉 '버섯'의 강한 생명력을 드러낸 것이다. '벌목' 때문에 '뿌리'가 없어 생명력을 상실하게 된 것은 '참나무 떼'이므로 이를 '버섯'의 상황으로 이해하는 것은 적절하지 않다.

오답이 오답인 이유

① ㉠은 '벌목의 슬픔'으로 죽어 가는 '참나무 떼'가 있는 공간으로, 벌목을 당하는 슬픔으로 인해 '참나무 떼'가 고통을 겪고 있는 공간으로 볼 수 있다.

② ㉡은 '참나무 떼'가 서로에게 기댄 채 '함께 썩어' 가는 시간이므로, '참나무 떼'가 서로에게 의지하며 고통을 감내하는 시간으로 볼 수 있다.

③ ㉢은 '바람'에 의해 흔들린 '참나무 떼'의 썩어 가는 구멍마다 버섯을 피우는 것으로, '홀씨들'은 생명력을 잃어 가는 '참나무 떼'에 새로운 생명, 즉 희망을 가지게 만드는 존재로 볼 수 있다.

④ ㉣은 역설적 표현으로 생명이 소실되어 가는 '썩어 가는 참나무 떼'가 모여 있는 곳에서 새로운 생명으로 피어나는 '버섯'을 의미하므로, 생명력이 상실되는 공간에서 피어난 새로운 생명으로 볼 수 있다.

3 시상 전개 방식 파악　　　　　　　　　　답 ④

정답이 정답인 이유

④ [D]에서 화자는 상황을 받아들이기로 한 [C]의 태도를 바탕으로 힘든 삶 속에서 반복적이고 지속적인 기도 행위를 할 수 있는 영혼을 희구하고 있을 뿐, 반복적인 기도 행위를 통해 삶의 유한성을 극복한 모습을 보이지는 않는다.

오답이 오답인 이유

① [A]에는 '겨울 바다'라는 특정한 공간에서 화자가 '보고 싶던 새들'이 죽고 없는 상황이 드러난다.

② [A]에서 화자가 바라는 상황을 이루지 못한 부정적인 현실에서 새로운 시적 대상인 '그대'를 '생각'하지만 '매운 해풍'에 의해 '그대'와 관련된 '진실'이 '얼어 버리'면서 부정적 현실에 대한 인식이 이어지고 있다.

③ [B]의 허무함 속에서 '나를 가르치는 건 / 언제나 / 시간……'이라고 깨달음을 준 대상을 밝히며, '끄덕이'는 자세를 통해 화자의 태도가 자신의 상황을 받아들이는 수용적인 태도로 전환되고 있음을 보여 주고 있다.

⑤ [A]에서와 마찬가지로 [E]에서도 '겨울 바다'라는 장소에 갔지만, [A]와 달리 [E]에서는 '인고의 물'이 '기둥'을 이루고 있는 상황을 제시하여 삶의 허무를 느끼는 현실을 극복하고자 하는 화자의 의지를 드러내고 있다.

4 외적 준거에 따른 작품 감상　　　　　　답 ⑤

정답이 정답인 이유

⑤ (가)의 '서서히 썩어 가'는 것은 화자이며, 그것을 '그 고통'이라고 말하는 것으로 보아 화자가 바라는 상황과 대립적인 관계를 형성하고 있는 것으로 볼 수 있다. 그러나 (나)의 '기둥'은 절망과 허무를 극복하고자 하는 화자의 의지를 나타낸 것으로 볼 수 있으므로, 화자가 바라는 상황과 대립적인 관계를 형성한 것으로 보기 어렵다.

오답이 오답인 이유

① (가)의 '썩어 가는 참나무 떼', '벌목의 슬픔', '패역의 골짜기'는 화자가 처한 부정적 상황들을 의미하는 것들로, 이러한 시어들을 반복적으로 제시함으로써 화자가 처한 부정적 상황이라는 의미를 강화했다고 볼 수 있다.

② (가)의 '상처'는 '참나무 떼'가 벌목의 고통을 당해 썩어 가면서 생긴 구멍으로 고통과 절망적인 상황이라는 의미가 담겨 있다. 하지만 그 구멍에서 '버섯'이라는 새로운 생명이 탄생한다는 점에서 '절망'과 대립되는 희망이라는 의미도 들어 있는 것으로 볼 수 있다.

③ (나)의 '매운 해풍'은 '그대 생각'과 '그 진실'마저 얼려 버리는 것

으로 화자가 긍정적으로 생각하는 존재의 '진실'마저 얼려 버리고 있다는 점에서 화자의 부정적 정서를 심화하는 것으로 볼 수 있다.

④ (나)의 '허무의 / 불'과 '물이랑'은 물과 불이라는 직접적인 대립 관계를 드러내면서 '허무'를 드러내는 불이 이를 극복하고자 하는 의지를 담은 인고의 물 위에 함께 있는 모습을 통해 '허무'를 극복하고자 하는 화자의 내면 심리를 시각적으로 구체화한 것으로 볼 수 있다.

[5~8] 인문

㉮ 벤 다이어그램을 통한 삼단 논법의 타당성 판단

해제 | 이 글은 삼단 논법의 타당성을 벤 다이어그램으로 확인하는 방법을 설명하고 있다. 삼단 논법이란 두 개의 전제를 바탕으로 결론을 도출하는 방식으로, 전제와 결론은 네 가지 형식의 명제로 구성된다. 벤 다이어그램의 세 개의 원에 세 개의 명사를 대응시킨 후, 만일 전제에 결론의 내용이 나타나 있으면 논증은 타당하지만, 전제에 결론의 내용이 나타나 있지 않으면 그 논증은 부당하다고 판단한다.

주제 | 삼단 논법의 정의와 벤 다이어그램을 통한 타당성 판단

구성 |
- 1문단: 삼단 논법에 사용되는 명제의 네 가지 형식
- 2문단: 삼단 논법에 사용되는 세 개의 명사
- 3문단: 삼단 논법이 타당하기 위한 조건
- 4문단: 벤 다이어그램을 이용한 타당성 확인법
- 5문단: 벤 다이어그램을 이용한 타당성 확인 사례

㉯ 주연 규칙을 통한 삼단 논법의 타당성 판단

해제 | 이 글은 아리스토텔레스가 만든 규칙으로 삼단 논법의 타당성을 판단하는 방법을 설명하고 있다. 그러한 규칙 중에서 삼단 논법의 형식과 주연 개념을 바탕으로 하는 것이 두 개가 있다. 하나는 매개 명사는 적어도 한 번은 주연되어야 한다는 것이고 또 하나는 전제에서 주연되지 않은 명사는 결론에서 주연될 수 없다는 것이다.

주제 | 명사의 주연 여부와 주연 규칙을 통한 타당성 판단

구성 |
- 1문단: 삼단 논법에서 소전제와 대전제의 구분
- 2문단: 명제에 포함된 명사가 주연되었는지 판단하는 법
- 3문단: 주연에서 파생된 타당성 판단 규칙들
- 4문단: 주연 규칙을 이용하여 타당성을 판단하는 사례

5 세부 내용 파악   답 ②

정답이 정답인 이유

② (가)의 3문단에서 타당성은 명제의 내용이 아니라 논리적 형식에 의해 결정되므로, 우리는 실제로 모두 거짓 내용인 세 개의 명제로도 타당한 논증을 구성할 수 있다고 하였다. 따라서 타당한 논증을 구성하기 위해 실제 의미가 참인 명제가 한 개 이상 포함될 필요는 없다.

오답이 오답인 이유

① (나)의 1문단에서 삼단 논법의 두 전제에서 공통으로 사용하는 명사가 매개 명사라고 하였다.

③ (나)의 1문단에서 아리스토텔레스는 삼단 논법의 타당성이 논증의 형식에 의해 결정된다고 보았다고 하였다.

④ (가)의 4, 5문단에서 벤 다이어그램의 각각의 원은 삼단 논법에 사용되는 세 개의 명사에 대응하고 있다.

⑤ (나)의 1문단에서 삼단 논법은 명제가 대전제, 소전제, 결론의 순서로 배열되지만 필요에 따라 순서는 달라질 수 있다고 하였다. 또한 대전제와 소전제는 결론의 주어와 술어에 사용된 명사에 의해 결정된다.

6 세부 내용 파악   답 ③

정답이 정답인 이유

③ ㉠의 매개 명사는 '과학자'이고, 두 전제의 술어에 위치한다. ㉡의 매개 명사는 '과학자'이고 첫 번째 명제에서는 주어에, 두 번째 명제에서는 술어에 위치한다.

오답이 오답인 이유

① ㉠에서 '학생'은 결론의 술어로 쓰였으므로 대명사에 해당하며, '학생'을 포함하는 명제는 대전제이다. ㉡에서 '학생'은 결론의 주어로 쓰였으므로 소명사에 해당하며, '학생'을 포함하는 명제는 소전제이다.

② (나)의 1문단에서 삼단 논법에서 결론의 주어를 소명사라 하고, 술어를 대명사라 한다고 하였다. ㉠과 ㉡의 '따라서' 뒤의 명제는 결론이므로 모두 소명사를 포함한다.

④ ㉠은 전제로 각각 전칭 긍정과 전칭 부정 명제가, ㉡은 전제로 각각 특칭 긍정과 전칭 긍정 명제가 사용되었다.

⑤ ㉡은 세 명제 모두 긍정 명제가 사용되었지만, ㉠은 첫 번째 명제만 긍정 명제가 사용되었다.

7 구체적 사례 적용   답 ④

정답이 정답인 이유

④ [A]에서 주어는 전칭 명제에서 주연되고, 술어는 부정 명제에서 주연된다고 하였다.
- '어떤 철학자는 논리학자이다.'는 특칭 긍정 명제이므로 주어에 사용된 명사도 주연되지 않았고, 술어에 사용된 명사도 주연되지 않았다.
- '어떤 수학자도 과학자가 아니다.'는 전칭 부정 명제이므로 주어에 사용된 명사와 술어에 사용된 명사는 모두 주연되었다.
- '어떤 심리학자는 요리사가 아니다.'는 특칭 부정 명제이므로 주어에 사용된 명사는 주연되지 않았지만, 술어에 사용된 명사는 주연되었다.

8 구체적 사례 적용   답 ⑤

정답이 정답인 이유

⑤ '모든 사자는 육식 동물이다.'는 벤 다이어그램에서 1, 5에 빗금을 쳐서 해당 구성원이 없음을 표시한다. '모든 사자는 포유동물이다.'는 벤 다이어그램에서 1, 2에 빗금을 쳐서 해당 구성원이 없음을

표시한다. 따라서 전제는 1, 2, 5에 빗금이 쳐진다. 결론인 '모든 육식 동물은 포유동물이다.'는 2, 3에 빗금을 쳐서 해당 구성원이 없음을 표시한다. 전제에 결론의 내용이 이미 들어가 있으면 타당한 논증인데, 결론에서 3은 전제에 나타나 있지 않으므로 타당하지 않은 논증이다. 그래서 ㉮에는 3이 들어간다.

한편 (나)의 2문단에 따르면 주어는 전칭 명제에서 주연되고 술어는 부정 명제에서 주연된다고 하였다. 가비가 제시한 논증에서 결론은 전칭 긍정 명제이므로 주어인 육식 동물은 주연되지만, 술어인 포유동물은 주연되지 않는다. (나)의 3문단에 따르면 전제에서 주연되지 않은 명사는 결론에서 주연될 수 없다고 하였다. 그러므로 소명사인 육식 동물은 전제에서 주연이 되어야 하는데, 육식 동물은 '모든 사자는 육식 동물이다.'라는 긍정 명제의 술어이므로 주연되지 않았다. 따라서 '소명사가 결론에서는 주연되나 전제에서는 주연되지 않기' 때문에 부당한 논증이며 이는 ㉯에 들어가야 하는 내용에 해당한다.

03회 미니모의고사

본문 13~16쪽

| 1 ② | 2 ③ | 3 ⑤ | 4 ③ |
| 5 ③ | 6 ⑤ | 7 ③ | 8 ④ |

[1~4] 현대시

㉮ 아이러니와 알레고리

해제 | 이 글은 시의 입체적인 의미를 담아내는 기법들인 아이러니와 알레고리에 대해 설명하고 있다. 아이러니는 흔히 말하는 내용과 반대되는 의미를 전달하고자 하는 표현 기법으로 알려져 있지만, 모순 형용의 아이러니와 상식적 세계와 어긋나는 상황을 기반으로 한 아이러니를 통해 시인이 발견한 세계의 진실을 담아내는 특징도 있다고 설명하고 있다. 한편 알레고리의 경우 인간이 아닌 다른 대상으로 구체화하여 당대의 삶의 가치나 시대정신을 드러내는 기법으로, 특히 현대 사회에서 가속화된 물질문명에 대한 비판적 조망을 드러낼 때에 사용되는 알레고리의 특징을 예시를 들어 설명하고 있다.

주제 | 입체적인 시의 의미를 담아내는 기법인 아이러니와 알레고리의 특징

구성 |
• 1문단: 모순 형용의 아이러니와 상황을 기반으로 한 아이러니
• 2문단: 알레고리의 개념과 물질문명에 대한 비판적 기법으로서의 알레고리

㉯ 오규원, 「문」

해제 | 이 작품은 일상에서 수없이 접하는 '문'에 대한 인식을 새로운 시각으로 제시하고 있다. 일반적인 상황이나 인식과는 달리 문이 열려 있지만 열려 있지 않다는 표현과, 연결의 속성을 가진 문이 단절의 속성을 가진 담이나 벽이 된다는 표현을 통해 문이 지닌 일반적인 속성을 무너뜨림으로써 독자를 일상에서 벗어난 낯선 세계로 초대하고 있다.

주제 | 문에 대한 일반적인 인식 비틀기

구성 |
• 1연: 어느 집에나 있는 문과 크기에 따른 열림의 가능성
• 2연: 열림과 닫힘에 대한 통념 부정
• 3연: 문의 일반적 속성에 대한 균열
• 4연: 문의 속성과 열림에 대한 가능성 변화
• 5연: 담과 벽이 되는 문
• 6연: 담이나 벽보다 더 든든한 속성을 가진 문

㉰ 김기택, 「쥐」

해제 | 이 작품은 쥐의 시각을 빌려 현대 물질문명에 매몰된 인간을 비판하고 있는 시이다. 참을 수 없는 욕망에 이끌려 파멸의 길로 갈 수밖에 없는 쥐를 통해 인간성을 상실한 채 황홀해 보이는 대상에 대한 욕망에 매몰된 현대인에 대한 통렬한 비판 의식을 드러낸다.

주제 | 욕망에 빠져 생명을 잃는 쥐와 같은 현대인

구성 |
• 1, 2행: 어둠 속에서 때를 기다리는 쥐
• 3~5행: 쥐를 위협할 수 있는 존재들
• 6~10행: 식욕을 채우기 위한 여정
• 11~14행: 식욕의 덫에 빠져 죽어 가는 쥐

1 표현상의 특징 파악

답 ②

정답이 정답인 이유

② (나)에서는 '열리고', '닫힌다'와 같이 상황적으로 대비되는 시어들이 지속적으로 나타나며, '문'과 '담', '벽'과 같이 대비되는 시어들 역시 두 연에 걸쳐 나타나면서 '문'과 관련된 일반적인 인식을 비틀고 있다. (다)에서는 '쥐'가 숨어 있는 '어둠'과 자신의 욕망을 채우기 위해 지나가야 할 '대낮'과 같은 명암 대비를 바탕으로, 욕망 추구로 인한 위험을 드러내며 주제 의식을 강화하고 있다.

오답이 오답인 이유

① (다)에는 '아아'와 같은 영탄적 표현이 나오지만, (나)에는 영탄적 표현이 활용되지 않았다.
③ (나)와 (다)에는 모두 계절감을 드러내는 시어가 사용되지 않았다.
④ (다)에서는 '향기로운'과 같은 후각적 심상이 드러나며, '쥐약'을 수식하면서 대상에게 닥칠 위험을 역설적으로 드러내고 있지만, (나)에는 후각적 심상이 활용되지 않았다.
⑤ (나)에는 전반적으로 유사한 통사 구조가 활용되고 있지만, '문'이 피하고자 하는 상황이 드러나지 않는다. (다)에서는 '~을(를) 지나'와 같은 유사한 통사 구조를 활용하여 '쥐'가 피하고자 하는 상황이 강조되고 있다.

2 시상 전개 방식 파악

답 ③

정답이 정답인 이유

③ 2연에서는 '문'이 '열려 있다고 해서 / 언제나 열려 있지 않'다고 하며 열려 있는 상태에 대한 다른 가능성, 즉 열려 있다고 해도 문이 열려 있지 않을 수 있는 가능성을 제시하고 있다.

오답이 오답인 이유

① '어느 집에나 문이 있다'라는 시구를 반복하는 것은 집에는 '문'이 있다는 통념을 제시한 것일 뿐 이를 부정하는 것으로 볼 수 없다.
② 1연에서는 '문이 크다고 해서 반드시 / 잘 열리고 닫힌다는 보장이 없듯'이라는 시구를 통해 문의 크기에 따라 문의 속성이 달라지

는 것이 아님을 알 수 있다.

④ 4연에서는 '문'이 '두드린다고 해서 열리지 않는다'는 것을 볼 때 '문'이 열리는 기능을 회복하는 상황을 제시했다는 설명은 적절하지 않다.

⑤ 6연에서 '문'은 일반적인 인식과 달리 '담이나 벽을 뚫고 들어가'는 모습을 보임으로써 능동적인 변화를 가져오고 있다.

3 시어, 시구의 의미와 기능 파악 답 ⑤

정답이 정답인 이유

⑤ '황홀하고 불안한'은 모순 형용으로 욕망을 채우는 순간의 황홀과 그 대가로 맞이할 불행의 순간이 공존함을 드러낸 표현이다. 욕망을 추구하다 목숨을 잃는 상황을 제시하였지만, 이것이 자연의 먹이사슬 고리로 인해 발생한 것은 아니다.

오답이 오답인 이유

① '쥐'가 주린 배를 채우기 위해 숨어 있는 '구멍'이라는 공간의 적막함을 드러내고 있다.

② '가볍고 요란한 소리들'은 '사람'이나 '고양이'를 깨우는 소리인데, 이는 '쥐'의 생명을 위협하는 것들이다.

③ 편안하고 안전하지만 굶주림이 있는 이질적 상황을 제시하여 '쥐'의 결핍된 욕망이 주린 배를 채우는 것에 있음을 드러낸다.

④ '주린 위장'을 자극하여 발걸음을 옮기게 만드는 '냄새'는 '식욕'이라는 본능적 욕망을 자극하고 안전한 공간을 떠나 욕망을 채우기 위해 위험을 무릅쓰도록 만드는 것이다.

4 외적 준거에 따른 작품 감상 답 ③

정답이 정답인 이유

③ (나)에서 '문'이 '담이나 벽보다 더 든든한 / 문이 되지 말라는 법은 없다'는 것은 '문'과 '담이나 벽'이 지닌 연결과 단절이라는 상호 모순성의 경계를 무너뜨려 모순을 통합하여 새로운 의미를 제시한 것으로 볼 수 있다. 그런데 '문'이 '담이나 벽보다' '든든'하게 될 수 있다는 것은 '문'의 단절 가능성을 강화한 것으로 볼 수 있지만 이것이 '담이나 벽'의 연결 가능성을 강화한 표현이라고 보기는 어렵다.

오답이 오답인 이유

① (가)에서 아이러니 중에는 '두 가지의 대립적인 요소가 짝을 이룬 이항 대립에서 발생하는 모순 형용의 아이러니'가 있다고 하였다. (나)는 '문'과 '담' 혹은 '벽'을 사용하여 시상을 전개하고 있으며, 열림과 닫힘 또는 연결과 단절이라는 대립적인 요소가 짝을 이루는 이항 대립을 중심으로 시상이 전개되므로 모순 형용의 아이러니를 활용하고 있음을 알 수 있다.

② (가)에서 아이러니 중에는 '상식적 세계와는 어긋나는 상황을 기반으로 한 아이러니'가 있다고 하였다. (나)에서 '문'이 '열려 있다고 해서 / 언제나 열려 있지 않'다고 하는 것은 상식적 세계와는 어긋나는 상황을 기반으로 한 아이러니를 활용한 것으로 볼 수 있다.

④ (가)에서 '현대 사회에서 가속화된 물질문명과 거기서 발생한 물질적 욕망에 매몰된 현대인을 동시에 비판하기 위해 시적 주체가 '다른 무언가'가 되어' 그 입장을 드러냄으로써 현대 사회와 현대인

의 문제를 빗대어 비판하는 것이 알레고리 방식을 보여 주는 사례라고 하였다. (다)의 경우 시적 주체가 '쥐'의 입장에서 세상을 바라보는 형식을 취함으로써 현대 사회에서 발생한 물질문명에 대한 비판적 태도를 보이고 있음을 알 수 있다.

⑤ (가)에서 알레고리는 '인간 세계에서 추구해야 할 가치'를 '상실하고 부정적 현실에 매몰된 모습을 제시하여 비판함으로써 현실에 대한 시인의 시각'을 드러낸다고 하였다. 즉 식욕이라는 본능적 욕망에 빠져 생명을 잃는 '쥐'의 모습을 통해 부정적 현실에 매몰된 현대인의 모습을 비판적으로 제시한 것으로 볼 수 있다.

[5~8] 인문

가 생명 의료 기술을 활용한 도덕성 향상

해제 | 이 글은 과학 기술의 발전에 따라 급변하는 사회에서 발생하는 다양한 도덕적 문제 및 위기에 대응하기 위한 방안으로 '도덕성 생명 향상'의 필요성을 주장한 견해를 소개하고 있다. '도덕성 생명 향상'은 도덕성의 생물학적 토대에 직접 개입함으로써 인간을 좀 더 도덕적으로 만드는 것을 말한다. 도덕성 생명 향상의 필요성을 주장하는 생명 자유주의자들은 뇌의 특정 부위를 자극하는 신경 약물이나 의학적 시술을 통해 폭력적 공격성과 같은 반사회적 성향을 완화하여 동정·협력·정의감·이타성과 같은 친사회적 성향을 강화함으로써 도덕성의 향상이 가능하다고 주장한다. 도덕성 생명 향상은 과학 기술의 발전이 초래한 인간의 생존을 위협하는 다양한 문제를 해결할 수 있는 대안으로 새롭게 논의되고 있다.

주제 | 도덕성 생명 향상의 의미와 필요성

구성 |
- 1문단: 도덕성 향상의 목적과 이를 실현하기 위한 방법의 변화
- 2문단: 도덕성 생명 향상의 의미
- 3문단: 도덕성 생명 향상의 생물학적 토대와 도덕성 생명 향상의 방법
- 4문단: 도덕성 생명 향상에 대한 토마스 더글러스의 견해
- 5문단: 도덕성 생명 향상을 주장하게 된 배경

나 도덕성 생명 향상에 대한 비판

해제 | 이 글은 과학 기술을 활용하여 인간의 도덕성을 향상하는 것에 대해 여러 가지 문제점을 지적하고 있다. 도덕적 행동은 도덕적 의지에서 비롯되는 의도적인 행동인데, 도덕성 생명 향상을 통해 단순히 반사회적 행동 성향을 완화하거나 도덕적 감정을 강화하는 것은 진정한 의미의 도덕성 향상이라고 보기 어렵다. 오히려 도덕성 생명 향상 기술을 통해 개인의 도덕적 행위에 변화를 가져오는 것은 도덕적 문제 상황에서 개인의 의사 결정권이나 선택권을 침해하는 것이다. 한편 과학 기술을 통한 도덕성 향상을 주장하는 학자들은 인류의 도덕적 악이 주로 개인의 도덕적 결함에서 비롯된다는 과잉 단순화의 오류를 범하고 있다. 사회 구조·제도·정책의 개선에 대한 성찰 없이 개인의 향상된 도덕 심리에만 호소하는 것은 문제의 근본적 해결책이 될 수 없다.

주제 | 과학 기술을 활용한 도덕성 향상의 한계

구성 |
- 1문단: 과학 기술을 통한 도덕성 향상의 효용성에 대한 믿음과 이에 대한 비판의 제기
- 2문단: 과학 기술을 활용한 도덕성 향상에 대한 비판 1
- 3문단: 과학 기술을 활용한 도덕성 향상에 대한 비판 2
- 4문단: 도덕성 향상의 의미와 가치

5 세부 내용 파악　　　　　　　　　　　　　　　　답 ③

정답이 정답인 이유

③ 2문단에서 최근 인간의 도덕성에 대한 생물학적, 신경 심리학적 이해가 깊어지면서 생명 의료 기술을 활용한 도덕성 향상이 새롭게 논의되고 있다고 하였다. 즉 인간의 도덕성에 대한 생물학적, 신경 심리학적 이해를 바탕으로 도덕성 생명 향상에 대한 논의가 촉발된 것이라 할 수 있다.

오답이 오답인 이유

① 5문단에서 과학 기술의 발전은 인간의 생존 조건을 획기적으로 변화시켰지만, 동시에 기후 변화와 환경 오염, 자원 부족, 빈곤과 같은 인간의 생존을 위협하는 위기를 초래하기도 했다고 하였다.

② 1문단에서 모든 사회는 질서를 유지하고 사회적 안전을 보장하기 위해 구성원들의 도덕성을 향상하려는 시도를 한다고 하였다.

④ 3문단에서 생명 자유주의자들은 생명 의료 기술을 활용하여 폭력적 공격성과 같은 반사회적 성향을 완화하여 동정·협력·정의감·이타성과 같은 친사회적 성향을 강화함으로써 도덕성의 향상이 가능하다고 주장한다고 하였다.

⑤ 1문단에서 과학 기술의 급속한 발전으로 사회가 빠르게 변화하며 다양한 도덕적 문제들이 끊임없이 등장하게 되었고, 이에 따라 도덕성을 향상하기 위해 시도되었던 기존 방법의 효과에 의문을 제기하며 새로운 방안에 대한 논의가 전개되고 있다고 하였다.

6 다른 견해와의 비교　　　　　　　　　　　　　　답 ⑤

정답이 정답인 이유

⑤ ㉠은 어떤 사람이 자신이 이전에 가지고 있던 동기보다 미래에 도덕적으로 더 나은 동기를 갖게 될 것이라고 합리적으로 기대할 수 있는 방법을 스스로 선택해 자신을 바꾸었다면, 그 사람은 자신을 도덕적으로 향상한 것이라고 주장하였다. ㉡도 개인의 자발적인 선택을 도덕성 향상의 전제로 상정하며 개인이 자율적으로 도덕성 향상을 선택하여 한층 향상된 도덕적 동기를 갖게 해야 한다고 주장하였다.

오답이 오답인 이유

① ㉠과 ㉡은 모두 과학 기술의 발전으로 새롭게 발생한 도덕적 문제와 위기를 해결하기 위한 대안으로 도덕성 생명 향상의 필요성을 주장하였다. 도덕성을 향상하기 위해 사용된 과학 기술이 도덕적 문제를 심화시켰다고 본 것은 아니다.

② ㉠은 도덕성 생명 향상의 구체적인 목표로 도덕적 동기의 향상을 지목하며 신경 약물의 사용, 뇌의 특정 부위에 대한 전기 자극, 유전자 변형 등의 생명 의료 기술을 통해 더 나은 도덕적 동기를 갖게 해야 한다고 보았다.

③ ㉠은 신경 약물의 사용, 뇌의 특정 부위에 대한 전기 자극, 유전자 변형 등의 생명 의료 기술이 더 나은 도덕적 동기를 갖게 하는 합리적 방법이 될 수 있다고 보았으며, ㉡도 약리학적인 방법과 유전 공학과 같은 방법을 사용하여 개인이 기존의 도덕적 능력을 증진하는 것을 도덕성의 향상으로 보았다.

④ ㉡이 주장한 도덕적으로 향상된 시민은 약리학적인 방법과 유전 공학과 같은 방법을 사용하여 한층 향상된 도덕적 동기를 갖게 됨으로써 폭력적 충동에 덜 취약해질 수 있고 이타적인 행동을 좀 더 쉽게 할 수 있는 사람이다. ㉠도 신경 약물의 사용, 뇌의 특정 부위에 대한 전기 자극, 유전자 변형 등의 생명 의료 기술을 사용하여 더 나은 도덕적 동기를 갖게 함으로써 인간의 생존을 위협하는 도덕적 위기를 타개할 수 있다고 보았다.

7 세부 내용 파악　　　　　　　　　　　　　　　　답 ③

정답이 정답인 이유

③ 2문단에서 생명 의료 기술을 활용한 도덕성 향상이 행위자의 심적 속성과 행동의 변화를 가져오는 데 기여할 수 있지만, 행위자의 도덕적 이해를 향상하지는 못한다고 하였다.

오답이 오답인 이유

① 4문단에서 도덕성 향상은 자유롭고 이성적인 존재로서 우리가 생애에 걸쳐 지향하고 추구해야 할 발달 과업이라고 하였다.

② 2문단에서 도덕적 행동은 합리적인 추론과 타당한 증거에 근거한 도덕 판단을 토대로 옳지 않은 것을 하지 않겠다는 의지 혹은 옳은 것을 하겠다는 도덕적 의지에서 비롯되는 의도적인 행동이라고 하였다.

④ 3문단에서 과학 기술을 통한 도덕성 향상을 주장하는 학자들은 인류의 도덕적 악이 주로 개인의 도덕적 결함에서 비롯된다고 파악하는 과잉 단순화의 오류를 범하고 있다고 하였다.

⑤ 2문단에서 도덕성 생명 향상 기술을 통해 한 개인의 도덕 판단 혹은 행위에 변화를 가져오는 것은 도덕적 문제 상황에서 개인의 의사 결정권이나 선택권을 침해할 소지도 있다고 하였다.

8 구체적 사례 적용　　　　　　　　　　　　　　　답 ④

정답이 정답인 이유

④ 〈보기〉의 갑은 알약을 복용하였음에도 불구하고 예전과 마찬가지로 거지에게 돈을 주어야겠다는 생각을 하지 않았다. 즉 거지에게 돈을 주지 않겠다는 갑의 의사 결정권을 알약이 강화한 것이라 보기는 어렵다. 오히려 (나)의 2문단에 따르면, 도덕성 생명 향상 기술은 도덕적 숙고를 거치지 않은 채 특정한 행동을 무의식적으로 하게 함으로써 도덕적 문제 상황에서 개인의 의사 결정권을 침해할 소지가 있다고 하였다.

오답이 오답인 이유

① (가)의 3문단에 따르면, 신경 약물이나 의학적 시술과 같은 생명 의료 기술을 활용하여 동정·협력·정의감·이타성과 같은 친사회적 성향이 강화되는 것을 도덕성의 향상으로 볼 수 있다.

② 〈보기〉의 갑은 거지를 도와주어 사람들의 존경을 받는 부자의 모습을 보게 되었다. 이후 갑은 자신의 태도를 돌아보고 거지를 도와주고 싶은 동기를 갖게 될 것을 기대하며, 스스로 이타성을 향상하는 알약을 먹기로 결정했다. (가)의 4문단에 따르면, 어떤 사람이 자신이 이전에 가지고 있던 동기보다 미래에 도덕적으로 더 나은

동기를 갖게 될 것이라고 합리적으로 기대할 수 있는 방법을 스스로 선택해 자신을 바꾸었다면, 그 사람은 자신을 도덕적으로 향상한 것이다. 이로 보아 갑이 이타성을 향상하는 알약을 먹은 것은 스스로 도덕성을 향상하기 위해 선택한 결정이고, 이는 갑이 이전에 가지고 있던 동기보다 더 나은 도덕적 동기를 미래에 갖게 될 것을 기대했기 때문이라고 짐작할 수 있다.

③ (나)의 2문단에서 도덕성 생명 향상 기술을 통해 한 개인의 도덕 판단 혹은 행위에 변화를 가져오는 것은 도덕적 숙고를 거치지 않은 채 특정한 행동을 무의식적으로 하게 한다고 하였다.

⑤ (나)의 3문단에 따르면, 과학 기술을 통한 도덕성 향상을 주장하는 학자들은 과학 기술을 활용하여 도덕적 결함이 있는 개인들을 도덕적으로 향상하면, 인류가 직면할 도덕적 위기를 극복할 수 있다고 생각한다. 하지만 이러한 생각은 기후 변화, 전쟁, 빈곤과 같은 상황들을 조장하는 사회적·정치적·경제적 요인들과 같은 구조적 요인들을 간과한 것에 불과하다.

04회 미니모의고사

본문 17~22쪽

| 1 | ④ | 2 | ④ | 3 | ③ | 4 | ⑤ |
| 5 | ⑤ | 6 | ③ | 7 | ③ | 8 | ④ |

[1~4] 현대 소설

가 여로형 소설의 이해

해제 | 이 글은 소설의 본질과도 맞닿아 있는 여로형 소설을 개념, 성격, 대표 작품을 중심으로 설명하고 있다. 여로형 소설은 여행의 성격과 구조를 사건의 구성으로 활용하여 인물의 자기 이해나 세계에 대한 인식의 변화를 그린 소설로, 주인공 또한 여정의 과정을 겪으며 과거의 익숙했던 삶을 성찰하고 미래의 더욱 좋은 삶을 열망한다. 「만세전」과 「삼포 가는 길」은 현실의 문제를 예리하게 포착하고 현실 인식의 변화를 설득력 있게 형상화한 여로형 소설의 대표작이다.

주제 | 여로형 소설의 개념과 성격

구성 |
• 1문단: 소설의 본질과 여로형 소설의 개념
• 2문단: 여로형 소설의 성격
• 3문단: 현대 소설의 대표적 여로형 소설

나 염상섭, 「만세전」

해제 | 이 작품은 제목이 가리키는 것처럼 3·1 운동 직전의 민족 현실을 그린 소설로, 일제의 억압과 수탈로 피폐해지는 민족의 현실과 이를 바라보는 지식인의 내면을 그리고 있다. 이 작품은 '나'가 일본의 동경에서 출발하여 부산, 김천, 대전과 경성을 거쳐 다시 동경으로 돌아가는 여로형 구조를 취하고 있다는 점이 특징적이다. 이 작품은 여로의 과정에서 관찰하고 사유하는 내면을 서술함으로써 일본이 선전하는 근대화가 우리 민족의 번영과는 거리가 먼, 사회적 억압과 경제적 착취임을 효과적으로 드러낸다.

주제 | 지식인의 내면에 비친 3·1 운동 전 암담한 민족의 현실

전체 줄거리 | 일본 동경에서 유학 중인 '나'는 시험을 앞두고 아내가 위급하다는 전보를 받는다. 조선으로 돌아가는 배에서 '나'는 조선인을 멸시하는 일본인의 발언에 분노하고, 민족의 피폐한 현실을 인식한다. 부산 도착 후 기차를 타고 이동하고 고향에 머무는 과정에서 '나'는 여전히 봉건적 사고 및 관습에 머물고 있는 조선인의 모습에 답답함을 느끼고 조선의 현실이 공동묘지와 같다고 생각한다. 하지만 그러한 인식이 문제 해결을 위한 행동으로 나아가지 못하고 도망치듯 서울을 떠나 동경으로 향한다.

다 황석영, 「삼포 가는 길」

해제 | 이 작품은 우연히 만난 세 인물의 여정을 통해 1970년대의 산업화가 소외된 사람들의 삶을 어디까지 훼손하는지를 애잔하게 그리고 있다. 영달, 정 씨, 백화는 모두 뜨내기의 삶을 살아가는 인물로, 첫 만남에서는 서로를 의심하고 경계한다. 하지만 동행의 과정에서 점차 이해하고 배려하는 모습을 보이며, 이는 이 작품이 성취한 중요한 감동이다. 동시에 이 작품은 현실주의의 시선도 잃지 않는데, '삼포'라는 풍요의 공간과 따뜻한 관계에 정착하려는 인물들의 열망과 그 좌절을 담담하게 그리면서 산업화의 비극을 예리하게 드러낸다.

주제 | 산업화 과정에서 소외된 하층민들의 삶의 애환과 연대 의식

전체 줄거리 | 영달은 공사판에서 밥값을 떼어먹고 도망치다가 정 씨를 만난다. 정 씨의 고향인 삼포로 길을 잡은 두 사람은 백화를 잡아 달라는 부탁을 받지만, 우연히 만난 백화와 동행한다. 추위를 피해 들어간 폐가에서 백화는 자신의 삶에 관한 이야기를 들려주고 이후 이들은 점차 서로를 이해하고 정을 느낀다. 기차역에서 백화는 자신의 고향으로 함께 가자고 영달에게 제안하고 영달은 고민 끝에 기차표와 먹을거리를 챙겨 건네고 백화를 떠나보낸다. 정 씨는 한 노인으로부터 자신의 고향인 삼포가 공사판으로 변했다는 이야기를 듣고 마음의 정처를 잃었다고 생각한다.

1 구성 및 서사 구조의 이해
답 ④

정답이 정답인 이유

④ (가)에 따르면 여로형 소설의 주인공은 도착지를 동경하는 나그네로, (다)에서는 '삼포'가 그러한 도착지이다. 하지만 삼포는 정 씨의 고향으로, 삼포 가는 길은 정 씨에게 귀향의 성격을 지니지만 영달에게는 그렇지 않다.

오답이 오답인 이유

① (가)에 따르면 여로형 소설의 인물은 여정의 과정에서 낯선 인물을 만나고 사건을 겪는데, (나)에서 '궐자'와 '시골자'가 '나'에게 낯선 인물이다. '나'는 여로에서 만난 궐자와 시골자의 대화를 들으면서 '망국 백성'으로서 자신의 삶을 되돌아본다.

② (가)에 따르면 여로형 소설의 주인공은 익숙한 곳을 떠나 다른 곳을 향하는데, (나)에서 '나'에게 익숙한 곳은 '일본'이다. '칠 년이나 가까이 일본에 있는 동안'에서 알 수 있는 것처럼 '나'는 일본에서 칠 년간 머물렀다.

③ (가)에 따르면 여로형 소설의 인물은 길을 따라 여러 장소를 거치면서 어떤 감정을 느끼는데, (나)에서 '시가'는 '나'에게 그러한 장소 중 하나이다. '나'는 시가에서 추억의 공간은 사라지고 신축한 일본 사람 상점만이 들어선 모습에 안타까움을 느낀다.

⑤ (가)에 따르면 여로형 소설의 인물은 여정의 과정에서 낯선 인물을 만나고 관계를 맺는데, (다)에서 백화와 영달의 만남이 이에 해당한다. 영달은 삼포 가는 길에 만난 백화에 대해 호의를 가지고 있으며, 이는 그녀를 위해 먹을거리를 챙기는 모습에서 잘 드러난다.

2 배경의 기능 파악　　　　　　　　　　　답 ④

정답이 정답인 이유

④ '얼어붙은 강'은 정 씨와 영달이 대화를 하며 함께 건너는 공간이지만, 이곳에서 두 인물 사이에 특별한 갈등이 발생하거나 심화되는 것은 아니다.

오답이 오답인 이유

① '욕탕'은 일본인들이 우리 민족을 비하하며 웃는 공간으로, '나'는 그 웃음소리를 들으며 모욕감을 느낀다.

② '목책 안'은 '나'가 천하고 싱겁게 웃는 젊은 사람들의 표정을 보는 공간으로, '나'는 가엾음과 분노를 느낀다.

③ '찻간 안'은 '나'가 우중충한 남폿불을 바라보는 공간으로, '나'는 자는 사람들의 머리 위를 지그시 내리누르는 것 같은 남폿불에서 답답함을 느낀다.

⑤ '대합실'은 백화가 정 씨, 영달과 헤어지는 공간으로, 백화는 자신의 본명을 두 사람에게 밝히는 방식으로 고마움을 전한다.

3 외적 준거에 따른 작품 감상　　　　　　답 ③

정답이 정답인 이유

③ [A]에 따르면 「만세전」은 '나'가 식민지 조선의 현실을 생생하게 목격하며 복합적인 감정을 느끼는 소설이다. ⓒ는 찻간 안의 모습을 보는 '나'의 생각으로, 피폐하고 무기력한 우리 민족의 모습을 자조하는 것이지 현실 극복의 의지를 드러내는 것으로 볼 수 없다.

오답이 오답인 이유

① [A]에 따르면 「만세전」은 '나'가 식민지 조선의 현실을 생생하게 목격하며 민족의식을 자각하는 소설이다. ⓐ는 목욕탕에서의 대화를 듣는 '나'의 생각으로, 분노와 함께 우리 민족의 계몽을 바라는 민족의식을 엿볼 수 있다.

② [A]에 따르면 「만세전」은 식민지 조선의 현실을 예리하게 포착한 소설이다. ⓑ는 반복적으로 사용된 '무덤'이라는 단어를 통해 식민지 조선의 현실에 대한 '나'의 비판적 인식을 엿볼 수 있다.

④ [A]에 따르면 「삼포 가는 길」은 1970년대, 산업화의 현실을 예리하게 포착한 소설이다. ⓓ는 관광지로 변모하는 삼포의 모습을 들려주는 노인의 말로, 과거의 목가적 모습을 잃고 산업화되는 삼포의 모습을 확인할 수 있다.

⑤ [A]에 따르면 「삼포 가는 길」은 산업화로 인해 삶이 훼손되는 모습을 포착하고 있는 소설이다. ⓔ는 삼포의 급속한 변화를 비판적으로 바라보는 노인의 말로, 산업화로 인해 사람들이 삶의 중요한 가치를 잃어버리고 있음을 암시한다.

4 외적 준거에 따른 작품 감상　　　　　　답 ⑤

정답이 정답인 이유

⑤ ⓜ은 삼포가 개발되면서 정 씨도 영달처럼 마음의 안식처로서 고향을 잃었음을 가리킨다. 하지만 정 씨의 좌절에 대한 영달의 공감은 드러나지 않는다.

오답이 오답인 이유

① ㉠은 삼포를 자랑하는 정 씨의 말에 대한 영달의 반응으로, 비옥하고 풍요로운 공간에서 정주하고 싶은 영달의 마음이 드러난다.

② ㉡은 영달에게 백화와 함께 가기를 권하는 정 씨의 말로, 영달이 백화와 인연을 맺음으로써 관계에 정주하여 뜨내기의 삶을 벗어나기를 바라는 정 씨의 마음이 드러난다.

③ ㉢은 영달의 행동에 담긴 의도를 확인하는 백화의 말로, 영달과 관계를 잇지 못해 안타까워하는 백화의 마음이 드러난다.

④ ㉣은 계속된 여로로 지친 정 씨와 영달의 내면을 짐작하는 서술자의 말로, 두 사람이 뜨내기로서 겪는 삶의 고단함이 드러난다.

[5~8] 예술

황종 율관의 역할과 의미

해제 | 이 글은 음악적으로는 악기 제작과 정확한 음을 만들어 내는 데 기준이 되고 동시에 사회적 도량형(度量衡)의 기준으로 사용된 황종 율관의 의미와 제작법 등을 설명하고 있다. 황종 율관은 음악적 기준으로서 중요하기도 하였지만, 황종 율관의 길이와 부피의 수치가 사회적 도량형의 기준도 되었기 때문에 황종 율관의 표준 규격을 정하는 것은 매우 중요하였다. 이러한 황종 율관의 규격을 정하는 대표적인 방법이 기장법이다. 기장법은 곡식인 기장의 낱알을 이용하여 구체적인 수치를 결정하는 방법인데, 기장을 세로로 쌓느냐 가로로 쌓느냐에 따라 종서척(縱黍尺)과 횡서척(橫黍尺)의 두 가지로 구분되었다. 또한 조선 시대의 음악은 한 옥타브 내의 음들이 각 반음 정도의 차이가 나도록 해 12율려로 구성되었다. 이 12율려의 기준음이 황종이다. 황종은 황종 율관을 불어 나오는 소리를 말하는데, 이 황종 율관의 길이를 조절하여 11개의 율관을 만들고 11개의 율관을 불어 나오는 각각의 소리가 11율이 된다. 11율의 소리를 만들기 위한 11개의 율관은 황종 율관을 기준으로 삼분손익법(三分損益法)을 사용해 만들 수 있다. 한편 실학자 홍대용은 기장의 규격으로 기준을 삼는 율관 제작 방법의 부정확성을 지적하며 양금(洋琴)의 사용을 주장하였다. 양금은 명주실로 된 다른 현악기와는 달리 주석과 철의 합금으로 된 쇠줄을 사용하고 있어 조현(調絃)이 편리하다는 점과 줄의 굵기가 균일하다는 장점이 있다. 여기서 줄의 굵기가 균일하다는 것은 크기가 일정하지 않은 기장을 사용하여 율관을 만들었던 기존 방법에 대한 대안으로 제시할 수 있는 중요한 부분이라 할 수 있다.

주제 | 황종 율관 수치가 가지는 의미와 황종 율관의 역할

구성 |

• 1문단: 조선 성리학자들에게 있어 음악의 의미와 그들의 주된 음악적 관심
• 2문단: 황종 율관의 규격을 정하기 위한 방법
• 3문단: 『한서(漢書)』, 「율력지(律曆志)」의 수치를 활용하여 황종 율관의 수치를 정한 조선의 성리학자들
• 4문단: 삼분손익법을 사용해 율관의 길이를 구하는 방법
• 5문단: 홍대용이 양금을 새로운 음의 조율 도구로 제시한 이유

---

5 세부 내용 파악　　　　　　　　　　　답 ⑤

정답이 정답인 이유

⑤ 5문단에서 실학자 홍대용은 규격이 일정하지 않은 기장을 사용하여 율관을 만들었던 기존 방법의 부정확성을 지적하고 있다. 하지만 율관 제작에 대한 조선의 성리학자들과 홍대용의 견해를 비교

하고 있지는 않으며, 율관의 형태와 재료에 따른 특징을 설명하고
있는 것도 아니다.

① 1문단에서 조선의 성리학자들은 음악의 예술성과 교화성에 주목
하여, 치세의 수단으로서 음악의 의미와 가치를 강조하였다고 했다.

② 1문단에서 조선의 성리학자들은 악곡(樂曲) 작곡 및 악기 제작의
기본 척도이며 악기의 음질을 결정하는 핵심적 요소가 되는 율관
(律管) 제작법에 많은 관심을 쏟고 있었다고 했다. 또한 황종의 음
(音)을 낼 수 있는 황종 율관을 만들기 위하여 많은 관심과 노력을
기울였다고 했다.

③ 3문단에서 조선의 성리학자들은 황종 율관의 수치를 정하기 위
해 『한서』「율력지」에 제시된 황종 율관의 수치를 활용하였다고 했
다. 그리고 조선의 성리학자들은 수의 철학적 의미를 토대로 『한서』
「율력지」의 황종 율관의 수치가 결정된 것이라고 보았다고 했다.

④ 4문단에서 율관의 수치를 구하는 삼분손익법에 대해 예를 들어
설명하고 있다.

6 세부 내용 파악

답 ③

③ ㉠은 기장의 길이가 긴 세로 방향으로 늘어놓은 기장알 1개의 길
이를 1분으로, 9개를 늘어놓은 9분을 1촌으로, 9촌을 1척으로 정한
것이다. 따라서 ㉠에서 1척은 기장의 길이가 긴 세로 방향으로 기장
알 81개를 늘어놓은 길이이다. ㉡은 기장의 길이가 짧은 가로 방향
으로 늘어놓은 기장알 1개의 길이를 1분으로, 10개를 늘어놓은 10분
을 1촌, 10촌을 1척으로 정한 것이다. 따라서 ㉡에서 1척은 기장의
길이가 짧은 가로 방향으로 기장알 100개를 늘어놓은 길이이다. ㉠
과 ㉡에 따른 각 1척의 길이는 기장 낱알의 개수에서는 차이가 나지
만 황종 율관의 전체 길이는 결과적으로 같았다고 했다. 그러므로
㉠과 ㉡은 같은 길이의 1척을 나타내지만, 1척을 만들기 위한 기장
알의 개수는 서로 다르다고 할 수 있다.

① 3문단에서 『한서』「율력지」에서는 황종 율관의 길이를 9촌으로
제시하였으며, 이때 9촌은 기장알 90개를 늘어놓은 길이라고 하였
다. 9촌을 황종 율관의 길이로 삼은 것은 ㉠에 의한 것이고, 90분
을 9촌으로 삼은 것은 ㉡에 의한 것이다. 이러한 점에 비추어 『한
서』「율력지」의 황종 율관의 수치는 ㉠과 ㉡에 근거한 단위 개념들
이 혼재된 것으로 볼 수 있다.

② ㉠은 기장의 길이가 긴 세로 방향으로 늘어놓은 기장알 9개의
길이를 1촌으로, 81개의 길이인 9촌을 1척으로 삼는 방법으로 9촌
을 황종 율관의 길이로 삼았다. 즉 기장의 낱알 81개를 세로 방향
으로 늘어놓은 길이로 황종 율관의 길이를 구했다. ㉡은 기장의 길
이가 짧은 가로 방향으로 늘어놓은 기장알 1개의 길이를 1분으로,
10개를 늘어놓은 10분을 1촌, 100개의 길이인 10촌을 1척으로 정
한 것이다. ㉡은 기장의 낱알 100개를 늘어놓은 길이를 황종 율관
의 길이로 삼았다. 기장의 낱알 90개를 늘어놓은 길이로 황종 율관

의 길이를 정한 것은 『한서』「율력지」이다.

④ 『한서』「율력지」에서는 곡식인 기장의 낱알 90개를 늘어놓은 길
이로 황종 율관의 길이를 정하였으며 조선의 성리학자들은 이를
활용했다고 하였다. 이로 보아 ㉠과 ㉡은 황종 율관의 길이를 정하
기 위해 이미 사용되고 있었음을 알 수 있다.

⑤ 3문단에서 조선의 성리학자들은 성리학에서 제시한 수(數)의 의
미를 바탕으로 『한서』「율력지」에서 제시한 황종 율관의 수치를 이해
했다고 하였다. 성리학에서는 천지의 수가 1에서 시작하여 10에서 끝
난다고 보고, 1, 3, 5, 7, 9는 양의 수, 2, 4, 6, 8, 10은 음의 수라 하
였으며, '9'를 양수의 완성으로 보았고 '10'을 음수의 완성으로 보았
다고 하였다. 양의 수(數)로서 완성의 의미를 담고 있는 9의 의미는
성리학에서 인용한 것이지 ㉠과 ㉡을 통해 이끌어 낸 것이 아니다.

7 구체적 사례 적용

답 ③

③ [A]에서 조선 시대의 음악은 한 옥타브 내의 음은 12음으로 구성
되었으며 각 음 사이는 반음 정도의 차이가 있었다고 했다. 이 음들
을 율관의 길이가 긴 것에서 짧은 순으로 배열하면 황종·대려·태
주·협종·고선·중려·유빈·임종·이칙·남려·무역·응종의 순이
된다. 이로 미루어 볼 때 황종과 반음 정도의 차이가 나는 음은 대
려이고 태주와 반음 정도 차이가 나는 음은 대려 또는 협종이다.

① 〈보기〉에 황종 율관의 길이는 9촌으로 제시되어 있다. [A]에 따
르면 황종 율관을 기준으로 삼분손익법을 사용해 나머지 11개 율관
의 길이를 산정한다고 했다. 황종 율관이 9촌일 때, 삼분손일법으로
다음 율관인 임종 율관의 길이를 산정하면 6촌이 된다. 임종 율관의
다음 율관인 태주 율관의 길이를 삼분익일법으로 산정하면 8촌이
된다.

② [A]에서 11개의 율관은 삼분손익법을 사용해 황종 율관의 길이를
짧게 해 만들었는데, 율관의 길이가 짧을수록 음은 높아진다고 했
다. 〈보기〉의 율관 중에서는 황종 율관의 길이가 가장 길고 남려 율
관의 길이가 가장 짧다. 따라서 〈보기〉의 율관 중에서는 남려 율관
을 불어 나오는 소리의 음이 가장 높은 음이 된다.

④ [A]에서 황종 율관을 기준으로 삼분손익법을 사용해 11개의 율관
을 순서대로 구하면 임종 율관, 태주 율관, 남려 율관, 고선 율관,
응종 율관, 유빈 율관, 대려 율관, 이칙 율관, 협종 율관, 무역 율관,
중려 율관이 된다고 했다. 삼분손익법은 삼분손일법과 삼분익일법
을 번갈아 사용해 율관의 길이를 산정하는 방법이라고 했으므로 임
종 율관은 삼분손일법, 태주 율관은 삼분익일법, 남려 율관은 삼분
손일법, 고선 율관은 삼분익일법으로 율관의 길이가 산정된다.

⑤ [A]에서 조선 시대 음악의 12음들은 양의 소리인 '율'과 음의 소
리인 '려'가 번갈아 구성되어 있다고 했다. 황종은 음의 시작점이
되는 소리임과 동시에 음의 기본이 되는 소리로서 양의 기를 가진
소리이다. 이를 바탕으로 〈보기〉에 제시된 율관의 소리를 율려로
구별하면 황종 율관과 태주 율관, 고선 율관에서 나는 소리는 양의

소리인 '율'에 해당하고, 임종 율관과 남려 율관에서 나는 소리는
음의 소리인 '려'에 해당한다.

8 세부 내용 파악　　　　　　　　　　　　　　　　답 ④

정답이 정답인 이유

④ 5문단에서 실학자 홍대용은 기장의 규격으로 기준을 재는 율관
제작 방법의 부정확성을 지적하며 양금을 새로운 음의 조율 도구로
제시하였다고 했다. 따라서 양금을 통해 기장의 크기와 용량을 일
정하게 조정할 수 있다고 분석한 내용은 적절하지 않다.

오답이 오답인 이유

① 5문단에서 황종 율관의 길이와 부피는 크기와 길이가 일정하지
않은 기장의 낱알 수로 정해졌기 때문에 그 길이와 부피 역시 고정
적일 수 없어 기준음이 고정되지 않는 문제점이 있었다고 했다. 홍
대용은 이러한 문제점을 극복하기 위한 대안으로 줄의 굵기가 균일
한 양금을 새로운 음의 조율 도구로 제시하였다. 이로 볼 때, 양금
은 황종 율관보다 기준음을 안정적으로 고정할 수 있음을 짐작할
수 있다.

② 5문단에서 양금이 명주실로 된 다른 현악기와는 달리 주석과 철
의 합금으로 된 쇠줄을 사용하고 있어 조현이 편리하다고 했다.

③ 5문단에서 양금이 주석과 철의 합금으로 된 쇠줄을 사용하고 있
어 조현이 편리하다는 점과 줄의 굵기가 균일하다는 점을 제시하고
있다.

⑤ 5문단에서 실학자 홍대용은 기장의 규격으로 기준을 삼는 율관
제작 방법의 부정확성을 지적하며 양금을 새로운 음의 조율 도구로
제시하였다고 했다.

05회 미니모의고사　　　　　　　　　　본문 23~28쪽

1 ⑤	2 ④	3 ⑤	4 ⑤
5 ⑤	6 ⑤	7 ①	8 ⑤

[1~4] 현대 소설

김승옥, 「역사」

해제 | 이 작품은 1964년에 발표된 액자형 단편 소설이다. 1960년대 도시화된
공간을 배경으로 기계적인 규율에 의해 통제되는 현대인의 삶을 비판적으로
다루고 있다. 특히 대비되는 공간의 분위기와 현실을 바라보는 인물들의 대립
되는 태도를 통해, 개인의 자유 의지를 억누르는 권력의 폭력성을 고발한다.

주제 | 현대인의 기계적인 생활 방식에 대한 비판

전체 줄거리 | (외화) '나'는 우연히 공원에서 한 젊은이의 이야기를 듣게 된다.
(내화) '나'(젊은이)는 창신동의 빈민가에 살다가 양옥집으로 하숙집을 옮긴다.
그런데 집주인 할아버지는 '규칙 제일주의'를 강조하고 양옥집의 일상을 통제
한다. 이에 '나'는 창신동 빈민가의 생활을 그리워하게 된다. 그리고 '나'는 창
신동에서 만난 서 씨를 떠올린다. 어느 날 서 씨는 '나'를 동대문으로 인도한
적이 있다. 거기서 서 씨는 성벽을 이루고 있는 돌들을 맨손으로 들어서 자리

를 바꾸는 경이로운 광경을 연출한다. 서 씨는 자신의 행위가 선조의 영광을
보존하기 위한 것이며, 한밤중에 가문의 힘이 유지되고 있다고 명부의 선조들
에게 알리기 위한 것임을 고백한다. 서 씨를 떠올린 '나'는 안주를 동경하고 있
던 생활에 권태를 느끼고, 규칙적인 생활에 매몰된 양옥집 생활에 대한 반감으
로 양옥집 식구들의 감정을 자극하려고 시도하면서 그들의 반응을 기다린다.
그러나 아무런 반응이 없자 '나'는 피아노 건반을 두드리기 위해 피아노 앞으
로 다가간다. (외화) 젊은이는 자신이 피아노를 그렇게 두드렸건만, 방문을 열
고 나온 사람은 할아버지뿐이었다는 사실을 전하며, 자신이 잘못한 것인지를
'나'에게 묻는다. 이에 '나'는 그 젊은이가 보았다는 두 가지 생활이 바로 곁에
공존하고 있다고 느낀다.

1 서술상의 특징 파악　　　　　　　　　　　　　　답 ⑤

정답이 정답인 이유

⑤ [A]의 '나는 수면 부족으로 좀 자유로운 낮에 늘 낮잠이었다.'에
서 알 수 있듯이, '나'는 할아버지의 집에서 중시하는 '규칙적인 생
활 제일주의'에 제대로 적응하지 못하고 있다. 그런데 [B]의 '서 씨
는 그 약간 더 많은 보수를 거절하기로 했다.'와 '아무도 나다니지
않는 한밤중을 택하고 동대문의 성벽에서 그 힘이 유지되고 있음을
명부의 선조들에게 알리고 있다'에서 알 수 있듯이, 서 씨는 자신의
능력을 동시대의 사람들에게 드러내지 않으려는 태도를 보인다.
따라서 [B]에 대해 자신의 행위를 동시대를 살아가는 사람들에게
드러내려는 인물의 의지가 나타나 있다고 파악하는 것은 타당하지
않다.

오답이 오답인 이유

① [A]는 '아침 여섯 시'에 기상하여 밤 '열 시 오륙 분 전' 잠자리에
들기 전까지 할아버지의 집 구성원들의 일상에서 반복되는 행위들
을 시간의 순서에 따라 서술하고 있다.

② '그는 중국인의 남자와 한국인의 여자 사이에서 난 혼혈아였다.
그의 선조들은 대대로 중국에서 이름 있는 역사들이었다. 족보를
보면 헤아릴 수 없이 많은 장수가 있다고 했다.'에서 알 수 있듯이
[B]는 한 인물의 내력을 소개하고 있다. 또한 '그러나 이 서 씨에 와
서도 그 힘이 재산이 될 수는 없었다.'와 '남만큼만 벽돌을 날랐고
남만큼만 땅을 팠다. 선조의 영광은 그렇게 하여 보존될 수밖에 없
었다.'와 같은 진술에서 서 씨의 능력이 시대의 변화에 따라 위상 변
화가 나타났음을 알 수 있다.

③ [A]는 '나'가 할아버지의 집에서 목격한 사실을 서술하고 있다는
점을 통해 자신이 경험한 일에 대해 서술하고 있다는 것을 알 수 있
고, [B]는 서 씨가 경험한 일들을 전달하고 있다는 점을 통해 '나'가
만난 사람이 경험한 일에 대해 서술하고 있다는 것을 알 수 있다.

④ [A]의 '그러나 그 집 식구들은 심지어 세 살 난 어린애마저도 그
규칙을 지키고 있는 모양이었다.'와 같은 진술을 통해, 관찰한 인물
들의 행위를 바탕으로 짐작한 내용을 파악할 수 있다. 그리고 [B]의
'그의 선조들은 대대로 중국에서 이름 있는 역사들이었다. 족보를
보면 헤아릴 수 없이 많은 장수가 있다고 했다. 그네들이 가졌던
힘, 그것이 그들의 존재 이유였고 유일한 유물이었던 모양이었다.'

와 같은 진술을 통해, 서 씨에게 들은 이야기를 바탕으로 짐작한 내용을 파악할 수 있다.

2 작품의 내용 이해 　　　　　　　　　　　답 ④

정답이 정답인 이유

④ '역사, 서 씨는 역사다, 하고 내가 별수 없이 인정하며 감탄이라기보다는 차라리 그 귀기에 찬 광경을 본 무서움에 떨고 있는 동안에 그는 어느새 돌아왔는지 유령처럼 내 앞에서 자랑스러운 웃음을 소리 없이 웃고 있었다.'에서 알 수 있듯이, '나'는 서 씨에게서 귀기를 느끼지만, 서 씨의 정체를 유령으로 간주하고 있지는 않다.

오답이 오답인 이유

① '나는, 사변 전에 있었던 것에 대해서는 알 수가 없고, 있다고 해도 어린아이로서의 기억밖에는 가지고 있지 않으므로 무엇이 사변 후에 더 보태지고 없어진 것인지는 모르겠다고 솔직히 대답했다.'에서 알 수 있듯이, '나'는 사변에 대해 어린아이로서 겪었던 기억밖에 가진 것이 없어 할아버지의 질문에 잘 모르겠다고 대답한다.

② '가풍. 내게는 낯설기 짝이 없는 단어였지만 며칠 동안에 나는 그 말의 개념이 아니라 바로 그의 실체를 온몸에 느끼게 되었다. '규칙적인 생활 제일주의'가 맨 먼저 나를 휘감은 이 집의 가풍이었다.'에서 알 수 있듯이, '나'가 양옥집의 가풍을 제일 먼저 느끼게 되는 것은 '규칙적인 생활 제일주의'로 인한 것이다.

③ '내가 간혹 이 양옥의 식구들의 얼굴을 생각해 보려 할 때면, 물론 대하는 시간이 적었던 탓도 있겠지만 그보다는 차라리 아마 낮잠에서 깨어났을 때 내가 지금 있는 방에 대해서 생소감을 느끼던 그런 알 수 없는 이유로써 나는 이 집 식구들의 얼굴을 덮어 누르고 보다 명료하게 떠오르는 창신동 식구들의 얼굴 때문에 적지 않게 괴로워했다.'에서 알 수 있듯이, '나'는 양옥집 식구들의 얼굴을 떠올리려 할 때면 창신동 식구들의 얼굴이 떠올라 괴로워한다.

⑤ '이 가족의 계획성 있는 움직임, 약간의 균열쯤은 금방 땜질해 버릴 수 있도록 훈련되어 있는 전진적 태도, 무엇인가 창조해 내고 있다는 듯한 자부심이 만들어 준 그늘 없는 표정— 문화라는 말을 쓸 수 있는 사람들이 있다면 바로 이 사람들이었다.'에서 알 수 있듯이, '나'는 전진적인 태도를 가진 양옥집 사람들의 표정에 무엇인가를 창조하고 있다는 듯한 자부심이 담겨 있다고 여긴다.

3 구절의 의미 이해 　　　　　　　　　　　답 ⑤

정답이 정답인 이유

⑤ '피아노가 그친 시간을 재 보려고 했던 것이다. 그리고 나는 내일도 그 피아노가 그친 시간을 재서 그 시간들을 비교하며 이 집에 대한 혐오증의 이유를 강화시키려고 했던 것이다.'에서 알 수 있듯이, ㉠은 일정한 시간에 그치는 피아노 소리를 통해 '나'가 양옥집의 규율을 의식하고 있음을 나타낸다. 그리고 '오전 열 시부터 한 시간 동안 할머니와 며느리가 미싱을 돌리는 같은 시각으로 배치되었던 것이다. 위대한 가풍이 내게 작용한 첫 번이었다.'에서 알 수 있듯이, ㉡ 역시 기타를 켜는 시간이 가풍에 의해 통제되고 있다는

것을 의식하고 있음을 나타낸다.

오답이 오답인 이유

① '나는 내일도 그 피아노가 그친 시간을 재서 그 시간들을 비교하며 이 집에 대한 혐오증의 이유를 강화시키려고 했던 것이다.'에서 알 수 있듯이, ㉠은 변화 없이 반복되는 양옥집의 일상에 대한 반감을 드러낸다.

② '내가 줄을 고르며 음을 시험해 보고 있는데 다색 나왕으로 된 내 방문이 열리며 할아버지가 들어왔다.'와 '그 이후 내가 내게 주어진 그 시간을 이용해 본 적은 하루도 없었다.'에서 알 수 있듯이, ㉡은 '나'와 할아버지 사이의 갈등을 드러내고 있다. 따라서 갈등을 해소하는 계기를 제공한다는 진술은 타당하지 않다.

③ '이 한결같은 곡이 한결같은 악기로 연주되는 집'에서 알 수 있듯이, ㉠은 양옥집의 반복되는 일상을 드러낸다. 그런데 '불현듯이 기타를 켜고 싶어지는 때가 있는 법이다.'에서 알 수 있듯이, ㉡은 '나'가 원하는 일상의 반복이라고 할 수 없다.

④ '무의식중에 나는 방바닥에서 팔목시계를 집어 올렸다.'와 '이 집에 대한 혐오증의 이유를 강화시키려고 했던 것이다.'에서 알 수 있듯이, ㉠으로 인해 '나'는 양옥집 생활에 대한 반감을 드러낸다. 하지만 '그러나 그 이후 내가 내게 주어진 그 시간을 이용해 본 적은 하루도 없었다. 흥이 나지 않아서였다고 하면 적당한 표현이 되겠다.'에서 알 수 있듯이, ㉡으로 인해 '나'가 할아버지에 대한 호감을 드러내지는 않는다.

4 외적 준거에 따른 작품 감상 　　　　　　　답 ⑤

정답이 정답인 이유

⑤ '그러나 그 어느 지점이 무한하게 먼 곳에 있을 때도 우리는 그들이 거리를 단축시키고 있다고 생각할 수 있을까?'에서 알 수 있듯이, '나'는 양옥집 가족들의 삶의 방식에 대해 비판적으로 바라보고 있다. 또한 '이 한결같은 곡이 한결같은 악기로 연주되는 집에 오자 그것은 견디어 낼 수 없는 권태와 이 집에 대한 혐오증으로 형체를 바꾸는 것이었다.'에 나타나듯이, 권태와 혐오증을 일으키는 것은 창신동에서의 생활에 대한 것이 아니라 양옥집에서의 생활에 대한 것이다.

오답이 오답인 이유

① '우리나라의 가정은 사변 때 식구들의 생사조차 서로 모를 정도로 파괴되었다. 그래서 더욱 가정의 귀중함을 알았지 않느냐. 그러니 질서 정신에 입각해서 각기 가정은 가풍을 만들어 가야 한다.'라는 할아버지의 말에서 알 수 있듯이, 할아버지는 질서 정신을 근간으로 가풍을 세우려 하고 있다. 이는 〈보기〉에서 제시하는 '현실에 나타난 폐해'를 개선하려는 할아버지의 의도로 볼 수 있다.

② '그는 어느새 돌아왔는지 유령처럼 내 앞에서 자랑스러운 웃음을 소리 없이 웃고 있었다.'와 '결국 서 씨는 그 약간 더 많은 보수를 거절하기로 했다. 남만큼만 벽돌을 날랐고 남만큼만 땅을 팠다. 선조의 영광은 그렇게 하여 보존될 수밖에 없었다. 그리고 서 씨는 아무도 나다니지 않는 한밤중을 택하고 동대문의 성벽에서 그 힘이 유지되고 있음을 명부의 선조들에게 알리고 있다는 것이었다. / 대

낮에 서 씨가, 동대문의 바로 곁에 서서 행인들 중 누구 한 사람도 성벽을 이루고 있는 돌 한 개의 위치 변화에 관심을 보내지 않고 지나다닐 때, 옮겨진 돌을 바라보며 빙그레 웃고 있는 그의 모습을 나는 쉽게 상상할 수 있었다.'에서 알 수 있듯이, 서 씨는 자신의 행위에 대해 자긍심을 드러내고 있음을 알 수 있다. 이는 〈보기〉에서 제시하는 '쇠락해 가는 가치를 보존하려는' 서 씨의 자긍심으로 볼 수 있다.

③ '세상에 이런 생활도 있었나 하고 나는 놀라지 않을 수 없었다. 식구 중 누구 한 사람 얼굴에 그늘이 있는 사람은 없었다.'와 '내가 지금 있는 방에 대해서 생소감을 느끼던 그런 알 수 없는 이유로써 나는 이 집 식구들의 얼굴을 덮어 누르고 보다 명료하게 떠오르는 창신동 식구들의 얼굴 때문에 적지 않게 괴로워했다.'에서 알 수 있듯이, '나'는 할아버지의 집에서의 생활에 대해 비판적인 시각을 보인다. 이는 〈보기〉에서 제시하는 '명분을 타인에게 강요하는 삶의 태도'에 대한 비판으로 볼 수 있다.

④ 할아버지가 '지나치다 할 정도로 자신들에게 엄격해야 한다'고 생각하는 것은 명분을 타인에게 강요하는 태도를 나타내고, 서 씨가 '약간 더 많은 보수를 거절하기로' 한 것은 자발적인 방식으로 삶을 살아가려는 태도를 나타낸다. 〈보기〉에 제시된 '두 삶의 방식이 각각 다르게 작용하는 현실의 차이를 직시하게 된다. 명분을 타인에게 강요하는 삶의 태도와 자발적인 방식으로 자긍심을 가지려는 삶의 태도를 포착하였기 때문이다.'라는 내용을 고려할 때, 할아버지가 '지나치다 할 정도로 자신들에게 엄격해야 한다'고 생각하는 것과 서 씨가 '약간 더 많은 보수를 거절하기로' 한 것은, '나'가 현실에 작용하는 차이를 직시하게 되는 요인으로 볼 수 있다.

[5~8] 예술

포스트 드라마 연극의 특징

해제 | 이 글은 포스트 드라마 연극과 드라마 연극의 차이점을 중심으로 포스트 드라마 연극의 특징을 설명하고 있다. 포스트 드라마 연극은 드라마 연극의 위계적 구조, 경계성을 무너뜨리며, 현실 재현의 의무를 강조하지 않는다. 이러한 특징은 관객이 포스트 드라마 연극을 관람하면서 허구적 세계에 빠지지 않고 현실에 대해 사유할 수 있게 해 준다. 포스트 드라마 연극은 연극 자체에 대한 비판과 반성적 사고도 가능하게 한다. 그리고 포스트 드라마 연극은 우연성이 증대되어 '사건으로서의 공연'을 가능하게 한다. 이 글에서는 이와 같은 포스트 드라마 연극의 특징이 연극의 다양한 변신을 해 나감을 시사한다고 제시하면서 글을 마무리하고 있다.

주제 | 드라마 연극과 대비되는 포스트 드라마 연극의 특징

구성 |

• 1문단: 드라마 연극의 해체를 표방하는 포스트 드라마 연극의 개념
• 2문단: 드라마 연극의 위계성과 경계를 무너뜨리는 포스트 드라마 연극의 특징
• 3문단: 드라마 연극과 달리 현실 재현의 의무에서 벗어난 포스트 드라마 연극의 특징
• 4문단: 연극 자체에 대한 비판과 반성적 사고가 이루어지는 포스트 드라마 연극의 특징
• 5문단: 우연성이 강조되며 '사건으로서의 공연'이 이루어지는 포스트 드라마 연극의 특징
• 6문단: 연극의 순수성과 독립성의 강화를 중시하면서 나타나는 포스트 드라마 연극의 특징

5 세부 내용 파악 답 ⑤

정답이 정답인 이유

⑤ 포스트 드라마 연극은 연극 그 자체의 특성이 강화된 것으로, 드라마 연극에 비해 연극의 순수성과 독립성을 잘 보여 준다. 그리고 포스트 드라마 연극은 갈등과 해결의 서사 구조를 띠는 드라마 문학을 더 이상 사용하지 않는다. 그렇기 때문에 포스트 드라마 연극에서는 드라마의 재현을 위한 연출을 지양한다. 텍스트의 언어적 의미 전달 효과를 높이는 연출을 지양하는 것이다. 그래서 포스트 드라마 연극은 공연의 중심이 언어에서 몸, 음향, 조명 등의 다양한 요소로 이동하는 양상을 보여 준다.

오답이 오답인 이유

① 5문단에서 연극에서의 사건성이 예술에서 퍼포먼스가 중시되면서 더욱 강화되고 있다고 제시하고 있다.
② 1문단에서 드라마는 사건을 재현하는 문학 갈래라고 제시하고 있다. 이때의 사건은 현실의 사건이라고 할 수 있다. 그리고 드라마 연극은 드라마의 텍스트를 무대 위에서 배우의 말과 행동을 통해 현재화한다고 제시하고 있다. 드라마 연극은 드라마 속에 재현된 것을 다시 무대 위에 재현하는 이중의 재현 과정을 함축하고 있는 것이다.
③ 5문단에서 아리스토텔레스는 연극의 핵심이 플롯에 있으며, 플롯은 필연성의 구조로 사건을 배열하는 것이라고 했다.
④ 6문단에서 포스트 드라마 연극에서는 드라마 연극에서 텍스트의 언어적 의미 전달을 위해 봉사하던 배우의 몸, 무대 미술, 음향, 조명 등의 요소들이 자기 목소리를 회복한다고 제시하고 있다.

6 구체적 사례 적용 답 ⑤

정답이 정답인 이유

⑤ (가)의 '춤 동작들'은 공연의 중심이 언어에서 몸으로 이동했음을 보여 주는 것이라고 할 수 있다. 과거에 비연극적이라고 판단되었던 요소가 연극의 중심이 되었음을 나타낸다. 그리고 (나)의 '짤막한 이야기들'은 '탈-드라마'를 바탕으로 관객의 참여에 의해 공연이 즉흥적으로 이루어질 수 있음을 보여 준다. 포스트 드라마 연극은 드라마 연극과 달리 일상의 현실을 재현하는 환영을 보여 주지 않기 때문에, (가)의 '춤 동작들'과 (나)의 '짤막한 이야기들'이 무대에서 현실의 환영을 만들어 내는 다양한 방식을 보여 준다고 이해하는 것은 적절하지 않다.

오답이 오답인 이유

① (가)의 「콘탁트호프」의 대사는 논리적으로 무엇인가를 재현하는 것이 아니다. 이는 사건을 재현하는 미메시스의 화법에서 벗어나는 것이다.

② 포스트 드라마 연극은 관객과 배우 사이의 경계선이 사라지는 특징을 지니고 있다. (나)에서 누구든 배우가 될 수 있고 관객이 될 수 있다는 것은 그러한 경계가 사라짐을 보여 준다.

③ 포스트 드라마 연극에서 연극이 그 자신을 재현한다는 것은 연극을 통해 연극 자체에 대한 비판과 반성적 사고가 이루어짐을 나타낸다. 이는 연극의 경계에 대한 반성이 이루어지는 것으로, 과거에 비연극적이라고 판단되었던 요소들이 연극으로 밀려들어 오는 것과 관련이 있다. (가)의 '낯선 경험'과 (나)의 '새로운 체험'은 과거에 비연극적이라고 판단되었던 요소들이 각각 「콘탁트호프」와 「모스」에 반영되어 있기 때문에 느낄 수 있는 것이다. 따라서 (가)의 '낯선 경험'과 (나)의 '새로운 체험'은 두 작품이 연극을 통해 연극 자체에 대한 사고를 증대할 수 있는 가능성을 보여 주고 있음을 나타낸다.

④ 포스트 드라마 연극에서 우발성은 각본이나 규칙이 없는 상태에서 즉흥적으로 나타나는 것이라고 할 수 있다.

7 세부 내용 파악   답 ①

정답이 정답인 이유

① 포스트 드라마 연극은 우연성이 강조되어 공연적 요소가 강하게 나타난다. 이와 관련하여, ㉠은 매 공연마다 우연성의 개입으로 다른 공연이 연출될 수밖에 없음을 의미한다. 이와 같은 우연성의 증대는 일회성, 찰나성, 반복 불가능성 등과 같은 연극의 고유한 속성이 강화되어 나타나는 것을 의미한다. 즉 공연으로서 연극이 지니고 있는 본질적 특성이 강화되어 나타나는 것이다.

오답이 오답인 이유

② ㉠은 포스트 드라마 연극의 특징에 해당한다. 일련의 갈등과 해결의 서사 구조를 기반으로 사건이 전개되는 것은 기존의 드라마 연극과 관련이 있다.

③ ㉠은 매 공연마다 공연에 차이가 있음을 의미한다. 따라서 매 공연이 동일한 재현의 반복적 시행을 바탕으로 이루어진다고 이해하는 것은 적절하지 않다.

④ ㉠을 보여 주는 포스트 드라마 연극에서는 몸의 고유한 움직임을 중시한다.

⑤ ㉠을 보여 주는 포스트 드라마 연극은 감상으로부터 체험으로의 전환을 보여 준다. 따라서 관객의 체험보다 감상이 공연의 의미를 가늠하는 핵심 요소로 기능한다고 ㉠에 대해 설명하는 것은 적절하지 않다.

8 다른 견해와의 비교   답 ⑤

정답이 정답인 이유

⑤ 포스트 드라마 연극은 드라마 연극과 달리 현실 재현의 의무로부터 벗어나 있다. 그렇기 때문에 포스트 드라마 연극은 무대 위의 현실이 허구적인 것임을 노골적으로 드러낼 수 있다. 관객은 이러한 연극을 관람하며 자신이 살고 있는 현실에 대해 사유할 수 있게 된다. 그리고 서사극은 연극이 재현하는 현실이 이데올로기의 산물

임을 보여 준다. 그 결과 관객은 현실의 허구성을 인식하게 된다. 포스트 드라마 연극과 서사극 모두 관객으로 하여금 자신이 살고 있는 현실에 대해 성찰하는 기회를 제공하는 것이다.

오답이 오답인 이유

① 포스트 드라마 연극의 관람객은 극의 사건에 몰입하기가 어려워 극의 내용에 감정을 이입하는 것이 어렵다. 그리고 서사극은 관객이 일상으로 되돌아가 능동적이고 비판적인 이성을 활성화할 수 있도록 관객의 몰입을 방해한다. 이는 서사극도 관객이 극의 내용에 감정을 이입하기가 어려울 수 있음을 나타낸다.

② 서사극은 연극이 현실을 재현함을 부정하지는 않는다. 그리고 포스트 드라마 연극은 현실 재현의 의무를 강조하지 않는다.

③ 서사극은 관객이 무대 위의 사건과 일정한 거리를 유지하는 것을 중시한다고 할 수 있다. 그러나 포스트 드라마 연극에서 관객은 배우로 공연에 직접 참여하기도 한다. 포스트 드라마 연극은 관객과 무대 위의 사건 사이의 객관적 거리를 유지하는 것을 중시한다고 할 수 없다.

④ 포스트 드라마 연극은 드라마 텍스트가 정점에 위치해 있는 위계 구조로부터 벗어나는 특징을 보여 준다. 그러나 서사극은 드라마 텍스트를 바탕으로 공연이 이루어진다. 서사극에서는 드라마 텍스트가 정점에 위치해 있는 위계 구조를 확인할 수도 있다.

06강 미니모의고사   본문 29~33쪽

| **1** ⑤ | **2** ③ | **3** ③ | **4** ④ |
| **5** ⑤ | **6** ③ | **7** ③ | **8** ② |

[1~4] 현대 소설

이청준, 「소문의 벽」

해제 | 이 작품은 작가의 정직한 자기 진술을 억압하는 문제를 다루고 있다. 이 작품에서 박준은 전짓불의 공포에 포획된 채 불안에 시달리는 인물이다. 박준은 가장 진실한 자기 진술로서의 소설 쓰기를 하지만, 소설을 쓰는 과정에서도 전짓불의 감시를 받게 됨을 자각하게 되고, 결국 박준의 불안은 더욱 증폭된다. 전짓불의 공포로 인한 박준의 불안은 진술 불안으로 이어지고 박준은 스스로 정신 병원에 입원한다. 박준은 결국 자기를 세상에서 소외시키는 방식으로 작가로서 자기 진술을 억압하는 세상에 대해 저항한다.

주제 | 작가의 정직한 자기 진술을 용인하지 않는 현실에 대한 저항

전체 줄거리 | 이 작품은 잡지사 편집장인 '나'가 미친 사람 행세를 하는 소설가 박준을 만나게 되면서부터 박준의 진술 공포증의 원인을 추적해 나가는 과정을 그리고 있다. '나'는 잡지 수록을 거절당한 박준의 소설 두 편과 미발표된 소설 한 편을 읽게 되고, 이를 통해 박준의 의식과 소설관을 이해하게 된다. 박준을 미치게 하는 현실의 억압이 무엇인가를 살피게 되고 그 과정을 통해 '나'는 박준을 이해하게 된다. 결국 '나'는 작가나 편집인에게 현실은 진실한 자기 진술을 억압하는 것으로 작동할 수 있지만, 작가는 정직한 자기 진술을 멈출 수 없다는 인식에 도달한다. 이후 '나'는 정신 병원에 입원해 있는 박준을 찾아가지만, 박준은 이미 정신 병원을 떠난 후였다. 박준은 자기 스스로 광인 행세

를 하여 스스로를 현실에서 소외시킨 것이다. 이러한 방법으로 박준은 작가의 정직한 자기 진술을 받아들이지 않는 세상에 저항하는 삶의 방식을 선택한 것이다.

---

1 서술상의 특징 파악   답 ⑤

정답이 정답인 이유

⑤ 이 작품은 서술자인 '나'가 작중 인물인 '안 형'의 의식과 작중 상황, 그리고 자기 진술을 억압받은 박준의 의식을 직접 서술하는 1인칭 시점을 채택하여 독자에게 작중 인물들의 의식과 작중 상황을 전달하고 있다.

오답이 오답인 이유

① 대화를 통해 '나'와 '안 형'의 성격은 드러나 있지만, 반어적 표현을 활용하여 '나'와 '안 형'의 성격을 부각하는 장면은 드러나지 않는다.
② 서술자인 '나'가 직접 자신이 겪은 사건을 서술하는 시점을 채택하고 있는 작품이지, 서술자가 특정 인물의 시각으로 사건을 서술하는 방식을 채택하고 있지는 않다.
③ 공간적 배경을 구체적으로 묘사하고 있는 부분이나 시대상의 변화를 보여 주는 장면은 제시되지 않는다.
④ 서술자인 '나'와 편집자인 '안 형'이 박준의 소설을 놓고 갈등하고 있는 특정 상황은 드러나고 있지만, 풍자적 어조를 사용하여 인물이 맞닥뜨린 상황에 대한 인물의 체념적 태도를 드러내는 것은 아니다.

2 작품의 내용 이해   답 ③

정답이 정답인 이유

③ "그 사람들에게는 박준의 소설이 또 어떤 다른 방식으로 완성되어 있을 수도 있지 않을까요? 그런데 안 형은 끝끝내 다른 사람의 해석 방법은 용납하지 않으려 하거든요."에서 알 수 있듯이 '나'는 박준이 자신의 방식대로 작품을 완성한 것을 인정하지 못하는 '안 형'의 시각에 비판적이다.

오답이 오답인 이유

① "되지도 않은 작품을 곧잘 칭찬하고 나서는 자들이 또 틀림없이 준동을 시작할 테니 말입니다."에서 알 수 있듯이, '안 형'은 박준의 소설에 대해 칭찬하는 평론가들을 경계하고 있다.
② "사실을 말씀드리자면 전 그 소설이 어떤 식으로 완성되어 있느냐 아니냐 하는 그런 것은 별로 관심을 두어 보지 않았어요. 제겐 소재 해석만이 문제였죠."에서 알 수 있듯이, '안 형'은 박준의 소설에 대해 소재의 해석 차원에만 주안을 두고 평가하고 있다.
④ "작가가 어떤 소재를 만나 그것을 해석하는 방법은 그 작가가 자기의 시대 양심에 얼마나 투철해 있느냐 하는 문제가 결정지어 주는 거라고 생각되기 때문이죠."에서 알 수 있듯이, '안 형'은 작품의 성패를 '시대의 양심'을 위한 작가의 투철성 여부와 관련하여 판단하고 있다.

⑤ "박준의 소설이 그런 식으로 쓰여졌다고 해서 그 소설이 전혀 우리 시대를 외면해 버렸다고 장담할 수는 없지 않을까요?"에서 알 수 있듯이, '나'는 박준의 소설에 대한 '안 형'의 견해에 동의하고 있지 않다.

3 작품의 맥락 이해   답 ③

정답이 정답인 이유

③ 박준의 전짓불 이야기는 정직한 자기 진술을 간섭받은 작가의 '무참한 파국'의 과정을 그린 것이란 점에서 보면, 편집자들의 편견을 이겨 내고 작품을 완성할 수 있는 작가의 창작 방법론의 제시와는 거리가 먼 것임을 알 수 있다.

오답이 오답인 이유

① '그는 자기의 내면에 용틀임 치는 진술욕과 그것을 불가능하게 하고 있는 전짓불 사이에서 심한 갈등과 불안을 느끼기 시작했다.'를 보면, 박준의 마지막 소설은 전짓불 때문에 생긴 불안과 그로 인한 파국적 상황을 형상화한 작품임을 미루어 알 수 있다.
② 박준의 소설 쓰기는 '정직한 진술을 할 수 없'는 상황에서 필사적으로 수행된 것임을 미루어 볼 때, 적절한 추론으로 볼 수 있다.
④ 박준은 작가란 '정체가 보이지 않는 전짓불의 공포를 견디면서도 끝끝내 자기의 진술을 계속해 나갈 수밖에 다른 도리가 없는 운명을 짊어진 사람들'이란 사실을 자각하고 있었다. 그런데 이 글에서는 이와 같은 작가의 운명을 억압하는 사람들 때문에 '지난 2년 동안 박준은 그만한 각오조차도 지켜 내'지 못할 상황에 처해 있던 작가로 서술되어 있다.
⑤ '그들의 입에서 입으로 건너다니는 정체불명의 소문들이 그것을 지켜 내지 못하게 한 것이다.'라는 서술 내용을 보면, 전짓불 뒤에서 정체 모를 소문을 만들어 내는 사람들은 박준을 억압한 사람들임을 알 수 있다.

4 서술자의 태도 파악   답 ④

정답이 정답인 이유

④ 이 글에서 '나'는 자신이 겪은 이야기를 직접 전달하는 1인칭 서술자라는 점에서 '안 형'의 이야기를 객관적으로 전달하는 역할만 하는 것이 아니다. 또한 '이를테면 안 형의 시대관이 그렇게 되어 있는 모양이었다.'라는 서술 내용을 보아, '나'는 '안 형'의 시대관에 대한 가치 판단을 하고 있다.

오답이 오답인 이유

① "또는 그것을 똑같이 받아들이고 있는 경우라 해도 ~ 그 소설이 전혀 우리 시대를 외면해 버렸다고 장담할 수는 없지 않을까요?"에서 '나'는 작가 고유의 창작 방법을 인정하는 입장에 서 있기 때문에 박준의 소설이 보여 주고 있는 창작 방법을 존중하고 있음을 알 수 있다. 또한 '나'는 '박준'의 정직한 자기 진술을 억압한 사람들로 '안 형'과 같은 '편집이 심한' 편집자들을 들고 있다.
② '박준을 괴롭히고 있는 전짓불은 비단 박준 그 한 사람만 지니고 있는 것이 아니었다. 진술이라는 것을 경험해 본 사람들은 그것이

비록 자발적이든 누구의 강요에 의해서든, 또는 일부러든 무의식중에든 조금씩은 그 전짓불 빛 비슷한 것을 눈앞에 받아 보지 않은 사람이 없을 터. 누구나 자기의 전짓불은 가지고 있게 마련이다.'를 보면, '나'는 현실 속의 박준과 박준의 마지막 소설을 통해 창작 행위의 의미를 성찰하고 있음을 알 수 있다.
③ '그는 그의 소설 속에서 한 작가가 얼마나 가혹하게 자기 진술을 간섭받고 있으며 그 때문에 결국은 얼마나 무참한 파국을 겪게 되는가를 극명하게 증언해 준 것이다.'라는 내용을 보면, '나'는 작가의 정직한 자기 진술을 간섭받고 있는 현실을 형상화하고 있는 박준의 마지막 소설을 통해 박준의 개인적 고뇌를 이해하고 있다.
⑤ 이 글의 [A] 부분에서 현실 속의 박준과 그의 마지막 소설 속의 작가는 모두 작가의 자기 진술을 억압받고 있다.

[5~8] 사회

완전 경쟁 시장

해제 | 이 글은 현실적으로 존재하기는 어렵지만 이상적인 시장 형태인 완전 경쟁 시장의 개념 및 특성에 대해 설명하고 있다. 완전 경쟁 시장은 교란 요인에 따라 변화가 발생하지만 균형 상태를 유지하고자 끊임없이 단기 조정과 장기 조정을 거치게 된다. 단기 조정 상태에서는 매몰 비용이 없다는 전제 아래 상품 가격이 생산 중단 가격보다 낮으면 생산 활동을 중단하고, 상품 가격이 생산 중단 가격보다 높을 때에는 이윤이 극대화되는 지점까지 생산을 이어 나가게 된다. 한편 시장이 장기 균형의 상태가 된다는 것은 시장 내의 각 기업의 이윤이 극대화되어 있고, 기업의 진입과 이탈이 없으며, 수요량과 공급량이 서로 같은 상태가 유지되고 있음을 의미한다. 이러한 완전 경쟁 시장은 자원의 효율적 배분이라는 측면에서 바람직한 시장이라고 할 수 있다.

주제 | 완전 경쟁 시장의 개념과 특징

구성 |
- 1문단: 완전 경쟁 시장의 개념과 조건
- 2문단: 완전 경쟁 시장에서 생산량 결정 지점
- 3문단: 단기 조정 상태에서의 생산량 결정 조건
- 4문단: 단기 조정에서 공급 곡선의 구간별 모양 변화
- 5문단: 완전 경쟁 시장이 장기 균형을 이루기 위한 조건들
- 6문단: 완전 경쟁 시장의 장기 균형 조건에 대한 부연 설명과 이윤 0의 의미
- 7문단: 완전 경쟁 시장의 특성과 의의

5 세부 내용 파악   답 ⑤

정답이 정답인 이유

⑤ 완전 경쟁 시장은 이상적인 시장의 형태로 현실에서는 찾아보기 어려운 형태라고 할 수 있다. 1문단에 따르면, 완전 경쟁 시장 안에서는 상품의 질이나 광고 등 가격 이외의 수단을 통해 경쟁을 하는 일이 일어나지 않는다. 그러므로 기업들이 이런 분야에 적극적으로 투자하는 경향은 나타나지 않는다.

오답이 오답인 이유

① 1문단에 따르면, 완전 경쟁 시장에는 기업의 시장 진입과 이탈을 방해하는 장벽은 존재하지 않는다.

② 제시된 〈그림 2〉를 참고하면, 완전 경쟁 시장에서는 장기 비용 곡선의 최저점에서 생산이 이루어진다는 것을 알 수 있다.
③ 완전 경쟁 시장에서는 판매자와 구매자가 가격을 주어진 것으로 받아들이고 그에 영향을 미칠 수 없다는 것이 1문단과 2문단에 제시되어 있다.
④ 3문단에 따르면, 기업의 지출 비용 중 매몰 비용이 없다고 가정하면, 손실을 보면서 생산을 계속할 이유가 없으므로 가격이 평균 비용 곡선의 최저점에 해당하는 생산 중단 가격보다 더 낮아지면 기업은 생산을 중단하게 된다.

6 중심 내용 파악   답 ③

정답이 정답인 이유

③ A 업체가 컴퓨터를 생산하는 데 들인 총비용은 점점 늘어나지만 A가 얻는 이윤은 늘어나다가 줄어드는 양상을 보이고 있다. 그러므로 총비용과 이윤은 반비례한다고 볼 수 없다.

오답이 오답인 이유

① 총판매 수입(컴퓨터 가격×판매량)에서 총비용을 뺐을 때, 3대 생산할 때와 4대 생산할 때 이익이 나고 있는데, 이때의 이익이 12만 원으로 동일하다. 그러므로 컴퓨터를 하루 3대나 4대 생산하는 것이 효율적이다.
② 표를 통해 12만 원이 최대 이윤임을 알 수 있다.
④ 한계 비용은 상품 생산량을 한 단위 증가시키는 데 추가적으로 드는 비용이므로, 컴퓨터를 한 대 추가 생산할 때마다 총비용이 얼마씩 늘어나는지 계산해 봐야 한다. 컴퓨터 4대째를 만들 때 한계 비용은 128−93=35만 원으로 컴퓨터 한 대당 가격과 같다.
⑤ 평균 비용은 총비용을 판매 대수로 나눈 것으로, 3대를 팔았을 때 평균 비용은 최저점인 31만 원이다. 기업은 평균 비용의 최저점보다 높을 때에만 상품을 생산해야 이윤을 얻을 수 있다.

7 생략된 내용 추론   답 ③

정답이 정답인 이유

③ 가격이 평균 비용 곡선의 최저점보다 낮다면 기업은 생산을 중단할 것이므로 공급량은 0이 된다. 그리고 가격이 평균 비용 곡선의 최저점보다 더 높은 구간에서는 한계 비용 곡선이 개별 기업 공급 곡선의 한 부분을 구성하는 것으로 나타나게 된다.

오답이 오답인 이유

① x축의 원점에서 생산량 Q까지의 수평축 선분의 값은 Q인데, 그것은 생산량을 나타낸다.
② 평균 비용 곡선의 최저점보다 가격이 낮으면 기업이 생산을 중단할 것이므로 공급량은 0일 것이다. 따라서 가격이 이 구간에 있을 때의 공급 곡선은 y축과 평행을 이루는 것이 아니라, y축 원점에서 평균 비용 곡선의 최저점에 해당하는 y축의 값까지 수직축을 따라 올라가는 선분의 모양을 갖는다.
④ 공급 곡선은 상품의 가격이 높아질수록 공급량이 많아지므로 우상향하는 모양을 띤다.

⑤ 가격을 나타내는 수평선(수요 곡선)이 평균 비용 곡선이 아니라 한계 비용 곡선과 교차하는 곳에서 이윤을 극대화할 수 있는 생산량이 결정되고, 그 교차하는 곳의 수평축상의 거리가 공급량과 같다.

8 구체적 사례 적용   답 ②

정답이 정답인 이유

② 독점 경쟁 시장에서 상품 차별화가 일어나고 있는 것은 맞지만, 상품 차별화 현상이 상품의 대량 생산을 유발할 것이라고 볼 수 있는 근거는 없다.

오답이 오답인 이유

① 완전 경쟁 시장에서 개별 기업의 수요 곡선은 수평선으로 나타나고, 독점 경쟁 시장에서 개별 기업의 수요 곡선은 우하향하는 모양을 띤다.

③ 완전 경쟁 시장에서나 독점 경쟁 시장에서는 모두 어떤 기업이 양(＋)의 이윤을 얻으면 다른 기업이 그 시장 안으로 자유롭게 진입해 들어온다.

④ 1문단에서 완전 경쟁 시장의 특성을 제시하며 판매자, 경쟁 가능성, 진입과 이탈 등을 언급하는 것은 다수의 공급자가 있음을 전제로 하고 있는 것이다. 또 〈보기〉에서도 '기업마다 조금씩 다른 상품을 만들어' 판다는 내용을 통해 다수의 공급자를 전제로 하고 있음을 알 수 있다.

⑤ 완전 경쟁 시장에서는 가격 이외에 상품의 질이나 광고 등의 수단을 통한 경쟁이 일어나지 않지만, 독점 경쟁 시장에서는 가격이 아닌 상품 차별화 등을 통해 경쟁을 하게 될 가능성이 커진다.

07회 미니모의고사   본문 34~38쪽

| 1 ② | 2 ⑤ | 3 ⑤ | 4 ③ |
| 5 ① | 6 ⑤ | 7 ① | 8 ⑤ |

[1~4] 고전 시가

㉮ 작자 미상, 「동동」

해제 | 작자 미상의 고려 가요로 『악학궤범』에 기록되어 전한다. 한 해 열두 달의 순서에 따라 시상을 전개하는 달거리 형식의 노래로, 열두 달 노래에 서사를 더해 총 13연으로 되어 있다. 1연인 서사는 임을 송축하는 내용을 담고 있고, 2~13연은 흘러가는 시간을 배경으로 임을 향한 사랑과 그리움의 정서를 노래하고 있다.

주제 | 임 혹은 임금에 대한 송축과 임을 향한 사랑과 그리움

구성 |

• 정월 노래: 홀로 살아가는 외로움

• 2월 노래: 임의 훌륭함에 대한 예찬

• 4월 노래: 무심한 임에 대한 서운한 마음

• 8월 노래: 추석에 느끼는, 임의 부재에서 비롯된 쓸쓸함

• 10월 노래: 임에게 버림받은 자신의 신세에 대한 한탄

㉯ 작자 미상, 「황계사」

해제 | 이 작품은 조선 시대에 불린 십이 가사(十二歌詞) 중 하나로 '황계 타령'이라고도 한다. 병풍에 그려진 황계 수탉이 살아서 울음을 운다는, 실현 불가능한 상황을 가정함으로써 임과의 재회 가능성이 희박하다는 화자의 인식, 임과 이별한 처지에서 오는 그리움과 슬픔의 정서를 효과적으로 표현한 점이 눈길을 끈다. 특정한 어구의 반복, 일정한 문장 구조를 통한 대구, 과장과 해학 등 다양한 표현 방법을 통해 화자의 정서를 효과적으로 전달하고 있다. 가창을 고려한 반복과 병렬 그리고 후렴구 등은 이 노래가 가진 구비적 성격을 잘 보여 주는 것이라고 할 수 있다.

주제 | 임에 대한 간절한 그리움과 기다림

구성 |

• 1~3행: 이별로 인한 슬픔과 임의 소식을 듣고 싶은 마음

• 4~9행: 재회하지 못하는 원인 추측

• 10~16행: 재회하기 어려운 상황에 대한 인식

• 17~22행: 임을 향한 간절한 그리움

• 23~25행: 재회하지 못하는 원인 추측

1 표현상의 특징 파악   답 ②

정답이 정답인 이유

② (나)에 보면 '이 아해야 말 듣소'라는 말이 반복적으로 제시되는데, 이 말의 청자는 임이나 화자가 아닌 제삼의 인물인 '이 아해'이다.

오답이 오답인 이유

① (가)는 정월부터 월별로 시간의 흐름에 따라 시상이 전개되고 있다. 그러나 (나)는 공간의 이동에 따라 시상이 전개되고 있지 않다. 오히려 '춘수가 ~ 못 오던가'(봄), '하운이 ~ 못 오던가'(여름), '추월이 ~ 못 오던가'(가을)와 같은 유사한 통사 구조가 봄 → 여름 → 가을로 계절의 순서에 따라 되풀이되고 있다. 따라서 (나) 역시 시간의 흐름에 따라 시상이 전개되고 있다고 설명하는 것이 보다 적절하다.

③ (나)에도 '이 아해야 말 듣소', '지어자 좋을시고', '못 오는가(못 오던가)'와 같은 특정한 통사 구조가 반복 사용되어 운율감을 조성하고 있다.

④ (가)와 (나) 모두 의문형 표현을 사용하여 화자의 정서를 부각하고 있지만, 질문과 대답을 주고받는 문답체로 내적 갈등의 심화 과정을 보여 주고 있지는 않다.

⑤ (가)와 (나) 모두 시간의 흐름, 계절의 변화에 따라 시상이 전개되고 있으며 각 계절의 느낌을 환기하는 자연물이 적절히 사용되어 있다. (가)의 경우 '정월의 냇물', '꾀꼬리 새'가, (나)의 경우 '춘수', '하운', '추월'이 그에 해당한다. 그러나 화자가 자신의 삶을 이러한 자연물과 대비하여 반성하는 태도는 드러나 있지 않다.

2 시어, 시구의 의미와 기능 파악   답 ⑤

정답이 정답인 이유

⑤ (가)의 '꾀꼬리 새'는 시간이 지나도 돌아오지 않는 '녹사님'과 대비되어 '녹사님'에 대한 화자의 서운함과 원망의 감정을 심화하고 있다. (나)는 병풍의 그림인 '황계 수탉'이 살아 움직인다는 불가

능한 상황을 가정하여, 임과의 재회라는 자신의 소망이 실현되기 어려울 것이라는 화자의 인식을 드러내고 있다.

① ㉠, ㉡은 화자의 자연 친화적 태도와는 무관하다. 특히 ㉡은 실제 자연물이 아니고 병풍에 그린 그림이라는 점에서 더욱 그러하다.

② ㉠, ㉡은 화자와 임을 이어 주는 매개체와는 거리가 먼 소재이다. 아울러 「동동」과 「황계사」 모두 '임과의 이별'이라는 상황만 제시되어 있지 둘 사이의 재회라는 상황은 나타나지 않는다는 점에서 화자와 임을 이어 주는 매개체의 기능을 한다는 설명은 적절하지 않다.

③ ㉠은 다시 찾아오지 않는 '녹사님'과 대비되어 '녹사님'에 대한 화자의 서운한 감정을 부각하는 소재로, 임에 대한 화자의 인식 변화와는 무관하다. 아울러 ㉠이 제시된 〈4월 노래〉에서 임에 대한 화자의 인식 변화는 나타나지 않는다. ㉡은 임과의 재회라는 화자의 소망이 실현되기 어려움을 나타내기 위해 사용된 소재일 뿐, 화자에 대한 임의 태도 변화와는 관련이 없다.

④ ㉠을 통해 드러나는 화자의 감정은 임을 향한 서운함과 원망이다. 이는 문제 상황의 원인을 자신이 아닌 상대방에게 두려는 태도라고 할 수 있다. 그러나 문제의 원인을 화자 자신에게 두었다가 자신 아닌 다른 대상에게서 찾는 모습은 나타나 있지 않으므로, '㉠은 문제의 원인을 화자 자신에게서 외부 세계로' 전환하게 했다는 설명은 적절하지 않다. ㉡은 불가능하다는 생각이 들 만큼 임과의 만남이 어려운 상황에 대한 답답하고 안타까운 심정을 드러내기 위해 사용된 소재일 뿐, 문제의 원인을 화자 자신에게 돌리려는 태도와는 거리가 멀다.

3 외적 준거에 따른 작품 감상   답 ⑤

⑤ '병풍에 그린 황계 수탉이 ~ 꼬끼요 울거든 오려는가'는 〈보기 2〉에 제시된 다섯 번째 작품인 작자 미상의 사설시조의 표현을 차용하되 사설시조의 본래 표현을 그대로 가져다 쓰지 않고 표현의 일부에 변화를 주었다. 언어 표현에만 변화가 일어난 것이 아니라 표현에 담긴 내용에도 변화가 일어났는데, 원작인 사설시조에서 해당 표현은 밤새 놀자는 유흥적 정서를 담고 있지만 「황계사」로 차용되면서 이별한 임을 향한 원망의 정서를 담게 되었다.

① '일조 낭군 이별 후에 소식조차 돈절하야'는 〈보기 2〉에 제시된 첫 번째 작품인 작자 미상의 「상사별곡」의 표현을 차용한 것으로, 임과의 이별이라는 화자가 처한 상황을 나타내고 있다.

② '자네 일정 못 오던가 무슨 일로 아니 오더냐', '자네 어이 그리하야 아니 오던고'는 〈보기 2〉에 제시된 두 번째 작품인 작자 미상의 사설시조의 표현을 차용한 것으로, 이는 〈보기 1〉의 설명에 따르면 '여러 갈래의 기존 작품들로부터 청중에게 익숙한 표현을 차용하'는 「황계사」 특유의 구성 원리에 따른 것이다. 원작인 사설시조의 표현을 그대로 가져오지 않고, 일부 수정을 하였는데 그럼에도

해당 표현은 원작과 「황계사」 모두에서 이별한 임을 향한 그리움과 원망의 심정을 공통으로 담고 있다.

③ '춘수가 만사택하니', '하운이 다기봉하니', '추월이 양명휘하니'의 유래는 도연명의 한시 「사시」에서 찾을 수 있다. 다만 한시의 구절이 「황계사」로 차용되면서 읽기의 편리성을 위해 현토(懸吐: 한문에 토를 다는 일)를 하는 변용의 양상을 보여 주고 있다.

④ '한 곳을 들어가니 육관 대사 성진이는 / 석교상에서 팔선녀 데리고 희롱한다'와 뒤따르는 후렴구인 '지어자 좋을시고'는 둘 다 유흥적 정서를 강하게 드러내는 표현이라는 점에서 이별의 정한과 그리움이라는 작품의 지배적 정서와 거리가 먼 표현이다. 그럼에도 작품의 지배적 정서와 비교했을 때 이질성이 두드러지는 이러한 표현들이 차용된 것은 〈보기 1〉에 설명된 내용인 연행 현장의 통속적 유흥성을 반영한 결과로 판단된다.

4 외적 준거에 따른 작품 감상   답 ③

③ (가)의 〈8월 노래〉는 풍요로운 느낌을 주는 '가윗날'(추석)의 상황과 임과 함께하지 못하는 화자의 처지를 대비하여 화자가 처한 결핍의 상황과 상실감을 부각하고 있다. 이는 '가윗날'이 되자 결핍감과 상실감이 더 깊어졌음을 나타낸 것이며 임에 대한 사랑을 통해 슬픔을 극복하려는 의지와는 거리가 멀다.

① '냇물'은 추울 때만 있는 것이 아니라 따뜻할 때도 있어 '얼고자 녹고자'(얼었다 녹았다) 한다. 즉 '냇물'에게는 힘들 때도 있고 좋을 때도 있는 것이다. 반면 화자는 '몸이여 홀로 지내가는구나'로 표현되듯이 오로지 힘들 때만 있다. 이러한 자연물과 인간의 대비를 통해 인간인 화자의 결핍 상황이 부각되고 있다.

② [B]에서 화자는 임을 '높이 켠 등불'에 빗대어 예찬하고 있다.

④ [D]에서 화자는 '못 오던가', '무슨 일로 아니 오더냐'라는 의문형 표현을 사용해 임을 향한 원망의 감정을 강하게 드러내고 있다. 이는 이별이 지속되는 원인이 자신보다 임에게 있다는 생각에서 비롯하는 것이다.

⑤ [E]에서 화자는 임을 비추고 있는 달빛을 빌려 자신도 임을 보고 싶다고 말하면서 임을 향한 사랑과 그리움의 감정을 드러내고 있다.

[5~8] 사회

위협 소구

해제 | 이 글은 커뮤니케이션 방법 중의 하나인 '위협 소구'에 대해 설명하고 있다. 위협 소구와 관련된 여러 학자들의 실험 및 연구 결과를 소개하면서 손실과 이득의 차원에서의 전략을 상황에 적절하게 사용해야 한다고 언급하고 있다. 또한 위협 소구는 다양한 감정을 유발할 수 있기 때문에 신중하게 사용해야 함을 말하고 있다.

주제 | 위협 소구와 관련된 이론 및 유의점

구성 |

• 1문단: 커뮤니케이션 설득 전략으로서의 위협 소구

• 2문단: 재니스와 페쉬바흐의 실험 및 이와 상반된 결과를 보이는 레벤달, 나일스의 실험
• 3문단: 위협 소구 수준과 태도 변화 간의 관계에 대한 재니스의 이론
• 4문단: 로저스의 방어 동기 이론
• 5문단: 손실 및 이득 차원에서의 메시지 제시 방법
• 6문단: 다양한 감정을 유발하는 위협 소구의 신중한 사용

---

5 세부 내용 파악　　　　　　　　　　　　　　답 ①

정답이 정답인 이유

① 3문단의 '위협 소구의 수준과 태도 변화 간의 관계는 곡선을 형성하고 있다. 강력한 수준이나 최소한의 수준의 위협은 약간의 태도 변화를 일으키지만, 중간 정도 수준의 위협은 상당히 많은 태도 변화를 유발한다는 것이다.'를 통해 재니스의 곡선 이론은 중간 정도 수준의 위협 소구가 다른 수준의 위협 소구들에 비해 더 효과적이라고 보고 있음을 알 수 있다. 따라서 수신자의 태도 변화와 위협 소구의 수준이 반비례 관계인 것은 아니다.

오답이 오답인 이유

② 4문단의 '로저스는 위협 소구의 구성 요소로, 묘사된 사건의 유해성의 크기, 그러한 사건의 발생 가능성, 권고된 방법의 효율성 등 세 가지를 제시한다. 이 구성 요소들은 인지적 평가의 과정을 거치는데, 이 인지적 평가 과정을 통해 형성된 방어 동기가 태도 변화의 양을 결정한다.'를 통해 알 수 있다.

③ 2문단의 '그 결과 학생들이 치아 위생을 위해 권고한 사항을 따르게 하는 데는 최소한의 수준의 위협 소구가 가장 효과적이었다. 강력한 수준의 위협 소구는 가장 효과가 없었다. 이것은 위협 소구의 수준이 너무 강하면 커뮤니케이션 효과를 감소시킨다는 증거였다.'를 통해 강력한 수준의 위협 소구의 효과가 가장 크다는 생각이 틀릴 수 있음을 알 수 있다.

④ 6문단을 통해 위협 소구가 다양한 감정을 유발하여 의도와는 완전히 다른 반응을 낳을 수 있기 때문에, 커뮤니케이션의 목표를 달성할 수 없을 가능성이 존재함을 알 수 있다.

⑤ 2문단의 '이러한 상반된 결과를 어떻게 설명할 수 있을까? 그것은 위협 소구의 효과가 위협의 강도보다는 메시지 전달자의 권고가 얼마나 설득력을 지니는가에 달려 있음을 보여 준다.'를 통해 알 수 있다.

6 중심 내용 파악　　　　　　　　　　　　　　답 ⑤

정답이 정답인 이유

⑤ 위협 소구는 위협이나 공포감을 유발하여 수신자를 설득하기 위한 커뮤니케이션 방법이다. 즉 수신자의 태도 변화를 목적으로 하는 것이다. 〈보기〉의 접종 이론은 수신자가 지닌 태도와 신념을 이에 반하는 외적 요인에 대해 저항감을 가질 수 있도록 미리 약한 수준의 반대되는 주장에 노출시키는 것이다. 즉 외적인 변화 요인에 저항력을 가질 수 있도록 하는 것이 커뮤니케이션의 목적이다.

오답이 오답인 이유

① 위협 소구의 경우, 강력한 수준의 메시지가 효과가 있을 경우도 있지만 재니스에 따르면 중간 수준의 위협이 더 효과적이다. 접종 이론에서는 약하게 노출시킴으로써 면역을 주는 것이므로, 강력한 수준의 메시지가 목적 달성에 유리하다는 진술은 적절하지 않다.

② 위협 소구나 접종 이론 설명에서, 메시지의 반복적 전달이 효과적이라는 전제를 바탕으로 한다는 내용은 나타나지 않는다.

③ 위협 소구에서 전달자의 메시지는 수신자의 기존 신념에 관계없이, 메시지를 통해 수신자의 태도 변화를 일으키려는 것이다. 한편 접종 이론의 메시지는 수신자의 기존 신념이나 태도를 약화할 가능성이 있는 주장을 사용한다.

④ 위협 소구는 위협이나 공포감을 커뮤니케이션에 이용하는 것으로, 감정적 차원에서 수행된다고 할 수 있다.

7 다른 견해와의 비교　　　　　　　　　　　　답 ①

정답이 정답인 이유

① 이득의 차원에서 위협 소구의 내용을 제시하는 것은 5문단을 보면, 기회를 얻거나 부정적 결과가 감소한다는 내용을 언급하는 것이다. 〈보기〉의 레든이나 힐의 실험은 수신자의 특성에 따른 관심사나, 수준을 달리하는 위협 소구와 관련한 연구를 진행한 것으로, 이득의 차원의 메시지인지 손실의 차원의 메시지인지와 관련해서는 언급되지 않았다.

오답이 오답인 이유

② 〈보기〉의 '실험에서 중간 정도 수준의 위협 소구의 효과가 최소한의 수준이나 강력한 수준의 위협 소구의 효과보다 높게 나타났다.'를 통해 힐의 연구가 재니스의 '위협 소구의 수준과 태도 변화 간의 관계는 곡선을 형성하고 있다. 강력한 수준이나 최소한의 수준의 위협은 약간의 태도 변화를 일으키지만, 중간 정도 수준의 위협은 상당히 많은 태도 변화를 유발한다는 것이다.'라는 곡선 이론을 뒷받침하는 사례임을 알 수 있다.

③ 로저스가 제시한 구성 요소는 '묘사된 사건의 유해성의 크기, 그러한 사건의 발생 가능성, 권고된 방법의 효율성'의 세 가지이다. 〈보기〉의 '유해성이나 발생 가능성에 대해 제대로 전달하지 못하며'를 통해 로저스는 최소한의 수준의 위협 소구는 인지적 평가 과정에서 방어 동기를 유발하지 않은 것으로 판단할 수 있을 것이다.

④ 〈보기〉의 '청소년을 겨냥한 매스 미디어 메시지는 강력한 수준의 위협이지만 먼 미래의 일로 인식되는 죽음을 강조하기보다 정신 장애, 피부 발진, 친구 관계에 미치는 부정적 영향 등 즉각적인 결과를 강조하는 것이 효과적이었다.'에서 레든은 청소년의 특성을 고려한 위협 소구가 청소년의 태도 변화에 효과적이라는 결과를 얻었음을 알 수 있다. 이 글에 제시된 재니스가 연구한 위협 소구의 수준 이외에도 수신자의 특성이라는 요소가 위협 소구의 효과를 위해 고려되어야 함을 제시하고 있다.

⑤ 레든은 실험을 통해 죽음을 강조하는 메시지보다 즉각적 결과를 강조하는 메시지가 더욱 효과적이라는 결과를 얻었다. 이를 재니스

의 곡선 이론과 관련지으면, 정신 장애, 피부 발진 등을 강조하는 메시지가 중간 정도 수준의 위협이라고 볼 수 있다.

8 구체적 사례 적용　　　　　　　　　　답 ⑤

정답이 정답인 이유

⑤ ⓓ는 '빙산이 사라지면 지구의 미래도 사라집니다.'라는 문자와 그림 이미지를 통해 상대적으로 강력한 수준의 위협을 사용하여 환경을 보호하자는 메시지를 전달하고 있는 공익 광고이다. 그렇지만 ⓐ는 건전지를 분리배출하자는 메시지를 특별한 위협 소구 없이 평이하게 전달하고 있는 공익 광고이다. 따라서 ⓐ가 최소한의 수준의 위협을 사용한 것이라는 진술은 적절하지 않다.

오답이 오답인 이유

① ⓓ는 지구의 미래가 위협받을 수 있다는 비교적 강력한 수준의 위협 소구를 사용한 것으로, ⓐ와 ⓑ에 비해 수신자의 감정적 긴장 정도가 높아져 자발적 방어 반응이 나타날 가능성이 있다.
② ⓓ는 환경 보호와 관련한 위협 소구 사용을 통해 수신자의 태도 변화 유도를 목적으로 하는 커뮤니케이션 방법으로 볼 수 있다.
③ 로저스는 사건의 유해성, 발생 가능성, 권고된 방법의 효율성 등의 위협 소구의 구성 요소에 대한 인지적 평가 과정을 통해 형성된 방어 동기가 태도 변화의 양을 결정한다고 주장하고 있다. 로저스의 이론에 따를 때, ⓑ의 경우 다회용 컵 사용이라는 권고된 행동이 나타나고 있어 이의 효율성에 대해 평가할 것이다.
④ ⓓ는 '지구의 미래도 사라집니다.'라고 하여 점증하는 부정적 결과를 제시한 것으로 손실의 차원에서 메시지를 전달하고 있다. ⓑ는 '사라지는 나무의 수가 줄어듭니다.'라는 부정적 결과가 감소하는 내용을 제시한 것으로 이득의 차원에서 메시지를 전달하고 있다.

08회 미니모의고사　　　　　　　본문 39~43쪽

| 1 ① | 2 ④ | 3 ③ | 4 ⑤ |
| 5 ④ | 6 ⑤ | 7 ③ | 8 ③ |

[1~4] 고전 시가

이건창, 「전가추석」

해제 | 이 작품은 구한말의 문인 이건창이 26세 때인 1877년에 지은 서사 한시이다. 작가는 당시 충청도 암행어사로 나가서 권세에 굴하지 않고 지방 관아의 비리를 매섭게 처리한 것으로 유명한 일화를 남겼다. 그때 직접 보고 들은 일을 제재로 삼아 쓴 작품 중 하나가 이 작품이다. 시는 크게 두 부분으로 나누어 있다. 첫 부분은 '지난해'의 참혹한 흉년을 겪고도 살아남은 농민들이 부지런히 농사를 지어 풍년을 구가하는 내용이다. 여기서 '지난해'는 1876년인데 '병자년 기근'이라 하여 조선 후기에 가장 혹심했던 흉년을 기록했던 해이다. 둘

째 부분에서는 시적 분위기가 어둡고 슬퍼진다. 유복자를 안은 과부의 사연이 진술된다. 그의 남편은 굶주려 죽을 지경인데도 끝까지 종자로 쓸 곡식을 먹지 않고 간수하여 봄에 논에 파종하고 곡식을 가꾸다가 그만 기운이 다해 목숨을 잃고 만다. 굶주려 죽은 남편의 시신은 땅속에서 썩어 가고 남편이 자신의 목숨을 희생해 심은 곡식은 무럭무럭 자라는 역설적인 장면은 당대의 농민들이 겪어야 했던 비극적 상황을 절절하게 보여 준다.

주제 | 풍년을 맞이한 풍요로운 추석 정경과 가난한 농민이 겪는 비참한 상황
구성 |
• 첫 부분: 풍년을 맞이한 풍요로운 추석 정경
• 둘째 부분: 굶주려 죽은 남편을 애도하는 과부의 모습

1 표현상의 특징 파악　　　　　　　　답 ①

정답이 정답인 이유

① 이 작품에서 시간적 배경은 추석이다. 풍년을 맞아 풍성한 느낌을 주는 추석이라는 절기를 배경으로 하여 풍년을 구가하는 사람들의 흥겨운 모습이 앞부분에 제시된다. 그러나 작품의 뒷부분에는 지난해의 흉년과 기근 때문에 유복자만 남기고 세상을 떠난 남편을 애도하면서, 풍요로운 추석이어서 더욱 불쌍한 남편 생각에 슬퍼할 수밖에 없는 홀어미의 비극적 정경이 제시되고 있다. 이러한 상반된 두 정경이 대비되면서 가난한 농민들이 감내해야 하는 고단한 삶의 조건이 더욱 부각되고 있다. 그러므로 같은 시간, 서로 다른 공간에서 펼쳐지는 정경을 대비하여 주제 의식을 형상화했다는 설명은 적절하다.

오답이 오답인 이유

② 올벼, 콩, 팥, 알밤, 막걸리와 같은 사물은 농민의 삶과 관련된 소재라고 할 수 있다. 그러나 비판의 대상이 되는 인물을 해학적으로 묘사한 내용은 없으므로, 농민의 삶과 관련된 소재를 활용해 대상 인물을 해학적으로 묘사하고 있다는 설명은 적절하지 않다.
③ '유복자 안은 홀어미'의 회상을 통해 지난해의 혹심한 기근이 남편의 죽음의 원인임이 드러나고 있으므로 인물의 회상을 통해 현실 문제의 원인을 드러내고 있다고 할 수 있다. 그러나 인물 간 대화를 통해 문제에 대한 극복 의지를 드러내는 내용은 작품에 제시되어 있지 않다.
④ 작품에서 다루는 사건은 '지난해 큰 흉년', '유복자 안은 홀어미'가 겪은 남편의 죽음이다. 사건이 발생한 시간적 배경은 '지난해'라고 제시되어 있을 뿐 그때가 구체적으로 언제인지는 작품에 언급되어 있지 않다. 그리고 사건과 관련한 인물의 이름 또한 작품에 밝혀져 있지 않다. 그러므로 시간적 배경과 인물의 이름을 구체적으로 제시하여 사건 발생의 실제성을 확보했다는 설명은 적절하지 않다.
⑤ 작품의 전반부는 풍년을 맞이한 농민들의 기쁜 마음을 나타내고 있으므로 풍요로운 농촌의 모습을 제시하고 있다고 할 수 있다. 그러나 작품의 후반부는 풍요로운 농촌의 모습과 거리가 먼, 가난한 홀어미의 비극적 상황이 그려져 있으므로 여러 인물들의 목소리를 통해 풍요로운 농촌의 모습을 입체적으로 제시하고 있다는 설명은 적절하지 않다.

2 시어, 시구의 의미와 기능 파악   답 ④

정답이 정답인 이유

④ ㉣에서 가을이 되어 익어 가는 '논에 심은 곡식'은 '유복자 안은 홀어미'의 남편이 자신의 목숨을 희생하여 얻은 결과이다. 이 결과에 대해 '유복자 안은 홀어미'는 '벼 이삭 익은들 무엇하리오?'라고 말하며 슬퍼하고 있다. 그러므로 남편의 희생으로 얻은 결실에 감사해한다는 설명은 적절하지 않다.

오답이 오답인 이유

① ㉠에서 화자인 가난한 농민들은 아름다운 가을 풍경에 대해 그것이 '우리들 위해 만들어진 건 아니지.'라고 말하며 자신들이 느끼는 상대적 박탈감을 드러내고 있다.

② ㉡에서 농민들은 큰 흉년 이후에 대풍이 들게 된 이유를 하늘의 뜻으로 돌리고 있다. 여기서 좋은 일이 일어나면 하늘에 감사해하는 농민들의 순박한 마음을 엿볼 수 있다.

③ ㉢에는 흉년으로 인해 극심한 굶주림을 겪으면서도 종자로 쓸 곡식을 차마 먹지 못하고 끝내 몸이 쇠약해져 죽을 지경이 되는 농민들의 안타까운 상황이 잘 드러나 있다.

⑤ ㉤에는 남편의 죽음 때문에 상심한 '유복자 안은 홀어미'가 남편을 따라 죽고 싶어도 돌봐야 할 젖먹이 아이 때문에 그러지 못하는 모습이 그려져 있다.

3 외적 준거에 따른 작품 감상   답 ③

정답이 정답인 이유

③ [C]에서 '막걸리 거르고', '누렁소 잡는데'로 표현된 상황은 풍년을 맞아 사람들이 풍성하게 먹고 마시며 즐기는 정경이다. 한편 '섧디섧게 밤새도록 곡'을 하는 인물은 지난해 기근으로 남편을 잃은 홀어미이다. 둘 다 유랑민의 비극적 현실과는 거리가 멀다.

오답이 오답인 이유

① [A]에서 작가는 계절마다 명절을 챙기는 서울의 부귀한 사람들을, 가을 추석 말고는 다른 명절을 챙길 여유가 없는 시골의 빈천한 사람들과 대비하여 계층 간 불평등을 비롯한 현실 모순에 대한 문제의식을 드러내고 있다. 〈보기〉를 참고할 때 이러한 작가의 문제의식은 그가 암행어사로서 백성들의 비참한 삶을 직접 목격했던 경험과 관련이 있을 것임을 미루어 짐작할 수 있다.

② [B]에는 풍년을 맞이한 농촌의 즐거운 수확 풍경을 그리고 있는데 '올랐고', '깐다네'와 같은 동사를 사용해 장면을 생동감 있게 묘사하고 있다. 이를 통해 지난해의 흉년을 견뎌 내고 풍년을 맞이한 농민들의 풍요로움과 활기를 잘 드러내고 있다.

④ [D]에는 '지난해'에 닥쳤던 흉년의 상황에 대해 서술하고 있는데 〈보기〉를 참고하면 여기서 '지난해'의 흉년은 '병자년 기근'이다. 따라서 '병자년 기근'으로 백성들이 겪어야 했던 비참한 삶을 드러냈다는 설명은 적절하다.

⑤ [E]에는 백성이 겪는 비극적 상황과 그것에 아랑곳하지 않고 문을 두들기며 세곡을 걷으려 하는 아전의 모습이 대비되면서, 백성들의 고통스러운 현실을 외면하는 가혹한 정치에 대한 작가의 비판적 인식이 드러나고 있다.

4 시어 및 시구의 비교와 대조   답 ⑤

정답이 정답인 이유

⑤ ⓐ는 '유복자 안은 홀어미'이다. 「전가추석」의 후반부는 이 홀어미의 목소리를 통해 농민이 겪는 비참한 현실이 진술되고 있다. 여기서 '유복자 안은 홀어미'는 자신의 진술을 통해 현재의 비참한 상황이 흉년에서 남편의 죽음으로 이어지는 과거의 사건에서 비롯되었음을 드러내고 있다. ⓑ는 '큰애기 새각시'인데 「익주채련곡」에서는 이들의 목소리를 통해 먹을 것이 부족해 구황 식물로 연뿌리를 캐서 먹어야 하는 농민들의 상황이 사실적으로 진술되고 있다. 여기서 '큰애기 새각시'의 진술을 통해 굶주림을 면하기 위해 연뿌리를 캐어 먹는 현재의 상황이 작년의 큰 가뭄에서 비롯되었음을 나타내고 있다.

오답이 오답인 이유

① ⓑ에게 자연은 기근을 면하기 위해 고된 노동을 감내해야 하는 공간으로 제시되고 있다. 따라서 ⓑ가 자연에 대한 긍정적 시각을 드러내고 있다고 보기는 어렵다.

② ⓐ는 남편의 죽음을 겪은 인물이다. 그 비극적 경험으로부터 ⓐ는 죽은 남편에 대한 안타까움, 삶에 대한 절망감을 드러내고 있기는 하나, 그 때문에 인간의 유한성을 인식하여 허무감을 드러내고 있지는 않다.

③ ⓑ에서 상대방의 행동 변화를 기대하는 태도는 드러나지 않는다. ⓐ의 경우는 '문득 문을 두들기는 소리 / 아전이 세곡 바치라 외쳐 댄다.'에서 가난한 백성을 대상으로 관료들에 의해 자행되는 수탈 행위에 대한 비판적 의식이 나타난다고 할 수 있다.

④ ⓐ와 ⓑ 모두 현재의 고단한 삶에 대해서는 언급하고 있으나 미래의 불확실성에 대한 인식을 드러내고 있지는 않다.

[5~8] 사회

㉮ 기속 행위와 재량 행위

해제 | 이 글은 행정 행위 중 기속 행위와 재량 행위를 구분해서 설명하고 있다. 기속 행위는 법률 요건에 해당할 경우 행정청이 어떠한 행위를 하여야 할 의무를 지는 행정 행위이다. 반면 재량 행위는 법률 효과 부분이 가능 규정 형식으로 되어 있어 행정청에 여러 행정 행위 사이에 선택권이 부여된 행정 행위이다. 기속 행위인지 재량 행위인지에 따라 법원의 통제 범위가 달라지는데, 재량 행위의 경우 부여된 재량권을 일탈하거나 잘못 사용한 경우 위법성이 인정된다.

주제 | 기속 행위와 재량 행위에서 사법적 통제 범위의 차이

구성 |

• 1문단: 행정 법규의 형식상 특징
• 2문단: 행정 행위의 유형 – 기속 행위와 재량 행위
• 3문단: 행정 행위의 유형에 따른 법원의 통제 범위의 차이

㉯ 판단 여지의 인정 가능성

해제 | 이 글은 행정 법규에 사용된 불확정 법 개념과 관련해 행정청의 판단 여

지 인정 가능성을 설명하고 있다. 판단 여지설은 행정 법규에 불확정 법 개념이 사용된 경우 다양한 판단 가능성이 주어진다는 전제하에, 사실 관계가 불확정 법 개념에 포섭되는지 여부는 행정청의 전문성과 가치 판단에 달려 있으므로 행정청의 판단 여지가 인정된다는 입장이다. 반면 판단 수권설은 불확정 법 개념이 사용된 경우라도 하나의 올바른 결정만이 존재하므로 행정청의 판단 여지가 인정되지 않는다는 입장이다. 이 입장은 판단 여지란 입법자가 행정청에 판단 권한을 부여한 경우에만 예외적으로 인정된다고 본다.

주제 | 불확정 법 개념과 행정청의 판단 여지에 대한 인정 여부

구성 |

- 1문단: 불확정 법 개념에 대한 행정청의 판단권 인정 문제
- 2문단: 판단 여지설의 주장 내용
- 3문단: 판단 수권설의 주장 내용
- 4문단: 불확정 법 개념에 대한 행정청의 판단이 존중될 필요가 있는 경우

5 세부 내용 파악 답 ④

정답이 정답인 이유

④ (가)의 2문단에 따르면, 재량 행위의 경우 특정 법률 효과의 발생 여부가 행정청의 재량에 맡겨져 있다. 도로 교통법에 따르면 난폭 운전에 대해 지방 경찰청장은 해당 운전면허에 대한 취소 또는 정지뿐 아니라 아무런 행정 행위도 하지 않을 수 있는 선택권을 지닌다.

오답이 오답인 이유

① (가)의 3문단에 따르면, 행정청의 행정 행위가 기속 행위인지 재량 행위인지 여부에 상관없이 위법한 경우에는 법원의 통제를 받아야 한다.

② (가)의 1문단에 따르면, 행정 법규는 '요건-효과'의 조건문 형태로 규정돼 있어, 특정의 사실들이 법 규정에서 정한 법률 요건에 해당하면 해당 행정청이 특정의 행정 행위를 해야 하거나 할 수 있는 법률 효과가 발생한다.

③ (가)의 2문단에 따르면, 도로 교통법은 운전자가 술에 취한 상태에 있다고 인정할 만한 이유가 있음에도 음주 측정을 거부한 경우 지방 경찰청장은 음주 측정 거부자의 운전면허를 취소해야 하는 의무를 지므로, 이때의 운전면허 취소 행위는 기속 행위이다.

⑤ (가)의 2문단에 따르면, 기속 행위는 법규상 요건이 충족되면 행정청이 반드시 어떠한 행위를 하여야 하는 행정 행위이므로, 기속 행위의 경우 재량 행위와 달리 행정청은 특정한 행정 행위만을 할 수 있을 뿐 복수의 행정 행위 중 하나를 선택할 수 있는 권한이 없다.

6 생략된 내용 추론 답 ⑤

정답이 정답인 이유

⑤ 기속 행위와 재량 행위는 법원에 의한 사법 심사의 대상이 된다는 점에서는 공통적이다. 하지만 사법 심사의 대상이 특정한 의무의 이행 여부인지, 부여된 의무 내에서 행위한 것인지 서로 다르다는 점에서, 기속 행위와 재량 행위는 법원의 통제 범위가 다르다.

오답이 오답인 이유

① 기속 행위와 재량 행위 모두 행정 법규에 의해 행정청에 법적 의무와 법적 권한이 모두 부여된다. 기속 행위의 경우, 법률 효과에 따라 특정 행정 행위를 집행하여야 할 의무와 그 집행에 대한 권한이 부여된다. 재량 행위의 경우, 법률 효과에 따라 복수의 행정 행위 중 하나를 선택하거나 선택하지 않는 등 재량권이 부여된 목적이 달성되도록 집행 여부를 결정하여야 하는 의무와 그 집행에 대한 권한이 부여된다.

② 구체적 사실 관계가 법률 요건에 해당하는지를 판단하는 기준은 기속 행위와 재량 행위에서 다르지 않다. 기속 또는 재량 행위는 법률 효과와 관련된다.

③ 재량 행위와 기속 행위 모두 행정 법규는 '요건-효과'의 조건문 형식으로 되어 있다. 차이는 효과 부분에서 행정청의 재량을 인정하는지 여부이다.

④ 기속 행위인지 재량 행위인지 여부에 따라 행정 행위에 대한 법원의 통제 범위가 달라질 뿐 기속 행위와 재량 행위 모두 사법적 통제의 대상이 되는 행위로서, 사법 심사가 이루어지는 경우 법원의 행정청에 대한 우위가 인정된다.

7 다른 견해와의 비교 답 ③

정답이 정답인 이유

③ ⓒ은 불확정 법 개념이 행정 법규에 사용된 경우라도 구체적인 상황에서 단 하나의 판단만이 정당하므로, 불확정 법 개념에 대한 행정청의 판단 여지는 인정되지 않는다고 보는 입장이다. 입법자는 불확정 법 개념에 대한 행정청의 판단 여지를 인정할 것인지 여부를 판단할 수 있을 뿐, 구체적 사실 관계에 대한 특정 법 개념의 적용 여부는 판단할 수 없다.

오답이 오답인 이유

① ⓐ은 행정청의 전문성과 주관적인 가치 판단이 요구되는 행정 영역에서는 행정청의 판단 여지가 인정된다고 본다.

② ⓐ은 확인된 사실 관계가 불확정 법 개념에 포섭될 수 있는지 판단하는 것에 행정청의 판단 여지가 인정된다고 본다.

④ ⓒ은 불확정 법 개념의 해석에서 행정청에 선택권이 있을 수 없으므로 단지 하나의 올바른 결정만이 존재한다고 보고 일반적으로 행정청의 판단 여지를 인정하지 않는다.

⑤ 의회가 불확정 법 개념에 대한 판단 권한을 부여한 경우에 ⓒ은 예외적으로 행정청의 판단 여지를 인정한다. ⓐ은 불확정 법 개념에 대한 판단 수권이 의회에 의해 부여되지 않은 경우에도 판단 여지를 인정하므로, 법규에 판단 수권이 규정된 경우 판단 여지를 인정할 것이다.

8 구체적 사례 적용 답 ③

정답이 정답인 이유

③ 보건복지부장관이 특정 의료기술을 의료법 제53조 제1항의 신의료기술 평가의 대상이 되는 기술로 판단하고 '신의료기술평가위원회'의 심의를 거쳐 해당 기술의 안전성이 미흡하다는 판단을 내린 경우, 이때의 판단은 행정청인 보건복지부장관 및 '신의료기술평가

위원회'가 지닌 고도의 전문성을 요하는 판단이므로 판단 여지를 인정할 경우 법원이 행정청의 판단을 존중해야 할 수 있다. 하지만 판단 여지를 인정하는 경우라도 법원이 행정청의 판단을 존중하는 것일 뿐 여전히 사법 심사의 대상이 된다.

오답이 오답인 이유

① '국민건강', '의료기술의 발전'은 다의적 의미를 지니는 개념으로 구체적인 상황에서 그 의미가 달라지는 불확정 법 개념이다.
② 의료법 제59조 제1항은 행정청인 보건복지부장관 또는 시·도지사는 지도와 명령을 할 수 있다고 규정하고 있으므로 이때의 지도와 명령은 재량 행위이다. 따라서 어떠한 내용의 지도나 명령을 선택할 것인지에 대해 행정청의 재량권이 인정된다.
④ 의료법 제53조 제2항에 따른 안전성·유효성 평가, 제59조 제1항에 따른 '국민보건'에 대한 위해 여부 판단은 의료 행정이라는 전문 영역에서 고도의 전문성이 요구되는 판단이라고 볼 수 있다.
⑤ 의료법 제59조 제1항에 따른 행정청의 명령은 재량 행위이므로, 재량권이 부여된 목적을 벗어난 것인지에 대해서만 사법 심사가 가능하다.

09회 미니모의고사

본문 44~47쪽

| 1 ④ | 2 ① | 3 ③ | 4 ⑤ |
| 5 ④ | 6 ③ | 7 ③ | 8 ⑤ |

[1~4] 고전 시가

㉮ 작자 미상, 「본조 아리랑」

해제 | 이 작품은 우리나라의 전통 민요인 '아리랑'을 근간으로 형성된 신민요로, '아리랑 타령'이라고도 불린다. 구한말부터 일제 강점기까지의 역사적 사건들이 가사에 반영되어 있어 적층 시기를 어느 정도 가늠할 수 있는 것이 특징이다. 격변하는 시대적 흐름 속에서 민족이 겪는 불우한 상황을 풍자하고, 그 과정에서 피폐해지고 있는 민중의 삶을 드러내고 있다. 솔직하고 직설적인 어법으로 현실을 날카롭게 비판하는 풍자 정신이 돋보이며, 각 연마다 동일한 후렴이 나타나는 것이 특징이다.

주제 | 개화기, 일제 강점기의 변화에 대한 풍자와 더 나은 삶에 대한 바람
구성 |
• 1연: 외적의 권력에 대한 풍자
• 2연: 신식 군대에 대한 비판
• 5연: 개화만을 중시하다 삶의 터전을 잃어버림.
• 6연: 백성이 보호받지 못하는 현실에 대한 풍자
• 10연: '나'를 버리고 떠나는 임에 대한 원망
• 11연: 풍요로운 삶에 대한 희구

㉯ 작자 미상, 「신고산 타령」

해제 | 이 작품은 함경도 지역의 노래로 '어랑 타령'으로도 불린다. 가사의 내용으로 볼 때, 기차역이 세워지는 20세기 초에 유행한 것으로 추정된다. 작품 제목 중 '신고산'은 경원선 기차역의 이름이다. 신문명이 들어오면서 생활이 달라지고 시골 사람들의 마음이 들떠 있는 모습을 그려 내고 있다. 특히 사랑하는 임이 다른 지역으로 떠나 버린 상황을 푸념하는 내용이 많다. 각 연마다 동일한 후렴이 있으며 선후창 형태로 가창되었다. 애절하면서도 씩씩한 곡조를 지녀 전국적으로 유행했다고 한다.

주제 | 함흥 차 지나가는 신고산 지역의 변화와 떠나간 임을 그리워하는 마음
구성 |
• 1연: 함흥 차 소리에 반봇짐을 싸는 구고산 큰애기
• 3연: 생계는 챙기지 않고 양산도에만 빠진 영감님
• 5연: 봉천 차를 타고 떠난 우리 오빠
• 9연: 걱정 면할 일이 없는 이내 몸
• 10연: 임 오기만을 기다리는 상개굴 큰애기
• 11연: 기차를 타고 떠나 버린 '우리 님'
• 12연: 돈 벌러 떠난 임, 죽어서 묻힌 임에 대한 그리움

1 작품 간의 공통점, 차이점 파악   답 ④

정답이 정답인 이유

④ (가)의 경우 풍년이 찾아온 '삼천리강산'에 대한 희구가 나타나지만, 그러한 바람이 초월적 세계에 대한 지향을 드러내는 것은 아니다. (나)의 경우 현실적 공간에서의 사건을 주로 다루고 있으며, 초월적 세계에서의 삶을 다루고 있지 않다.

오답이 오답인 이유

① (가)와 (나) 모두 20세기 초 시대적 변화의 양상을 드러내고 있으며, 그로 인해 달라진 개인의 모습이 나타나 있다. (가)의 경우, '밭'과 '집'이 헐리고 '신작로', '정거장'이 생긴 상황, '말깨나 하는 놈', '일깨나 하는 놈'이 고통을 겪는 모습이 나타나 있으며, (나)의 경우, '함흥 차(기차)'가 다니게 된 뒤 고향을 떠나 다른 지역에 갔거나 다른 지역으로 떠나려는 모습이 나타나 있다.
② (가)에는 '남산'이라는 구체적 공간과 그곳에서 벌어진 사건이 언급되고 있으며, (나)에는 '신고산'과 '구고산'을 중심으로 함흥 지역 사람들이 겪는 사건들이 제시되고 있다.
③ (가)에는 부드러운 허락이나 명령을 뜻하는 '-려무나', 어떤 행동을 함께 하자는 의미인 '-세', 현재의 사건이나 사실을 서술하는 '-ㄴ다'와 같은 종결 어미가, (나)에는 '-ㄴ다' 외에도 물음이나 추측을 나타내는 '-ㄹ까', 감탄의 뜻이 수반되는 '-(로)구나', 물음을 나타내는 '-나'와 같은 종결 어미가 사용되고 있다. 시적 상황에 대한 화자의 태도를 다양한 종결 어미를 통해 표현하고 있는 것이다.
⑤ (가)와 (나)에 제시된 각 연은 서로 다른 상황이나 별개의 사건을 다루고 있다. (가)와 (나)는 모두 병렬적 구성을 활용하여 다양한 상황 속에서 겪는 사건이나 저마다의 정서를 효과적으로 드러내고 있다.

2 작품의 종합적 이해와 감상   답 ①

정답이 정답인 이유

① 〈보기〉와 1연을 통해 '이씨의 사촌'이 임금의 친척을 의미하는 것임을 확인할 수 있지만, 그것이 충성을 바치다 죽음을 맞이한 신하들을 구체적으로 언급하는 표현은 아니다. 또한 그렇게 떠나간 이들에 대한 안타까운 마음도 나타나 있지 않다.

② 1연의 '민씨의 팔촌이 되려무나'를 통해 왕의 외척인 '민씨' 집안이 왕족인 '이씨' 집안보다 더 큰 권세를 누리며 떵떵거리고 지내는 시대적 상황을 풍자하고 있다.

③ 2연의 '남산 밑에다 장춘단을 짓고'는 〈보기〉에 제시된 사건에 해당한다. 이를 통해 1900년 이후에 해당 부분의 가사가 형성되었음을 짐작할 수 있다.

④ 2연의 '군악대 장단'은 장충단에서 울려 퍼진 것으로, 〈보기〉를 참고할 때, 이 부대가 신식 군대임을 확인할 수 있다. 즉 '군악대 장단'은 이 시기에 새로 만든 '신식 군대'를 환기하기 위한 표현으로 볼 수 있다.

⑤ 2연의 '받들어 총만 한다'에는 '그 외에 아무것도 하지 못한다'는 비판적 인식이 드러난다. 개혁을 한다며 '신식 군대'를 만들어도 결국 국권 상실을 막지 못한 당시 상황에 대한 안타까움이 해당 표현에 투영된 것으로 볼 수 있다.

3 표현상의 특징 파악   답 ③

③ [C]에는 '어린아해'와 '영감님'이라는 두 대상의 행동이 제시되어 있는데, 어린아해는 배가 고파 괴로워하고 있는 반면 영감님은 술만 먹고 양산도에 빠져 가족을 돌보지 않고 있다. 부정적 세태를 풍자적으로 드러낸 것은 맞지만 두 대상의 행동에서 공통된 요소를 찾아낸 것은 아니므로 ③은 적절하지 않다.

① [A]에서 '밭은 헐려서 신작로'가 되는 상황이나 '집은 헐려서 정거장'이 되는 상황은 과거의 것이 사라지고 새로운 문물이 들어온다는 점에서 유사한 상황이라고 할 수 있다. 성격이 비슷한 두 개의 상황을 나열하여 변화하는 현실을 부각한 것이다.

② [B]는 '풍년이 와요' 사이에 '삼천리강산에'라는 구절이 들어가는 반복과 파격의 구조에 해당한다. '풍년이 와요'라는 구절을 반복함으로써 화자가 염원하는 희망적 미래를 효과적으로 드러내고 있다.

④ [D]에는 '정든 님을 다리고 산나물을 가'는 선택과 '우리 오빠 따라서 봉천 차를 타'는 선택이 대응되고 있는데, 이는 결국 고향에 남을지 고향을 떠날지 망설이는 화자의 내면적 갈등을 드러낸 것이다.

⑤ [E]에는 '병아리'가 '독수리 날뛴' 후 사라진 상황과 '우리 님'이 기차를 타고 떠나간 상황이 제시되고 있다. 갑작스럽게 '병아리'가 사라진 상황을 활용하여 급작스럽게 '우리 님'을 떠나보낸 화자의 비애감을 효과적으로 표현하고 있다.

4 외적 준거에 따른 작품 감상   답 ⑤

⑤ (나)의 12연은 '부령 청진 가신 님'이 돌아오기를 기다리는 화자, '공동묘지 가신 님'이 돌아오지 못하는 상황에 대해 안타까움과 슬픔을 느끼는 화자의 정서를 표출하고 있다. 제시된 상황에 얽매여 있는 화자가 자신의 심리를 토로하고 있으므로 장내 언술을 선택한 것으로 볼 수 있다.

① (가)의 6연에서 화자는 '말깨나 하는 놈', '일깨나 하는 놈'이 겪게 되는 현실을 제시하고 있다. 관찰 대상들의 행위를 거리를 두고 기술하면서 그들이 겪는 고달픈 상황을 포착하고 있으므로 장외 언술을 하는 것으로 볼 수 있다.

② (가)의 10연에서 화자는 '나'로 제시되고 있으며 임이 자신을 떠나는 상황을 언급하고, 그로 인해 괴로운 심리를 표출하고 있다. 화자가 설정된 상황 안에 존재하고 있으므로 장내 언술을 하는 것으로 볼 수 있다.

③ (나)의 1연에서 화자는 '신고산' 주변의 변화와 '반봇짐'을 싸는 '구고산 큰애기'의 모습을 관찰하여 전달하고 있다. 구고산을 떠나기 위해 반봇짐을 싸는 것은 화자가 당면한 사항이 아니며, 해당 상황에 얽매여 있지 않으므로 장외 언술을 하는 것으로 볼 수 있다.

④ (나)의 9연의 경우, '이내 몸'을 통해 화자가 설정된 상황 안에 존재함을 확인할 수 있다. 화자는 '바람 많은 세파에 부대끼'며 '걱정 구름을 면'하지 못하고 살아가고 있음을 토로하고 있다. 화자가 주어진 상황에 직접 관여하고 있으므로 장내 언술을 하는 것으로 볼 수 있다.

[5~8] 과학

등방성의 문제와 급팽창 이론

해제 | 이 글은 빅뱅 이론의 근거인 동시에 표준 빅뱅 이론으로 설명하기 어려웠던 문제인 우주 배경 복사의 등방성 문제를 해결하기 위해 제시된 급팽창 이론을 설명하고 있다. 빅뱅 이론은 우주가 멀어지고 있다는 데 착안하여 우주의 시작이 한 점에서 팽창하여 형성되었을 것이라는 이론이다. 빅뱅 이론에서 예측했던 우주 배경 복사가 실제로 관측되면서 빅뱅 이론은 인정을 받게 되었다. 그러나 우주 배경 복사가 가진 등방성은 빛의 속도로는 정보의 교환이 불가능한 우주 지평선 너머의 구역에서도 같은 특성을 가진 우주 배경 복사가 존재한다는 것에 대해 설명하지 못했다. 이 문제의 해법으로 제시된 것이 입자 물리학의 성과를 연결시킨 급팽창 이론이다. 급팽창 이론에서는 빅뱅 초기에 공간이 빛의 속도보다 더 빨리 팽창했기 때문에 우주 지평선 밖으로 나간 구역과도 정보 교환이 있었다고 본다. 급팽창 이론에서는 정보가 빛보다 빠르게 전달된 것이 아니라 공간이 빛의 속도보다 빠르게 팽창한 것으로 보기 때문에 정보가 빛의 속도보다 빠르게 전달될 수 없다는 상대론과 모순되지 않는다.

주제 | 우주 배경 복사의 등방성에 내포된 문제와 급팽창 이론

구성 |

- (가): 표준 빅뱅 이론의 성립 과정
- (나): 우주 배경 복사의 등방성과 내포된 문제점
- (다): 상대론의 법칙과 모순이 되는 등방성의 문제
- (라): 등방성의 문제를 해결하기 위한 급팽창 이론
- (마): 급팽창 이론의 타당성

5 글의 구조와 전개 방식   답 ④

④ 급팽창 이론에서는 공간 자체가 광속보다 빠르게 팽창한다고 했지만 정보가 광속보다 빠르게 전달된다고 보지는 않았다. 그러므로 (라)에서 (다)와 다른 정보 전달 속도를 전제한 것은 아니다.

① (가)에서는 빅뱅 이론의 정립 과정을 허블부터 펜지어스와 윌슨까지 시간순으로 설명하고 있다.

② (나)에서는 표준 빅뱅 이론이 우주 지평선 너머의 우주에도 같은 특성을 가진 우주 배경 복사가 있는 필연적 이유를 설명해야 하는 문제를 안고 있다고 말하고 있다.

③ (다)에서는 우주 지평선의 문제를 지구를 중심으로 반대편에 있는 두 은하의 예를 통해 상세하게 이야기하고 있으며, 우주 배경 복사가 같은 온도를 가지는 것을 교류가 없는 두 사람이 보낸 편지의 내용이 일치한다는 비유를 사용하여 설명하고 있다.

⑤ (마)에서는 (라)에서 설명한 급팽창 이론으로 상대론에서 해결할 수 없었던 문제를 해결할 수 있음을 설명하고 있다.

6 생략된 내용 추론   답 ③

③ 급팽창 이론에서는 강한 핵력과 약한 핵력이 분리가 되면서 엄청난 에너지를 방출하며 급팽창이 일어난다고 했으므로, 급팽창이 일어나는 환경을 조성하기 위해서는 초기 온도를 강한 핵력과 약한 핵력이 통합되는 10^{28}K 이상으로 설정해야 한다.

① (나)에 따르면 우주 배경 복사의 등방성이 표준 빅뱅 이론의 가장 강력한 근거임을 알 수 있다. 우주에서 오는 복사가 방향에 따라 다른 값을 가졌다면 우주 배경 복사로 인정받지 못했을 것이므로 오히려 표준 빅뱅 이론도 인정받지 못했을 것이다.

② (나)에 따르면 우주 배경 복사는 우주가 팽창하면서 밀도가 떨어져 3,000K 정도의 온도에 도달했을 때 방출된 빛이다. 빅뱅 후 10^{-35}초는 강한 핵력과 약한 핵력의 분리가 일어나는 시간이며, 3,000K보다 훨씬 더 고온 상태이다. 따라서 우주 배경 복사가 방출된 시간은 아니다.

④ (다)에 제시된 상대론에 따르면 지구에서 관측했을 때 우주의 지평선 부근에 있고 방향은 반대인 두 은하는 서로에게 우주의 지평선 밖에 있기 때문에 정보를 공유할 수 없지만, 각각의 은하는 지구에서 관측이 가능하므로 지구와 정보를 공유할 수 있다.

⑤ (마)에 따르면 급팽창 이론에서는 우주의 시작점이 표준 빅뱅 이론이 예측한 것보다 더 작은 구역이라고 본다.

7 구체적 사례 적용   답 ③

③ A점은 광속과 팽창 속도가 같아지는 지점이 아니라 더 작은 구역이 광속보다 더 빠르게 팽창하면서 광속으로 팽창했을 때와 공간의 크기가 같아지는 때이다.

① ㉠ 원은 광속으로 팽창한 우주이며, 광속으로 정보의 교환이 가능한 범위이므로 정보 교환이 있었다는 것에 대해 상대론으로 설명이 가능하다.

② ㉯ 원은 우주의 지평선보다 더 넓은 공간을 상정한 것으로 우주의 지평선 밖에도 공간이 있다는 것을 나타낸다.

④ B와 C는 서로에게 우주의 지평선 밖에 있는 두 지점으로, 두 지점이 정보를 공유하려면 정보가 광속보다 빨리 전달되어야 한다. 표준 빅뱅 이론으로는 이러한 모순을 설명하지 못하기 때문에 급팽창 이론이 등장했다.

⑤ B와 C는 서로에게 우주의 지평선 밖에 있는 지점이지만 급팽창 이론에서는 과거에 정보 교환이 있었음을 보여 준다.

8 내용의 인과 관계 파악   답 ⑤

⑤ '전혀 교류가 없는 두 나라'는 현재 정보를 공유할 수 없는 두 구역, 즉 '서로에게 우주 지평선 바깥에 있는 두 구역'을 의미하며, '일면식도 없는 두 사람'은 과거에도 '정보를 교환한 적이 없는 두 지점'을 의미한다. '한국에 보낸 편지의 내용'이 같다는 것은 우주에서 온 정보, 즉 '우주 배경 복사'가 동일한 성질을 가지고 있다는 것을 의미한다.

① ㉠과 ㉡은 적절하게 대응될 수 있지만, ㉢이 '광속보다 빠르게 전달되는 에너지'와는 관련이 없다.

② ㉠과 ㉢은 적절하게 대응될 수 있지만, ㉡이 접촉이 있었다는 것은 적절하지 않다.

③ ㉠은 두 은하끼리는 우주의 지평선 안에 있을 수 있으므로 적절하지 않으며, ㉢도 적절하지 않다.

④ ㉢은 적절하지만 ㉠이 우주의 지평선 밖에 있는 것과 상관이 없으며, ㉡도 적절하지 않다.

10회 미니모의고사   본문 48~52쪽

1 ④	2 ②	3 ①	4 ②
5 ⑤	6 ④	7 ①	8 ③

[1~4] 고전 산문

가 설총, 「화왕계」

해제 | 이 작품은 『삼국사기』의 열전에서 설총에 대해 기록한 부분에 언급된다. 어느 여름날 신문왕이 자신의 무료함을 달래려고 설총에게 재미있는 이야기를 해 달라고 청하자 설총이 왕에게 해 준 이야기로, 원래 제목이 없으며 '화왕계'는 후대 사람들이 붙인 명칭이다. 이 작품은 왕에게 바른 도리로 정치해야 한다는 주장을 꽃을 의인화하여 인간 세계를 빗대고, 우언으로 완곡하게 전달하는 문학적 방법을 취하고 있다. 이는 고려 시대의 가전체(假傳體) 문학과 조선 중기 의인체 소설의 선구적 위치에 있음을 보여 주는 것으로 문학사적 의의가 매우 큰 것이다. 한편 이 작품은 우리나라 꽃에 대한 소중한 사료로서도 큰 가치를 가진다.

주제 | 임금에 대한 우의적 충간

구성 |
- 발단: 화왕의 등장
- 전개: 간신 장미와 충신 백두옹의 간청
- 절정: 장미와 백두옹 사이에서 갈등하는 화왕
- 결말: 백두옹의 설득과 화왕의 뉘우침

🕮 유방선, 「김 장관 댁 죽헌기」

해제 | 이 작품은 『동문선』에 실려 전하는 기(記)로, 글쓴이가 한 선비가 지은 누각 '죽헌'에 걸기 위해 쓴 것이다. 글쓴이는 대나무를 벗 삼아 가까이하여 지내며 대나무의 미덕을 본받고 살아가는 선비 김영지의 삶을 예찬한다. 대나무가 가진 덕은 화사하지는 않지만 고고하고 절개가 곧은 것인데, 사람들은 겉모습이 화려한 오얏, 연꽃, 국화, 매화는 완상의 대상으로 삼으면서도 대나무를 귀하게 여기지 않는다. 이를 탓하면서 글쓴이는 김영지의 삶에 큰 가치를 부여하고 있다.

주제 | 대나무를 가까이하며 사랑하는 김영지의 삶에 대한 예찬과 대나무의 덕성을 본받고 싶은 마음

구성 |
- 처음: 벼슬에서 물러나 고향에 '죽헌'을 짓고 사는 김영지에 대한 소개
- 중간: 대나무가 가진 속성과 그것에서 비롯되는 덕성을 칭찬하고 대나무를 가까이하지 않는 사람들을 탓함.
- 끝: 김영지를 사랑하는 까닭과 글을 쓰게 된 이유를 밝힘.

---

1 작품 간의 공통점, 차이점 파악　　　　　답 ④

정답이 정답인 이유

④ (가)는 장미와 백두옹이라는 의인화된 소재를 대조하여 충신이 등용되는 이상이 실현되지 못하고 있는 사회 현실에 대한 부정적 인식을 드러내고 있고, (나)는 대나무를 오얏, 연꽃 등과 대조함으로써 선비들의 이상인 군자의 정신을 따르지 않는 현실에 대한 부정적인 인식을 드러내고 있다.

오답이 오답인 이유

① (가)와 (나) 모두 인물 간의 갈등을 중재하는 초현실적 인물의 개입은 나타나지 않는다.

② (가)에는 '붉은 얼굴과 옥 같은 ~'과 '베옷을 입고 허리에는 ~'과 같은 외양 묘사가 나타나지만 이를 통해 인물의 성격 변화를 암시하고 있지는 않다. 그리고 (나)에는 인물에 대한 외양 묘사가 나타나지 않는다.

③ (가)와 (나) 모두 공간적 배경에 대한 감각적 묘사가 나타난다. 하지만 이것이 인물의 감정 변화를 보여 주고 있지는 않다.

⑤ (가)에는 의인화된 자연물이 나타나고 (나)의 경우에도 자연물을 주요 소재로 삼고 있지만, 이에 대한 다양한 관점들을 절충하여 새로운 관점을 제시하고 있지는 않다.

2 외적 준거에 따른 작품 감상　　　　　답 ②

정답이 정답인 이유

② (가)에서 '맹자', '풍당'의 불우한 삶에 대해 언급하고 있기는 하나 그들의 말을 직접 인용하고 있지는 않다.

오답이 오답인 이유

① (가)는 왕을 훈계하기 위한 목적을 가진 글로서 '군자 된 자'가 지

켜야 할 덕목을 언급한 교훈적 성격을 지닌 작품이다.

③ (가)는 '임금 된 자'의 도리를 밝혀 임금이 범할 수 있는 과오를 경계하기 위해 꽃을 의인화하는 비유의 방식을 활용한 작품이다.

④ (나)는 '나'가 '남쪽으로 귀양살이를 갔을 때' 김영지의 '죽헌'을 실제로 방문한 경험적 사실을 밝힌 작품이다.

⑤ (나)에는 '나'가 '김 군의 삶을 고상하게 여'겨서 그 뜻을 글로 써서 누각에 걸기 위함이라는 특정한 목적이 구체적으로 명시되어 있다.

3 구절의 의미 이해　　　　　답 ①

정답이 정답인 이유

① ㉠에는 김영지의 현재 삶이 사실적으로 제시될 뿐 김영지에 대한 안타까움과 동정이 드러나 있지는 않다. 글 전체의 내용을 고려할 때 글쓴이는 김영지의 군자와 같은 삶에 대해 예찬하는 태도를 보이고 있다.

오답이 오답인 이유

② ㉡: 글쓴이는 '연기와 아지랑이가 자욱하'고 '별과 달이 비치고 빛나'는 등의 실제 일어난 일을 상상력을 통해 '소상강이 눈앞에 있는 것 같고' '선경이 사람의 정신을 융화하게 하는 것 같다'며 대상의 아름다움을 부각하고 있다.

③ ㉢: 글쓴이는 '시를 읊으면 흥취가 ~ 누각 죽헌의 공'임을 밝히며 김영지가 지은 죽헌에 대해 칭찬하는 이유를 밝히고 있다.

④ ㉣: 글쓴이는, '자태의 곱고 아름다움'이나 '꽃망울의 향기'와 같은 외적인 화려함만을 추구하여 '방탕하고 음란함에 빠지는' 세태에 대해 경계하고 있다.

⑤ ㉤: 글쓴이는 김영지가 대나무를 사랑하여 심는 행위로부터 '가슴속의 맑고 더러움은 진실로 이미 구별되었을 것'이라며 김영지의 고결한 성품에 대해 미루어 짐작하고 있다.

4 외적 준거에 따른 작품 감상　　　　　답 ②

정답이 정답인 이유

② 글쓴이는 대나무의 덕성을 본받으면 선비의 행실이 다듬어진다고 했으므로, 대나무는 선비에게 모범이 되는 대상이다. 따라서 '고고하여 속되지 않'은 모습은 인간 세상에서 '다듬어'지지 않은 '선비'의 모습과 유사하다는 진술은 적절하지 않다.

오답이 오답인 이유

① 대나무의 '네 계절을 통하여 변하지 않고' '곧'고 '건장한'이라는 외적인 속성은 '절개'의 의미로 추상화되고 있다.

③ 대나무를 '사랑하는 사람들이 적'은 이유는 '세상 사람'들이 '자태의 곱고 아름다움과 ~ 향기만을 사랑하'기 때문이며 이로부터 대나무의 덕성을 본받는 군자를 '따르는 자가 적은' 이유를 유추하고 있다.

④ 대나무를 사랑하는 '김 군'의 모습은 대나무가 가진 절개의 속성을 본받고자 하는 '김 군'의 삶의 태도와 연결되고 있다.

⑤ 글쓴이가 대나무와 같이 '임금을 섬기면 그 충성은 변하지 않고, 어버이를 섬기면 그 효도가 변하지 않'기 때문에 김영지를 사랑한다고 말하는 것은 곧 그러한 충효를 행해야 함을 주장하기 위함이라 할 수 있다.

튜링의 반응-확산 모델

해제 | 이 글은 동물 무늬의 발현을 최초로 과학적으로 설명한 튜링의 반응-확산 모델을 소개하고 이를 계승·발전시킨 머레이의 연구를 소개하고 있다. 튜링에 의하면 동물 무늬의 발현에 관계하는 형태소인 활성자와 억제자가 확산만 하는 것이 아니라 확산하면서 반응이 수반된다는 소위 반응-확산 모델은 동물 무늬가 생성되는 이유에 대한 설명을 가능하게 한다. 활성자는 자가 촉매 작용에 의해 자신을 재생산해 내며 억제자는 활성자의 기능을 소멸시키는 역할을 한다. 튜링의 반응-확산 모델에서는 활성자와 억제자가 이러한 역할을 하면서 확산되어 동물의 무늬가 생성된다고 설명한다. 머레이는 튜링의 반응-확산 모델을 기반으로 동물의 무늬 발현은 태아의 크기와 연관됨을 알아냈고 동물 꼬리를 이용하여 다양한 동물의 무늬 생성에 대해 설명하였다.

주제 | 튜링의 반응-확산 모델을 통한 동물의 무늬

구성 |

• 1문단: 동물의 무늬 생성 이유에 대한 의문과 튜링의 반응-확산 모델

• 2문단: 튜링의 반응-확산 모델에서의 활성자와 억제자

• 3문단: 튜링의 반응-확산 모델의 확산 패턴

• 4문단: 태아의 크기와 동물의 무늬 발현 관계를 밝힌 머레이

• 5문단: 동물 꼬리 무늬에 관한 머레이의 연구

5 세부 내용 파악 답 ⑤

정답이 정답인 이유

⑤ 4문단에서 머레이가 튜링의 방정식에 기반을 두고 포유동물 꼬리에서 발견되는 무늬의 크기와 형태를 설명했다고 하였으므로 올바른 진술이다.

오답이 오답인 이유

① 5문단에서 꼬리는 점점 가늘어지는 원통형으로 수학적인 모델링이 수월하다고 했고, 이러한 머레이의 연구는 반응-확산 모델을 기반으로 하였으므로 꼬리 무늬 생성에도 활성자와 억제자의 상호 작용이 있음을 알 수 있다.

② 1문단에서 튜링이 반응-확산 모델을 방정식의 형태로 제시하였다고 설명하고 있다.

③ 3문단에서 형태소가 전체적으로 생체 내에 균일하게 존재하는 것처럼 보이지만 미시적으로 농도 차이가 존재한다고 설명하고 있다.

④ 1문단에서 활성자와 억제자가 모두 형태소라고 설명하고 있다.

6 세부 내용 파악 답 ④

정답이 정답인 이유

④ 1문단에서 잉크 방울의 확산과는 달리 튜링의 반응-확산 모델에서는 색을 발현시키는 역할을 하는 형태소인 '활성자'와 이를 억제하여 색의 발현을 막는 형태소인 '억제자'가 상호 작용을 하면서 확산한다고 했으므로 올바른 진술이다.

오답이 오답인 이유

① 1문단에서 수조에 잉크 방울을 떨구면 물속에서 퍼져 나가는 것으로 보아 ㉠의 확산은 농도가 높은 쪽에서 낮은 쪽으로 일어남을 알 수 있으며, 3문단에서 반응-확산 모델에서의 확산인 ㉡ 역시 농도가 높은 쪽에서 낮은 쪽으로 일어남을 알 수 있다.

② ㉡은 확산 속도가 다른 억제자와 활성자라는 두 물질이 확산하지만, ㉠은 잉크만 확산한다.

③ ㉡은 색의 발현에 관여하는 물질인 억제자와 활성자의 두 가지 형태소가 존재한다.

⑤ ㉠은 확산에 의해 확산하는 물질의 농도가 균일해지는 것에 비해 ㉡은 활성자와 억제자가 확산하면서 상호 작용에 의해 농도가 불균일해져 무늬가 형성된다.

7 구체적 사례 적용 답 ①

정답이 정답인 이유

① 〈그림〉에서 설명한 것은 축 하나의 방향으로만 설명이 이루어져 있으며 확산이 시작되는 한 지점과 거리가 같은 이웃한 두 지점에 활성자와 억제자의 반응-확산 원리에 의해서 무늬가 발현됨을 설명하고 있다. 따라서 2차원에 이것을 표시하면 한 지점과 거리가 같은 지점에 색이 발현되므로 한 점과 이로부터 같은 거리에 있는 점은 원이다. 따라서 확산이 시작된 지점과 이로부터 같은 거리에 있는 고리의 모양으로 무늬를 나타내야 한다. 따라서 (가)에 해당하는 무늬는 ①이다.

오답이 오답인 이유

② 〈그림〉 Ⅴ에 표시되어 있는 봉우리는 세 개이나 2차원에 이것을 표기하면 가운데 봉우리는 회색 원이 될 것이고 양옆의 두 봉우리는 고리 모양을 갖게 된다. 따라서 세 부분이 회색으로 표시된 선지는 오답이다.

③ 확산이 시작된 지점인 가운데 봉우리가 회색 원형이어야 하므로 틀린 그림이다.

④, ⑤ 확산을 이차원적으로 표현하면 확산의 시작은 한 점에서 시작되므로 직사각형 무늬는 〈그림〉 Ⅴ에 해당하지 않는다.

8 다른 견해와의 비교 답 ③

정답이 정답인 이유

③ 토끼의 개체 수 증가에 의해 여우의 개체 수가 증가하는 것은 3문단에 설명한 활성자에 의해 억제자가 생성되는 것과 억제자의 빠른 확산으로 억제자의 농도가 높아지는 것에 해당한다.

오답이 오답인 이유

① 여우는 토끼를 포식하여 개체 증식을 억제하므로 억제자이고 토끼는 활성자이다.

② 활성자에 해당하는 토끼가 특정 영역에 많이 서식하는 것은 미시적으로 볼 때 활성자의 미세한 농도 비균일에 해당한다.

④ 억제자에 해당하는 여우가 활성자에 해당하는 토끼에 비해 빠르게 영역을 확대해 나가는 것은 활성자와 억제자의 확산 속도 차이에 해당한다.

⑤ 토끼가 사는 영역이 일정하게 유지되는 것은 활성자와 억제자에 의해 농도 패턴이 유지되어 동물의 무늬가 발현되는 것에 해당한다.

본문 53~57쪽

| **1** ③ | **2** ④ | **3** ① | **4** ③ |
| **5** ④ | **6** ④ | **7** ③ | **8** ⑤ |

[1~4] 고전 산문

2 우화 소설의 특징

해제 | 이 글은 우리나라 우화 소설의 공통적인 특징을 언급하고 송사를 중심으로 이야기가 전개되는 유형과 나이 다툼을 중심으로 이야기가 전개되는 유형을 구분하여 각 특징들과 평가에 대해 설명하고 있다. 조선 후기 향촌 사회의 갈등을 담은 우화 소설은 농민층의 분화를 기반으로 하고 있으며, 송사 중심의 경우 재물의 탈취와 뺏김이라는 문제를 쟁점으로 하면서 당대 사회의 문제를 비판적 시각으로 드러내고 있고, 나이 다툼 중심의 경우에는 기존 질서가 붕괴되는 현실적 요소를 잘 반영하였다는 평가를 받는다고 설명하고 있다.

주제 | 우화 소설의 공통적인 특징과 유형별 특징

구성 |

- 1문단: 조선 후기 우화 소설의 공통적인 특징
- 2문단: 송사를 중심으로 하는 우화 소설의 특징
- 3문단: 나이 다툼을 중심으로 하는 우화 소설의 특징

4 작자 미상, 「서동지전」

해제 | 이 작품은 쥐를 의인화한 우화 소설로 악한 다람쥐와 덕이 있는 서대쥐의 대립을 통해 향촌 사회의 갈등과 지배층의 문제점을 드러내고 있다. 부농을 대표하는 서대쥐와 빈농을 대표하는 다람쥐의 갈등, 지배층인 백호산군의 문제점을 지적하는 서대쥐의 모습 등 조선 후기의 시대상을 잘 보여 준 작품으로 평가받는다.

주제 | 배은망덕한 인간에 대한 경계와 봉건적 체제에 대한 비판

전체 줄거리 | 중국 옹주땅 구궁산 토굴 속에 살고 있던 서대쥐는 당 태종에게 큰 공을 세워 벼슬을 받는다. 다람쥐가 찾아와 자신의 딱한 사정을 호소하자 서대쥐는 외면하지 않고 도움을 준다. 그러나 다람쥐가 다시 서대쥐를 찾아가 도움을 달라고 하자 종족의 형편을 들어 거절한다. 이에 원한을 품은 다람쥐는 서대쥐를 거짓으로 고발하게 되고 백호산군은 서대쥐를 잡아들인 뒤 모두의 이야기를 듣고 다람쥐가 허위로 고발한 것임을 알게 된다. 이에 백호산군은 다람쥐를 징벌하려 하지만 서대쥐는 다람쥐를 용서해 달라고 요청한다. 풀려난 다람쥐는 자신의 배은망덕함을 반성한다.

4 작자 미상, 「두껍전」

해제 | 이 작품은 두꺼비를 의인화한 우화 소설로 쟁좌형, 즉 상석을 차지하기 위해 경쟁하는 내용을 담고 있다. 기존의 신분 제도에 따른 지배 질서의 약화로 인해 새로운 지배 질서가 생겨나던 시기를 배경으로 누가 상좌에 앉아야 하는지를 다투는 과정과 이 과정에서 드러나는 인물들의 행위를 풍자하고 있다. 상대에게 우위를 점하기 위해 외양을 비하하거나 속임수를 쓰는 등의 비윤리적인 모습들을 비판하고 있다.

주제 | 상좌를 차지하기 위해 벌이는 논쟁과 이에 대한 풍자

전체 줄거리 | 중국 명나라 때에 옥포산에서 장 선생이라는 노루가 천자로부터 벼슬을 받은 것을 축하하고자 잔치를 열고, 호랑이를 제외한 모든 동물들이 상석에 앉기 위해 다투는 상황이 벌어진다. 토끼는 나이가 많은 순으로 자리를 결정할 것을 제안하고 노루와 여우는 거짓말로 나이를 속여 상석에 앉으려 했으나 두꺼비의 말솜씨에 자리를 빼앗기고 만다. 이에 반발한 여우가 나이가 많으면 구경한 것도 많을 테니 그 이야기들을 해 달라고 하고, 두꺼비는 이야기

를 통해 여우를 웃음거리로 만든다. 여우는 계속 두꺼비를 망신 주려 노력하지만 결국 뜻을 이루지 못하고 잔치가 끝나며 두꺼비는 모든 동물을 대표하여 감사 인사를 전한다.

---

1 구절의 의미 파악

답 ③

정답이 정답인 이유

③ ⓒ은 '서대쥐'가 '다람쥐'의 성격에 대하여 평가하는 말이기는 하지만 '다람쥐'가 도적질을 당했다는 것은 '다람쥐'의 일방적인 주장일 뿐 '서대쥐'는 '무엇이 넉넉하여 도둑맞을 수십 양미를 어느 겨를에 저축'할 수 있냐고 하며 이를 인정하고 있지 않다. 따라서 '다람쥐'의 성품으로 인해 도적질을 당하게 된 이유를 밝히고 있다는 설명은 적절하지 않다.

오답이 오답인 이유

① '오소리'와 '너구리'가 '서대쥐'를 잡으러 가는 길에 '서대쥐'가 자신들을 괄시한 것에 대한 분을 풀자는 것으로 보아 서로 간의 관계가 좋지 않음을 알 수 있다.

② '서대쥐'는 '백호산군'의 명으로 자신을 잡으러 왔다는 말을 듣고 '한출첨배', 즉 몹시 무서워서 땀을 흘렸지만, 비수라고 하더라도 죄없는 이를 다치게 할 수 없다는 옛말을 하며 자신이 '죄를 범한 바'가 없다고 한 것으로 보아 자신의 결백을 주장하는 말임을 알 수 있다.

④ '나이 많아 허리가 굽'었다고 자신의 외양을 밝히면서 나이가 많으니 상좌에 앉아야 한다고 말하는 것이므로 자신이 상좌에 앉아야 하는 이유를 대는 말임을 알 수 있다.

⑤ '호패'를 올리라는 '노루'의 요구에 자신이 '호패'를 빼앗겨 가지고 있지 않은 이유를 '대신 가시는 길'을 건넜다는 사건을 그럴듯하게 지어내, 이를 바탕으로 구체적으로 설명하였으므로 상대가 요구한 증거를 제시하지 못하는 이유를 설명하는 말임을 알 수 있다.

2 소재의 기능 파악

답 ④

정답이 정답인 이유

④ ⓐ는 '타인의 양미'로 '다람쥐'가 도둑질을 당했다고 '서대쥐'를 모함하는 데 이용한 것이며, ⓑ는 누가 높은 자리에 앉을 것인지에 대한 것으로 모든 손님들이 떠들며, 분분 난잡한 분위기를 만들자 '토끼'가 '향당엔 막여치'라고 하며 나이로 해결하자고 주장한 문제이다.

오답이 오답인 이유

① ⓐ는 '다람쥐'가 '서대쥐'가 훔친 것이라고 모함한 것이며, ⓑ는 주인인 '장 선생'도 결정하지 못해 어찌할 줄 몰랐기에 적절하게 이해한 내용이 아니다.

② '형졸'들은 '서대쥐'에게 '곡식'을 요구한 적이 없으며, '장 선생'이 자리를 정하기 위해 경연을 연 것은 아니다.

③ ⓐ는 '다람쥐'가 '서대쥐'가 훔친 것이라고 모함한 것이므로 적절한 이해가 아니다. ⓑ는 좌석의 순서로 '노루'와 '여우'가 거짓으

로 나이 많은 체 하는 것은 높은 자리에 앉기 위한 것이므로 ⓑ는 '노루'와 '여우'가 거짓을 말하는 원인이라고 볼 수 있다.

⑤ ⓐ로 인해 '다람쥐'가 송사를 걸고 '백호산군'에게 와 '서대쥐'를 고발하였다. '백호산군'은 양쪽의 말을 다 들어야 한다고 하면서 '다람쥐는 우선 옥으로 내'리라고 하였으므로 적절한 이해이다. 그러나 자리의 차례를 정하는 것으로 인해 '노루'와 '두꺼비'가 말다툼을 하는 장면은 찾을 수 없다.

3 대화의 특징 파악   답 ①

① [A]에서 백호산군은 '송사의 곡직을 알진대 양언을 들음만 같음이 없나니, 일편의 말만 듣고 선불선을 가벼이 판결치 못'한다고 하며 '소장 양인의 말을 같이 들은 연후에야 종횡을 쾌히 결단'하겠다고 하며 송사를 바르게 하기 위한 신중한 성격을 보여 주고 있다.

② [B]에서 '노루'는 '토끼'의 의견을 받아들이며 '좋은 도리'를 묻고 있을 뿐 '토끼'의 주장을 반박하지 않는다.

③ [A]에는 '송사의 곡직'을 알기 위해 '서대쥐'를 잡아 오라는 내용이 나올 뿐, 앞으로 순차적으로 일어날 일에 대해 예측하는 말하기가 나오지 않는다. [B]에는 자리를 정하기 위한 다툼을 해결하기 위한 대화의 과정이 드러날 뿐 앞으로 순차적으로 일어날 일에 대해 예측하는 말하기가 나타나지 않았다.

④ [B]에는 자리의 차례를 정하는 문제를 해결하기 위해 '예법'을 정하자고 말하는 내용이 있을 뿐, 진상 파악을 위해 명령하는 내용은 나오지 않는다. 오히려 [A]에 사건의 진상 파악을 위해 '서대쥐'를 잡아 오라는 명령을 내리는 내용이 나온다.

⑤ [A]에는 '소진'과 '장의'와 관련된 고사를 인용하여 자신의 판단을 뒷받침하고 있지만 [B]에는 고사를 인용한 내용이 나오지 않는다.

4 외적 준거에 따른 작품 감상   답 ③

③ (가)에서 '나이 다툼'을 중심으로 한 이야기의 경우 '기존 질서인 나이를 통해 상좌를 차지'한다고 설명하였다. 따라서 '나이'라는 소재는 조선 시대의 '기존 질서'를 의미함을 알 수 있다. 그러므로 (다)에서 '토끼'가 나이를 따라 자리 순서를 정하자고 하는 것은 '기존 질서'를 수용하는 태도로 볼 수 있다.

① (가)에서 조선 후기에는 '부농과 빈농 간의 경제적 격차'가 심해지고 이로 인해 갈등이 심화되었다고 설명하였다. 따라서 '다람쥐'를 구제한 적이 있고 재물이 있는 '서대쥐'는 '부농'으로, '서대쥐'에게 곡식을 구걸하는 '다람쥐'는 '빈농'으로 설정된 것으로 볼 수 있다.

② (가)에서 '송사를 중심'으로 이야기가 전개되는 경우 '재물의 탈취와 뺏김'이라는 문제를 통한 갈등이 드러난다고 설명하였다. 따라서 (나)에서 구제해 달라는 청을 거절당한 '다람쥐'가 '서대쥐'에

게 송사를 건 것은 '재물의 탈취와 뺏김'이라는 문제를 중심으로 당대인의 갈등을 보여 준 것이라 할 수 있다.

④ (가)에서 우화 소설에서는 지배층에 대한 비판이 드러남을 설명하였다. (나)에서 '서대쥐'는 '송사'가 자신과 '다람쥐' 사이의 무도함이 아니라 '백호산군'의 '교화'가 이르지 못했기 때문이라고 하며 지배층인 백호산군을 비판하고 있으며, (다) 역시 '백호산군은 힘만 믿고 사나와 친구를 모르'며, '산군이 좌석에 참례하면 각처 손님이 필경 황겁하여 잘 놀지 못할 것이니 청치 않음이 당하도다.'라고 하면서 지배층을 비판하고 있다.

⑤ (가)에서 요호 부민층이 '재물을 축적했다는 이유로 빈민 구제'의 책임을 지게 되었다고 설명하였다. 이는 (나)에서 '서대쥐'가 '다람쥐'를 구활하고도 또 사정을 들으며 수탈과 같은 일에 시달리는 모습과 일치한다. 또한 (가)에서 '요호 부민층의 성장으로 인해 경제적으로 몰락한 선비층으로 형상화된 동물이 위엄 없이 구석에서 눈치만 보'는 모습을 보여 준다고 하였다. (다)에서 '두꺼비'가 '위엄' 없이 초라한 모습으로 '한 모퉁이에 엎드려' 눈치를 보는 모습은 조선 후기 변화에 따라 몰락한 선비층을 형상화한 것으로 볼 수 있다.

[5~8] 과학

𝗴 빛과 색에 대한 이해

해제 | 아리스토텔레스는 색을 물체에 원래부터 존재하는 실제 색깔과 겉보기 색깔, 두 종류로 구분 지었다. 데카르트는 공간이 눈에 보이지 않는 미세 물질로 채워져 있는데 직진하던 빛이 매질 속을 지나면서 반사나 굴절되면 공간을 조밀하게 채운 미세 물질의 회전 속도에 차이가 생기게 되고, 그 차이를 눈이 색으로 인지한다고 보았다. 후대의 과학자 뉴턴은 프리즘을 통과한 태양광의 모양이 기존에 알려져 있던 원 모양이 아니라 길쭉한 모양인 것을 발견하고 그 이유를 밝혀내기 위해 두 번의 실험을 직접 설계하여 태양광은 모든 색깔의 광선을 담고 있으며 태양광 안의 광선들의 굴절 각도가 다름으로 인해 색깔이 생긴다는 것을 확인했다.

주제 | 빛과 색에 대한 아리스토텔레스와 데카르트, 뉴턴의 이론

구성 |

- 1문단: 색에 대한 아리스토텔레스의 이론
- 2문단: 색에 대한 데카르트의 이론
- 3문단: 색에 대한 당대의 이론에 궁금증을 품은 뉴턴의 실험
- 4문단: 빛이 색깔에 따라 꺾이는 정도가 다르다는 사실을 발견한 뉴턴

𝗵 무지개의 형성 원리

해제 | 무지개는 태양광이 공기 중의 물방울로 입사하면서 굴절, 반사, 굴절의 과정을 거쳐 관찰자의 눈으로 들어오는 것인데, 색이 꺾이는 정도와 관찰자의 수직 시야각의 값이 일치하는 경우에 눈에서 색으로 인식될 수 있다. 그러므로 관찰자가 움직이며 무지개를 본다면 실제로는 하나의 실체로서 동일한 무지개를 보는 것이 아니라 움직일 때마다 다른 무지개를 보는 것이다.

주제 | 무지개가 형성되는 과정과 원리

구성 |

- 1문단: 색에 따른 굴절률의 차이
- 2문단: 태양광이 무지개가 되는 과정
- 3문단: 무지개를 지각하는 원리

5 세부 내용 파악 답 ④

정답이 정답인 이유

④ (나)의 2문단에서 태양광이 하나의 물방울을 거치며 만들어진 무지개색의 띠를 관찰자가 온전한 형태의 무지개로 지각하는 것은 아니라고 했다. 따라서 하나의 물방울에서 형성되는 여러 색의 띠를 그대로 육안으로 관찰한 것이 무지개라는 설명은 적절하지 않다.

오답이 오답인 이유

① (나)의 3문단에서 관찰자가 움직이며 무지개를 본다면 실제로는 움직일 때마다 다른 무지개를 보게 되는 것이라는 설명을 통해, 여러 사람이 동시에 무지개를 본다는 것 역시 저마다의 수직 시야각을 통해 서로 다른 물방울에서 나온 빛들을 무지개로서 관찰하는 것임을 파악할 수 있다.

② (나)의 2문단에서 태양광이 공기 중의 물방울로 입사하면서 굴절되고 물방울 내로 한 번 반사된 이후에 다시 물방울 밖으로 굴절되어 나오면서 퍼져 나온 색의 띠가 무지개의 일부로서 관찰된다는 사실을 알 수 있다.

③ (가)의 2문단에서 데카르트는 직진하던 빛이 반사나 굴절을 통해 미세 물질을 회전하게 만들고 이 미세 물질의 회전을 통해 전달되는 압력을 색으로 느낀다는 가설을 세웠다고 설명하고 있다.

⑤ (가)의 1문단에서 아리스토텔레스는 색을 원래 물체에 존재하는 실제 색깔과 어두울 때에는 물체에서 사라지는 겉보기 색깔로 구분지었다고 설명하고 있다.

6 중심 내용 파악 답 ④

정답이 정답인 이유

④ 뉴턴은 실증적 과정 없이 사유를 통해 이론적으로 과학적 현상에 대한 설명을 정립하려 하기보다는, 실험의 계획과 수행을 통한 실증적 과정을 토대로 현상을 설명하고자 했다.

오답이 오답인 이유

① 데카르트는 프리즘을 통과한 태양광이 만든 색의 띠의 모양이 원형이라고 여겼으나, 뉴턴은 실험을 통해 색의 띠가 길쭉한 모양을 이루고 있다는 사실을 확인하고 두 번째 실험을 계획했다.

② 아리스토텔레스는 색을 겉보기 색깔과 실제 색깔, 둘로 나누었으나 뉴턴은 실험을 통해 색이 물체가 아닌 태양광 속에 존재한다는 것을 밝혀내며 색은 빛의 굴절 각도에 따라 여러 가지로 나타난다고 설명했다.

③ 뉴턴은 실험을 통해 태양광이 굴절을 거쳐 만드는 색의 띠는 태양광 안의 광선들이 다른 각도로 꺾이며 나타나는 것이므로 태양광의 변형으로 여러 색이 나타나는 것이 아니라 태양광 속에 모든 색깔의 빛이 들어 있다고 보았다.

⑤ 뉴턴은 실험을 통해 태양광에서 분산된 색의 띠를 이루는 특정 색이 언제나 같은 각도로 꺾인다는 사실을 발견했다. 또한 여러 가지 색은 태양광 안에 있는 광선들이 서로 다른 각도로 꺾여 생긴다는 것을 실험을 통해 확인했다.

7 구체적 사례 적용 답 ③

정답이 정답인 이유

③ b 빛과 d 빛은 굴절률이 같지만, d 빛은 수직 시야각에서 40°를 이루는 물방울에서 퍼져 나온 것이다. 무지개를 관찰할 수 있는 시야각의 아래쪽 연장선으로서 40°의 시야각에 있는 물방울들에 의해 분산된 빛들 중 그보다 굴절이 적게 되는 빛들(c 빛 아래로 꺾이는 빛들)은 시야각 바깥으로 벗어난다. 그러므로 b 빛과 d 빛이 굴절률이 같더라도 실제로 관찰자의 눈에 지각되는 빛은 b 빛뿐이다.

오답이 오답인 이유

① a 빛과 c 빛은 굴절률이 큰 보라색 빛, b 빛과 d 빛은 굴절률이 작은 적색 빛이고 굴절률과 감속 정도는 비례한다. 따라서 굴절률이 더 큰 a 빛의 감속 정도는 b 빛보다 크다고 할 수 있다.

② 물방울에서 반사와 굴절을 거쳐 분산된 태양광이 지면과 40~42°를 이루며 관찰자의 눈으로 입사할 때 무지개가 관찰된다. 즉 인간의 눈은 수직 시야각에서 42°를 이루는 물방울로부터 적색 빛인 b 빛을 지각하게 되고, 수직 시야각에서 40°를 이루는 물방울에서 보라색 빛인 c 빛을 지각하게 된다. 무지개의 다른 색들은 b 빛과 c 빛 사이의 물방울들을 통해 만들어진다.

④ 적색 빛과 보라색 빛을 비교하면 보라색 빛의 굴절률이 크므로 a 빛이 d 빛보다 굴절률이 크다.

⑤ 무지개를 관찰할 수 있는 시야각의 아래쪽 연장선으로서 40°의 시야각에 있는 물방울들에 의해 분산된 빛들 중 그보다 굴절이 적게 되는 빛들은 c 빛 아래로 꺾이는 빛들로서 무지개를 관찰할 수 있는 시야각 바깥으로 벗어나기에 관찰자의 눈에 들어오지 않는다.

8 다른 견해와의 비교 답 ⑤

정답이 정답인 이유

⑤ 아리스토텔레스는 원래 물체에 존재하는 실제 색깔이 있다고 보았다. 하지만 데카르트는 미세 물질의 회전에 의한 압력을 색으로 인지한다고 여겼다. 뉴턴은 각 색이 지닌 고유한 굴절률에 의해서 색이 나타나는 것이라고 여겼다. 즉 데카르트와 뉴턴은 물체가 고유한 색을 지니고 있는 것은 아니라고 생각한 것이다.

오답이 오답인 이유

① 아리스토텔레스는 물체가 지닌 본질적 속성인 실제 색깔은 어둠 속에서도 그대로 유지된다고 생각했지만, 겉보기 색깔은 빛이 있을 때만 색깔이 나타나는 것으로 보았다. 그는 빛의 작용이 없다면 만들어질 수 없는 무지개를 겉보기 색깔로 생각했다.

② 데카르트는 태양광이 프리즘이나 물 같은 매질 속을 지나는 과정에서 반사나 굴절을 거치며 미세 물질의 운동 변화가 생기는데 그때 회전 속도의 차이에 따라 태양광이 여러 색으로 나타난다고 보았다.

③ 뉴턴은 프리즘을 통해 생성되는 무지개색의 띠가 길쭉한 모양으로 비치는 현상을 확인하고 무지개색 띠를 이루는 각 색깔마다 꺾이는 정도가 달라 프리즘을 통과한 태양광이 길쭉한 모양을 띠게 되는 것이라고 생각했다. 그리고 실험에서 프리즘을 통과한 적색

빛, 청색 빛을 한 번 더 프리즘에 통과시켜 본 후, 각 색이 본래 색을 유지하며 첫 번째 프리즘에서와 똑같은 각도만큼 꺾였다는 사실을 확인했다.
④ 아리스토텔레스는 색에는 원래 물체에 존재하는 실제 색깔과 빛이 있을 때만 존재하는 겉보기 색깔이 있다고 보았다. 그리고 사과의 붉은 색은 사과라는 물체가 지닌 고유의 성질로 빛이 없어도 존재하는 실제 색깔이라고 했다. 데카르트는 아리스토텔레스와 달리 색깔이 만들어지는 이유를 하나의 원리로 설명하고자 했다. 그리고 색깔은 빛이 굴절할 때 미세 물질의 운동에 변화가 생기면서 나타나는 것이라고 보았다.

12회 미니모의고사

본문 58~62쪽

| 1 ① | 2 ① | 3 ⑤ | 4 ④ |
| 5 ⑤ | 6 ④ | 7 ② | 8 ④ |

[1~4] 고전 산문

작자 미상, 「방한림전」

해제 | 이 작품은 여성인 주인공 방관주가 남장을 하고 전쟁터에 나가 적을 무찌르기도 하고, 가문의 원수에게 복수를 하기도 하는 등 여성 영웅 소설의 전형적인 모습을 보이면서도 여성끼리 혼인을 한다는 모티프가 삽입되어 다른 작품들과의 차이점을 보이고 있다. 방관주는 자신이 여성임을 감추기 위해, 영혜빙은 여성에게 억압적인 당시의 남녀 부부 관계에 대한 거부감에서 서로의 필요에 의해 부부로 살아가게 되는데, 특히 영혜빙의 내면 의식을 통해 당대 남녀 관계의 불합리함을 드러내고 있다는 점이 특이하다.

주제 | 남성으로 살았던 여성 영웅 방관주의 일대기

전체 줄거리 | 명나라 태학사 충렬공 효유의 후예인 방씨 부부에게 자식이 없다가 노년에 일몽을 얻고 관주가 태어난다. 어려서부터 뛰어난 재주를 보였던 방관주는 스스로 남복하기를 청하고, 이에 방씨 부부는 딸이 바라는 대로 남장을 하게 하여 기른다. 일찍 부모를 여읜 뒤 방관주는 과거에 급제하여 한림학사가 된다. 영 공(영혜빙의 아버지)의 강권으로 영혜빙과 혼인하게 되는데 영혜빙이 영민하여 방관주가 여성임을 먼저 알고 평생지기(平生知己)가 되어 함께 지내기로 한다. 이후 형주 안찰사가 된 방관주는 우연히 낙성을 얻어 양자로 삼는다. 그리고 전쟁에 나아가 적에게 승리를 거두고 나라를 위기에서 구하는 등 혁혁한 공을 세우고 돌아와 부귀와 명예를 누리게 된다. 방관주가 마흔이 될 무렵, 도인이 나타나 그의 죽음을 예언하고 예언대로 병이 들어 죽음을 앞두게 되자 방관주는 자신이 여성임을 천자에게 밝히고 생을 마감한다.

1 작품의 내용 이해 ····· 답 ①

정답이 정답인 이유

① 어의는 병세가 위중한 승상의 건강을 돌보기 위해 천자가 보낸 사람이다. 그러나 어의가 승상의 병을 돌보는 과정에서 승상의 본색(승상이 본래 여성이라는 사실)을 알게 된다는 내용은 나와 있지 않다.

오답이 오답인 이유

② 천산도사가 승상의 관상을 보고 한 말 중에 '재주는 많으나', '재기가 넘치고', '말주변은 소진처럼 뛰어나고'는 승상의 재능을, '수명은 사십을 넘기지 못할 것이옵니다.'는 승상의 미래에 일어날 일을 헤아려 말한 것이다.

③ 승상이 천자에게 그동안 자신의 본색을 숨겨 온 사실을 아뢰면서 하는 말 가운데 '낙성도 신의 친아들이 아니라 하늘이 내려 주신 것을 신이 기른 것'이라는 내용이 나온다. 작품에서 낙성은 승상(방관주)의 아들로서 '(중략)' 이후 첫 문장의 '상서 내외는 망극하여 천지신명께 부친이 더 오래 살게 해 달라고 빌었다.'에 나오는 '상서'가 바로 낙성이다.

④ 승상이 그동안 천자에게 자신의 본색을 숨긴 사실을 말하였지만 천자는 '이는 짐이 어리석고 사리에 밝지 못한 탓'이라고 말하며 자신의 탓으로 돌리고, '짐은 마땅히 저버리지 아니하리라.'라고 말하며 승상을 벌하지 않았다.

⑤ 방관주(승상)는 '신과 영녀는 한낱 지기가 되어 다른 사람의 시비를 피한 지 오래되었사옵니다.'라고 말한다. 방관주는 자신이 소망하는 삶을 살기 위해 남성으로 살아야 했는데 영녀(영혜빙)가 방관주의 정체를 알고서도 이를 발설하지 않고 외관상 남녀 부부의 생활을 지속했던 것은 방관주가 생물학적 성에 대한 논란으로부터 해방되어 자신이 원하는 사회적 삶을 마음껏 살 수 있었던 중요한 배경이 된다. 그러한 점에서 영녀는 여성 영웅 방관주에게 중요한 조력자 중 하나라고 할 수 있다.

2 외적 준거에 따른 작품 감상 ····· 답 ①

정답이 정답인 이유

① [A]에서 '음양을 바꾸어'라는 말은 승상(방관주)이 본래 여성임에도 남장을 하고서 남성인 척하며 살아왔던 것을 뜻하는 것이다. 태을이 행한 농간은 천상계에서 남성이었던 문곡성을 별주어 지상계로 보낼 때 여성으로 태어나게 한 것을 가리킨다. 아울러 천상에서 여성이었던 상아성은 지상의 인간으로 태어날 때도 여성인 영혜빙으로 태어났으므로, '그 둘의 성별이 뒤바뀌게 된 사실을 뜻하는 것이겠군.'이라는 설명 역시 적절하지 않다.

오답이 오답인 이유

② [A]에서 '임금과 세상을 속였으니'라는 말은 승상이 본래 여성임에도 남장을 하고 남성으로서 살아온 것을 뜻한다. 승상이 남장을 하고 남성의 삶을 살아왔던 것은, 〈보기〉에 서술된 것처럼 승상이 본래 천상에서 남성인 문곡성이었던 사실과 관련이 있다.

③ [A]에서 '부부의 즐거움을 끊은 것이니'라는 말은 승상과 영녀(영혜빙)가 둘 다 여성으로서 형식적으로는 부부이지만 실제로는 지기(知己)로 지냈던 까닭에 남녀로 이루어진 일반적인 부부와는 달랐던 것을 뜻한다. 이는 천상계에서 남성이었던 문곡성과 여성이었던 상아성이 상제에게 벌을 받아 지상계의 인간으로 태어날 때 문곡성이 남성이 아닌 여성으로 태어난 것에서 비롯된 일이다.

④ [A]에서 '그 죄를 아는가?'라고 물을 때 '죄'는 '천궁에 있을 때 방자하게 호색'했던 죄인데, 〈보기〉에 따르면 천상에서 문곡성과

상아성이 부부간의 정이 너무 깊어 맡은 일을 전혀 돌보지 않았던 일을 가리킨다.
⑤ [A]에서 '옥제께서 옛 신하를 보고자 하시니'라는 말은 방관주가 지상의 삶을 다하고 천상의 문곡성으로 되돌아가게 되었다는 뜻이다. 천상의 문곡성이 지상에서 태어나 방관주로 살게 된 것은 상제가 내린 징벌의 결과이므로, 방관주가 다시 천상의 문곡성으로 되돌아가게 되는 것은 상제가 이제 그를 용서했다는 의미로 해석된다.

3 외적 준거에 따른 작품 감상 　　　　　답 ⑤

⑤ 다에서 '벽사창 굳게 닫고 침선만 잡고 앉아'라는 표현에는 규방에 갇혀 부자유한 삶을 살아야 하는 여성의 현실에 대한 여성 화자의 답답한 심정이 담겨 있다. 그러나 방관주가 죽음에 이르러 황제에게 자신의 정체를 밝힌 이유는 규방의 삶에 대한 답답한 심정을 드러내고자 해서가 아니라 천자를 속이는 일이 신하로서 옳지 않다는 공적인 판단이 있었기 때문이다.

① 가의 '인간 남자 되었던들 성현호걸 배우리라'라는 표현에는 남성이어야만 이룰 수 있는 배움에 대한 욕망이 담겨 있다. 이는 결국 남성으로서의 삶에 대한 욕망과 다르지 않으며, 작품 속 방관주가 자신의 본색을 감추고 남성으로 사는 인물로 형상화된 것은 당대 여성들의 그와 같은 욕망이 투영된 것이라 할 수 있다.
② 나의 '일인지하 만민상에 부귀영화 함도 할샤'라는 표현에는 출세를 통해 부귀공명을 이루는 것에 대한 여성의 바람이 투영되어 있다고 할 수 있다. '일인지하 만민상'은 '단 한 사람, 황제의 아래이고 다른 모든 사람의 위'라는 뜻으로 재상의 지위를 의미한다. 작품 속 방관주는 '출장입상(出將入相: 나가서는 장수가 되고 들어와서는 재상이 됨.)하여 만인지상이 될' 관상을 지닌 인물로 그려지고 있는데, 이러한 인물 형상에는 출세에 대한 당대 여성의 바람이 녹아들어 있다고 볼 수 있다.
③ 나의 '위로는 충효 돕고 아래로 만민치정'에 담겨 있는 당대 여성의 공적 성취에 대한 욕망은 작품 속 방관주가 한 나라의 승상으로서 천자의 인정을 받는 모습에 투영되어 있다고 할 수 있다.
④ 다에서 여성 화자는 '어찌하여 중문 밖을 일생을 못 보는고'라고 말하며 여성을 옭아매는 부자유한 현실에 대해 탄식하고 있다. 억압된 현실에서 벗어나 욕망하는 바를 자유롭게 실현해 나가는 여성 영웅 소설의 주인공을 통해 당대의 여성들은 대리 만족을 얻을 수 있었을 것이다.

4 외적 준거에 따른 작품 감상 　　　　　답 ④

④ 천자는 방관주의 키가 작고 수염이 없는 것을 이상하게 여기기는 했으나 방관주가 실토하기 전까지는 방관주가 여성임을 깨닫지 못했다. 그러므로 천자가 이상하게 여긴 일이 여성 영웅의 일대기 중 (아)에 해당한다는 설명은 적절하지 않다.

① 방관주는 영 공의 강요로 영녀와 부부의 인연을 맺는데 이는 여성 영웅의 일대기 중 (사)에 해당한다.
② 방관주는 어린 나이에 부모를 잃고 가문의 몰락을 걱정해야 하는 상황에 놓였는데 이는 여성 영웅의 일대기 중 (나)에 해당한다.
③ 방관주가 열두 살 때 천자가 널리 인재를 구한다는 소식을 듣고 구경을 나갔다가 천자의 성은을 입어 자신의 재능을 펼쳐 보일 기회를 얻은 것은 여성 영웅의 일대기 중 (마)에 해당한다.
⑤ 방관주가 뛰어난 용기와 지혜로 전장에서 싸움마다 승리를 거두었던 것은 여성 영웅의 일대기 중 (바)에 해당한다.

[5~8] 기술

단일벽 탄소 나노 튜브

해제 | 이 글은 탄소 나노 튜브(CNT)의 독특한 전기적 성질과 CNT를 전자 소자에 적용하였을 때의 장점을 설명하고 있다. 단일벽 CNT는 정육각형 벌집 모양의 흑연 면이 말리는 방법에 따라 지그재그형 단일벽 CNT, 암체어형 단일벽 CNT, 그리고 카이랄 단일벽 CNT로 나뉜다. 암체어형 단일벽 CNT는 도체의 성질을 갖고, 지그재그형 단일벽 CNT와 카이랄 단일벽 CNT는 반도체의 성질을 가지며, 직경에 따라 밴드 갭이 달라진다. 단일벽 CNT는 기존의 기술적 한계를 넘어서는 전자 소자 개발에 이용되고 있다. 특히 소자의 집적도를 높일 수 있고 발리스틱 전자 수송이 단일벽 CNT에서는 가능하므로 전계 효과 트랜지스터의 채널로 쓰일 수 있다.

주제 | 탄소 나노 튜브의 종류와 전자 소자로의 활용 가치

구성 |
- 1문단: 전기적 성질에 따른 물질의 분류와 탄소 나노 튜브
- 2문단: 말리는 방법에 따른 단일벽 CNT의 종류
- 3문단: 단일벽 CNT의 트랜지스터로의 활용 가치
- 4문단: 단일벽 CNT 기반 전자 소자 출현을 위해 해결해야 할 기술적 과제

5 중심 내용 파악 　　　　　답 ⑤

⑤ 반도체에 밴드 갭이 존재함을 언급하고 있을 뿐, 실리콘과 단일벽 CNT의 밴드 갭 크기의 비교는 이 글에 제시되어 있지 않다.

① 1문단에서 물질을 전기적 성질을 기준으로 도체, 반도체, 부도체로 분류함을 언급하였다.
② 3문단에서 이동도, 온－오프비와 같은 전계 효과 트랜지스터의 성능 지표가 언급되었다.
③ 3문단에서 전계 효과 트랜지스터는 게이트, 소스, 드레인 3개의 전극이 사용된다고 설명하였다.
④ 2문단에서 형성 방법, 즉 흑연 면이 말리는 형태에 따른 단일벽 CNT의 종류에 대해 설명하고 있다.

6 세부 내용 파악 　　　　　답 ④

④ 3문단에서 단일벽 CNT가 기존에 대부분의 전자 소자에 쓰이는 실리콘에 비해 고집적 트랜지스터 응용에서 큰 장점을 지닌다고 설명하고 있다. 실리콘으로는 채널을 작게 만드는 것이 매우 어려우며, 집적도를 높이기 위해 채널의 폭을 작게 만들수록 이동도가 떨어진다고 언급하고 있다.

오답이 오답인 이유

① 4문단에서 합성된 단일벽 CNT에서 도체와 반도체가 섞여 있다고 언급한 것은 단일벽 CNT를 소자로 만들 때의 문제이지 기존의 기술적 한계라고 할 수 없다.

② 4문단에서 원하는 곳에 단일벽 CNT를 위치시키는 기술이 개발되어야 함을 언급하고 있다. 이는 단일벽 CNT를 이용한 향후 개발 방향을 언급한 것이지 실리콘 반도체를 기반으로 한 기존 기술의 한계라 볼 수 없다.

③ 3문단에서 소자의 집적도를 높이기 위해 실리콘으로 작게 만들게 되면 전자의 이동도가 떨어짐을 설명하였고, 이를 극복하기 위해서는 발리스틱 전자 수송이 일어나는 물질을 사용해야 한다고 기술하였다. 따라서 발리스틱 전자 수송은 기존 기술의 문제점과 관련이 없다.

⑤ 1문단에서 실리콘은 전기적 성질로 구분될 때 반도체임을 언급하고 있다. 그리고 실리콘이 반도체와 부도체의 두 가지 성질을 보유한다는 것은 기존 기술적 한계와는 관계가 없는 진술이다.

7 구체적 사례 적용   답 ②

정답이 정답인 이유

② 2문단에서 반도체 CNT의 밴드 갭 크기는 튜브 직경이 작을수록 커진다고 하였다. A-CNT는 기준점과 $(4, 0)$ 지점과 만나서 만들어지고, B-CNT는 기준점과 $(6, 0)$과 만나서 만들어진다. A-CNT가 B-CNT보다 직경이 작으므로 밴드 갭이 더 크다.

오답이 오답인 이유

① A는 기준점 O에서 $4b_1$과 $0b_2$만큼 이동한 지점이므로 $(4, 0)$이다.
③ C-CNT는 카이랄 단일벽 CNT이다. 2문단에서 암체어형 단일벽 CNT를 제외한 CNT는 반도체의 성질을 갖는다고 했으므로 올바른 진술이다.
④ D는 $(3, 3)$이므로 2문단의 설명에 따라 D-CNT는 암체어형 단일벽 CNT이다.
⑤ D-CNT는 암체어형 단일벽 CNT이므로 도체이다.

8 생략된 내용 추론   답 ④

정답이 정답인 이유

④ 1문단에서 반도체는 온도가 올라갈수록 전기 전도도가 증가한다고 하였다. 〈보기〉의 전계 효과 트랜지스터에 쓰인 단일벽 CNT는 반도체 성질을 지니고 있어야 한다. 따라서 전류의 양은 온도가 올라갈수록 커져야 한다.

오답이 오답인 이유

① 3문단에서 소스와 드레인 사이에 흐르는 전류의 양은 게이트 전극에 가하는 전압에 따라 달라진다고 했다.

② 3문단에서 소스 전극과 드레인 전극 사이의 채널에서의 이동도가 증가하기 위해서는 전자가 이동하는 과정에서 산란이 작아야 한다고 했다.

③ 2문단에 설명된 바와 같이 암체어형 단일벽 CNT는 도체이다. 하지만 전계 효과 트랜지스터에는 실리콘처럼 반도체인 단일벽 CNT가 쓰여야 하므로 도체의 성질을 갖는 암체어형 CNT는 쓰일 수가 없다.

⑤ 3문단에서 게이트 전극은 소스 및 드레인과 전기적으로 절연되어 있다고 했다.

13강 미니모의고사   본문 63~67쪽

| 1 ② | 2 ⑤ | 3 ④ | 4 ⑤ |
| 5 ③ | 6 ⑤ | 7 ③ | 8 ⑤ |

[1~3] 극

작자 미상, 「통영 오광대」

해제 | 이 작품은 경상남도 통영에 전승되는 탈놀이로, 문둥탈, 풍자탈(말뚝이탈), 영노탈, 농창탈(제자각시탈), 포수탈 등의 다섯 과장으로 구성된다. 이 글은 둘째 과장으로, 말뚝이와 양반들의 재담으로 구성되어 있는데, 서민을 대표하는 말뚝이가 양반을 풍자하고 조롱하는 내용이 다른 탈놀이에 비해 더 직접적이고 신랄하다. 말뚝이는 교묘한 말장난으로 양반의 권위를 추락시켜 평민 관객의 웃음을 유발하는데, 이는 조선 후기 문란했던 양반 사회에 대한 비판 의식을 반영한 것이라 할 수 있다. 제시된 지문은 장재봉과 오정두가 구술한 내용을 이두현이 기록한 것이다.

주제 | 양반들의 허위의식에 대한 풍자와 조롱

구성 |

- 발단: 말뚝이를 부르는 원양반
- 전개: 말뚝이의 문안 인사와 양반들의 풍류 자랑
- 전환: 양반들과 말뚝이의 근본에 대한 설명
- 결말: 말뚝이에게 용서를 비는 양반들

1 연극 연출의 방법과 효과 추리   답 ②

정답이 정답인 이유

나. ㉠을 하며 인물들이 등장하는데, 이는 새로운 과장(장면)의 시작을 알리는 역할을 한다. ㉣을 하며 인물들이 퇴장하는데, 이는 과장(장면)이 끝났음을 알리는 역할을 한다.

다. ㉡은 심란하여 잠을 이루지 못하는 처지에 놓인 원양반이 이를 잠시나마 잊기 위해 다른 인물들에게 함께하자고 제안하여 이루어진 행위이다. ㉢은 봄을 맞이하여 흥취를 느끼는 원양반이 함께 하자고 제안하여 이루어진 행위이다.

가. ⓐ에서는 각 인물들이 자신의 특징을 보여 주는 춤을 추며 등장할 것임을 추측할 수 있다. 그러나 ⓒ은 흥에 취한 인물들의 태도를 드러낼 뿐, 공간의 특징을 드러내고 있지는 않다.

라. ⓑ은 심란한 마음을 달래기 위한 춤으로, 인물 간의 갈등을 유발하고 있지 않다. ⓓ은 인물 간의 갈등이 해소된 상태에서 추는 춤이다.

2 대사의 특성 이해   답 ⑤

⑤ [A]에서 말뚝이는 첫째 양반, 둘째 양반, 셋째 양반 등 각 양반들의 가문의 내력이 천하다는 점을 열거의 방식으로 제시하고 있다. 상대의 부정적 면모를 제시하여 그들에 대한 비판 의식을 드러내고 있는 것이다. [B]에서 말뚝이는 '~ 어떠하뇨'의 방식으로 선대조, 할아버지, 아버지 등 자기 조상이 높은 관직을 지냈음을 제시하고 있는데, 이는 자신의 긍정적 면모를 제시하고 상대에 비해 자신이 우월한 존재임을 드러내고 있는 것이다.

① [A]에서는 양반에 대한 비판 의식을 강조하고 있지만, 직유의 방식을 사용하지 않았다. [B]에서는 자신의 우월감을 드러낼 뿐, 양반들에 대한 연민 의식을 드러내고 있지는 않다.

② [A]에서는 양반을 조롱하는 어투를 사용하고 있지만 반어적 표현은 사용하지 않았다. [B]에서 말뚝이가 자신과 양반들 사이의 이질감을 드러내기는 했지만 역설적 표현을 사용하지는 않았다.

③ [A]에서는 고사를 사용하지도 않았고, 양반의 동정심을 자아내게 하려 하지도 않았다. [B]에서는 자기 가문을 자랑할 뿐 관용 어구를 활용하여 양반에게 수치심을 느끼게 하지는 않았다.

④ [A]에서는 '~ 자랑하냐'처럼 설의적 표현을 사용하여 양반의 근본이 좋지 못함을 드러낼 뿐, 양반의 무능함을 폭로하고 있지는 않다. [B]에서도 '~ 어떠하뇨'처럼 설의적 표현을 사용하였는데 이를 통해 자기 가문이 좋음을 드러낼 뿐 자신의 유능함을 드러내려 하지는 않았다.

3 외적 준거에 따른 작품 감상   답 ④

④ '연당 못에 물뱀 새끼 모이듯이 촌 골목에 도야지 새끼 모이듯이'는 양반을 물뱀 새끼와 돼지 새끼에 빗대어 표현한 것으로, 떼를 지어 자신을 부르는 양반을 비하하려는 의도가 담겨 있다. 이 말에는 약자에게 횡포를 가하는 양반들의 허위의식을 폭로하려는 의도가 담겨 있지는 않다.

① '양유천만사는 각유춘풍을 자랑하고'와 '별유천지는 비인간이로구나.'에는 한자어가 빈번하게 나오는데, 이처럼 서민을 대표하는 말뚝이가 양반의 언어를 능숙하게 사용하는 설정에는 서민이 양반에게 함부로 무시당할 존재가 아님을 알리려는 의도가 담겨 있다.

② '만약 문안을 잘못 받으면 양반놈들 혀를 쑥 빼리로다.'에는 '양반놈'이라는 비속어와 '혀를 쑥 빼리로다'라는 과장된 표현이 사용되고 있는데, 여기에는 지배층을 조롱하고 싶어 하는 서민의 심리를 반영하려는 의도가 담겨 있다.

③ '일등 미색 고운 태도 양반 눈앞에 보이니 양반의 마음이 흔들흔들'한다는 원양반의 말에는 당대 양반들이 예법이나 체면을 경시하고 있음을 폭로하려는 의도가 담겨 있다.

⑤ '박 생원님 여보소, 들어 보시오. 황공하고 무리하여 살려 주오'는 말뚝이가 권세 있는 가문 출신이라고 말하자 양반들이 갑자기 낮은 자세로 말하는 것으로, 힘없는 이들에게 강하고, 힘 있는 이들에게 비굴한 양반들의 부정적 행태를 보여 주려는 의도가 담겨 있다.

[4~8] 기술

가 로켓 엔진의 종류와 특성

해제 | 이 글은 로켓 엔진의 일반적 특징에 대해 소개하고, 추진제의 종류에 따라 로켓 엔진을 액체 로켓 엔진과 고체 로켓 엔진으로 구분하여 각 엔진의 장단점과 연소 과정을 설명하고 있다. 액체 로켓 엔진은 구조가 복잡하고 제작 비용이 많이 들지만, 추진제가 내는 추력이 높고 발사 뒤에도 점화와 소화를 반복하며 추력을 제어할 수 있다는 장점이 있다. 한편, 고체 로켓 엔진은 구조가 간단하고 무게가 가벼우나 추력을 제어하기가 어려우며, 점화 후 연소 속도 조절도 불가능하다.

주제 | 액체 로켓 엔진과 고체 로켓 엔진의 특징

구성 |
- 1문단: 로켓 엔진의 일반적 특징
- 2문단: 액체 로켓 엔진과 고체 로켓 엔진의 장단점
- 3문단: 액체 로켓 엔진과 고체 로켓 엔진의 연소 과정

나 우주선 발사체를 이동하기 위한 중력 추진

해제 | 이 글은 우주선 발사체의 우주 임무 수행을 위한 기존의 이동 방법이 가진 한계를 제시하고, 이에 대한 해결책으로 미국의 수학자 마이클 미노비치가 제시한 '중력 추진'에 대해 설명하고 있다. 미노비치는 우주선 발사체가 근접 비행으로 행성 부근을 통과하면 발사체의 운동 에너지가 행성 부근을 통과하기 전과 같을 수도 있고, 다를 수도 있다는 것을 발견했다. 그는 이러한 현상을 이용하면 우주선 발사체가 연쇄적으로 행성과의 근접 비행을 통해 우주선 발사체의 속도와 방향을 변화시킬 수 있다고 생각했으며 이를 중력 추진이라 불렀다. 중력 추진의 방법을 통해 외행성까지 우주선 발사체를 빠르게 보낼 수 있고 태양계 바깥까지 멀리 보낼 수 있게 되었다.

주제 | 중력 추진을 통한 우주선 발사체 이동 방법

구성 |
- 1문단: 우주선 발사체를 이동하기 위한 기존 방법의 한계
- 2문단: 미노비치가 발견한 중력 추진
- 3문단: 중력 추진의 기본 원리
- 4문단: 중력 추진을 활용한 우주선 발사체 이동의 의의

4 글의 구조와 전개 방식   답 ⑤

⑤ (나)는 중력 추진의 개념을 제시한 후 이에 대한 이해를 돕기 위해 우주선 발사체가 행성 부근을 통과하는 상황을 가정하여 설명하

고 있다. (가)는 추진제에 대한 개념을 제시하고, 추진제의 종류에 따라 로켓 엔진을 액체 로켓 엔진과 고체 로켓 엔진으로 나누어 그 특성을 설명하고 있다. 하지만 (가)와 (나)는 모두 화제와 관련된 주요 개념의 이해를 돕기 위한 실제 사례를 제시하고 있지는 않다.

①, ② (가)는 로켓이 우주 공간에서 비행하는 데 필요한 엔진의 구조와 특징에 대해 설명하고 있다. (나)는 로켓이 지구 궤도 밖 외행성까지 비행하는 데 필요한 추력을 얻기 위한 중력 추진의 원리에 대해 설명하고 있다.

③ (가)는 액체 로켓 엔진과 고체 로켓 엔진을 비교하여 각 엔진의 장단점을 설명하고 있다. 또한 액체 로켓 엔진과 고체 로켓 엔진 모두 추진제 연소로 발생한 가스를 노즐을 통해 배출하여 추력을 일으킨다는 공통점을 밝히고 있다.

④ (나)는 미노비치의 중력 추진의 원리를 인용하여 로켓의 기존 이동 방법이 지니고 있었던 문제의 대안에 대해 설명하고 있다.

5 세부 내용 파악

답 ③

③ ⓛ의 추력은 추진제 중앙에 형성된 빈 공간의 표면 형상에 의해서 결정되는데, 추진제의 표면 형상이 추력에 큰 영향을 미친다는 것을 알 수 있다. ⓚ은 추진제가 연소실에서 가스 형태로 뿜어져 연소가 일어나므로, ⓚ의 추력은 추진제의 표면 형상에 의해서 영향을 받는 것은 아니다.

① 추진제의 특성으로 인해 발사체의 무게를 가볍게 할 수 있는 것은 ⓛ이다. 고체 추진제는 연료와 산화제를 혼합하여 굳힌 것으로, 고체 추진제는 산화제를 담기 위한 별도의 탱크와 추진제를 이동하기 위한 장치가 없어도 되기 때문에 발사체의 무게를 가볍게 할 수 있다.

② ⓚ은 같은 질량 대비 추진제가 내는 추력의 효율이 더 높다. 그리고 점화 후 연소 속도의 조절이 어려운 것은 ⓛ이다.

④ 제작에 많은 부품이 사용되기 때문에 비용이 많이 드는 것은 ⓚ이다.

⑤ 발사 뒤에도 점화와 소화를 반복하며 추력을 제어하기가 용이한 것은 ⓚ이다.

6 구체적 사례 적용

답 ⑤

⑤ (가)의 3문단에서 고체 로켓 엔진은 액체 로켓 엔진과 마찬가지로 추진제를 연소하여 만들어 낸 가스를 분출하여 추력을 얻는다고 하였다. 연소실에서 만들어 낸 가스를 일정한 압력으로 압축하여 노즐을 빠져나갈 수 있게 조절한다는 것은 로켓 엔진의 추력을 일정하게 조절한다는 의미로 볼 수 있다. 하지만 (가)의 2문단에서 고체 로켓 엔진의 고체 추진제는 일단 제작이 되고 나면 형상을 조절하기가 어렵기 때문에 추력을 제어할 수 없다고 하였다. 또한 (가)

의 3문단에서 고체 로켓 엔진의 연소실 내부의 압력은 계속 변화한다고 하였다.

① (가)의 3문단에서 높은 압력으로 ㉮로 보내진 추진제는 ㉮ 내부의 수많은 분무공을 통해 물줄기 형태 또는 가스 형태로 뿜어지고, 이 가스는 서로 부딪치고 부서져 안개처럼 변하면서 연소가 활발하게 일어난다고 하였다.

② (가)의 2문단에서 액체 로켓 엔진은 추진제를 ㉮로 보내기 위한 펌프, 밸브 및 파이프 등의 많은 부품이 필요하다고 하였다.

③ (가)의 1문단에서 우주 공간에는 공기가 없기 때문에 연료와 산화제를 함께 연소시켜야 추력을 얻을 수 있다고 하였다. ㉮의 내부에서는 연료와 산화제가 함께 연소되어 가스를 생성하게 되고, 이 가스를 노즐로 내보내 추력을 얻게 된다.

④ (가)의 3문단에서 고체 추진제의 점화는 추진제 중앙의 비어 있는 내부 표면에서 시작되고 연소가 진행됨에 따라 추진제의 연소면이 추진제의 내부로 파고들면서 추진제가 차지하지 않는 연소실 내부의 공간이 점점 넓어진다고 하였다.

7 세부 내용 파악

답 ③

③ (나)의 2문단에서 우주선 발사체가 행성에 접근하기 전의 운동 에너지와 근접 비행 후의 운동 에너지는 좌표계에 따라 다르게 보일 수 있는데, 행성을 기준으로 한 좌표계에서는 우주선 발사체의 운동 에너지는 변화가 없고 운동의 방향만 바뀐다고 하였다. 하지만 태양을 기준으로 한 좌표계에서 본 우주선 발사체의 운동 에너지는 달라질 수밖에 없다고 하였다.

① (나)의 1문단에서 로켓의 힘으로 중력을 이기려고만 하는 방법으로 달성이 가능한 우주 임무는 지구 궤도 안쪽으로는 금성, 지구 궤도 밖으로는 목성까지로 제한될 수밖에 없었다고 하였다.

② (나)의 3문단에서 우주선 발사체가 한 행성으로 접근하게 되면 우주선 발사체에 미치는 행성의 중력이 태양의 중력보다 큰 공간이 존재한다고 하였다.

④ (나)의 2문단에서 미노비치는 중력 추진을 이용하면 우주선 발사체가 연쇄적으로 행성과의 근접 비행을 통해 우주선 발사체의 속도와 방향을 변화시킬 수 있다고 생각했다고 하였다.

⑤ (나)의 3문단에서 우주선 발사체가 어느 행성의 중력장 안으로 진입하면 우주선 발사체는 행성의 중심을 초점으로 하는 쌍곡선을 따라 이동하면서 행성의 중력장을 탈출하여 다시 태양의 중력장 안으로 들어오게 된다고 하였다.

8 중심 내용 파악

답 ⑤

⑤ (나)의 3문단에서 발사체가 행성의 중력장을 탈출하여 다시 태양의 중력장 안으로 들어오게 되면, 행성에 대한 우주선 발사체의 속

도의 크기는 행성의 중력장에 진입할 때와 같고 방향만 바뀌어 행성에 대한 우주선 발사체의 에너지는 보존된다고 하였다.

오답이 오답인 이유

① Ⓐ는 탐사선이 어느 행성의 중력장 안으로 진입하는 지점이고, Ⓑ는 행성의 중력장을 탈출하여 다시 태양의 중력장 안으로 진입하는 지점이다. (나)의 3문단에서 행성에 대한 우주선 발사체의 속도의 크기는 진입할 때와 같다고 하였다.

② (나)의 3문단에서 태양계의 각 행성은 각자의 중력장을 가지며 모든 행성과 위성의 중력장을 제외한 나머지 공간은 태양의 중력장이라고 하였다. Ⓑ는 행성의 중력장을 탈출하여 다시 태양의 중력장 안으로 진입하는 지점이므로 Ⓐ와 Ⓑ 사이를 벗어난 탐사선은 태양의 중력에 의한 영향을 받게 된다.

③ (나)의 3문단에서 태양에 대한 우주선 발사체의 속도는 태양의 중력장을 탈출할 때와 진입 후에 방향뿐만 아니라 그 크기도 달라진다고 하였다.

④ (나)의 3문단에서 우주선 발사체가 행성의 중력장 안에 있는 동안 우주선 발사체가 행성에 이끌려 운동하므로 태양에 대한 우주선 발사체의 속도는 행성에 대한 우주선 발사체의 속도에 행성의 공전 속도가 더해진다고 하였다.

14회 미니모의고사

본문 68~72쪽

1	⑤	2	③	3	③	4	⑤
5	④	6	③	7	①	8	⑤

[1~4] 수필

개 채수, 「석가산폭포기」

해제 | 이 글은 조선 시대의 문신인 채수가 지은 수필로, 글쓴이가 인공으로 돌산과 폭포를 만들게 된 과정과 그 즐거움을 기록한 글이다. 글쓴이는 비록 자신이 만든 석가산이 진짜 자연은 아니지만 어느 절경보다 뛰어난 경치를 자랑한다는 점에서 자신이 만든 석가산에 대한 자부심을 드러내고 있다. 이어서 세상은 진짜와 가짜를 구별하기 어렵다는 점에서 이 둘을 구별하는 것은 의미가 없다고 말한 후 거기에서 느끼는 즐거움과 자족감이 무엇보다 중요하다고 말하고 있다. 이러한 글쓴이의 생각은 독자에게 아름다움을 감상하는 즐거움이 어떤 것인지에 대해 생각해 보게 한다.

주제 | 석가산을 만들게 된 경위와 석가산의 아름다움을 맛보는 삶의 즐거움

구성 |

- 처음: 산수를 찾아 경치를 즐기는 것을 좋아하였으나 연로하여 산수화로 경치 구경을 대신함.
- 중간 1: 남산의 별장에 석가산을 만듦.
- 중간 2: 석가산의 위용과 아름다움
- 끝: 석가산의 아름다움을 맛보는 삶의 즐거움

내 김훈, 「꽃 피는 해안선」

해제 | 이 글은 글쓴이가 자전거로 전국을 여행하며 보고 듣고 느낀 점을 서술한 기행 수필이다. 이 글에서 글쓴이는 봄날 자전거 여행을 하며 관찰한 꽃들

의 개화와 낙화 과정을 통해 삶에 대한 성찰과 깨달음을 전달하고 있다. 참신한 비유와 짧은 문장을 활용하여 꽃들의 개화와 낙화 과정을 글쓴이의 시각에서 감각적으로 전달하고 있다.

주제 | 자전거 여행을 하며 본 꽃들의 개화와 낙화 과정 및 이를 통해 얻은 삶에 대한 깨달음

구성 |

- 처음: 월동 장구를 버리고 봄날을 맞아 자전거 여행을 준비함.
- 중간: 자전거 여행을 하며 동백꽃, 매화, 산수유, 목련의 개화와 낙화 과정을 바라봄.
- 끝: 꽃들의 개화와 낙화를 통해 봄이라는 계절의 의미와 삶의 시간에 대해 생각함.

1 작품의 종합적 이해와 감상

답 ⑤

정답이 정답인 이유

⑤ [A]에서는 계절의 변화에 따라 꽃들이 피었다는 점을 언급하고 있다는 점에서 대상이 변하는 모습을 시간의 흐름에 따라 제시하고 있다고 볼 수 있다. [B]에서는 돌산도 향일암 앞바다, 돌산도 율림리 정미자 씨 집 마당, 선암사 뒷산 등 공간의 이동에 따라 개화하고 낙화하는 동백과 매화, 산수유의 모습을 소개하고 있다. 또한 [C]에서는 봄이 되어 피었던 매화 꽃잎이 바다에 떨어지는 모습을 제시한다는 점에서 시간의 흐름에 따른 대상의 모습을 제시하고 있다고 볼 수 있다. 그러나 공간의 변화가 대상의 모습에 미친 영향을 제시하고 있지는 않다.

오답이 오답인 이유

① [A]에서 글쓴이는 겨울에는 봄의 길들을 떠올릴 수 없었고, 봄에는 겨울의 길들이 믿어지지 않기에 모든 길은 처음부터 다시 가야 할 새로운 길이라는 점을 이유로, 겨우내 끌고 다니던 월동 장구를 모두 다 버리게 되었음을 밝히고 있다.

② [B]에서 글쓴이는 자전거를 타면서 바라본 돌산도 향일암 앞바다의 동백꽃, 돌산도 율림리 정미자 씨 집 마당의 매화, 선암사 뒷산의 산수유의 개화와 낙화 과정을 소개하고 있다.

③ [C]에서 글쓴이는 봄 바다로 매화가 떨어지는 모습을 바라보며 사람의 생명 속을 흐르는 시간의 풍경과 봄 바다 위의 시간의 빛들에 대해 생각하고 있다.

④ [B]에서 동백과 매화, 산수유, 목련의 개화와 낙화를 바라본 글쓴이는 [C]에서 봄은 숨어 있던 운명의 모습들을 가차 없이 드러내 보인다고 말하고 있다. 그리고 '봄'에 대한 자신의 생각을 사람들의 모습과 연관 지으며 '봄에 몸이 마르는 슬픔'이라는 '춘수'의 의미를 제시하고 있다.

2 서술상의 특징 파악

답 ③

정답이 정답인 이유

③ ⓒ에서는 '없고', '없으며', '없다'와 같이 '없다'라는 말을 서술어로 사용하며 글쓴이가 담박함을 즐기는 이유를 제시하고 있다. 그러나 석가산을 담박한 곳에 만든 이유를 ⓒ에서 확인할 수는 없다.

① ㉠에서는 '못을 파고', '물을 담아', '연꽃을 심고', '괴석을 가져 다', '가산을 만들고는', 여러 나무를 심은 행위들을 연속적으로 제 시하며 석가산을 만드는 과정과 석가산을 이루는 구성 요소들을 소 개하고 있다.

② ㉡에서는 '작은 것'과 '큰 것', '쉬운 것'과 '어려운 것'이라는 대 조적 의미를 지닌 어휘를 사용하여 석가산에 대한 글쓴이의 생각을 나타내고 있다.

④ ㉣에서는 '열렸다'라는 피동 표현으로 글쓴이의 신체 변화를 나 타내며 자전거를 타면서 느끼는 봄날의 바람과 조응하는 글쓴이의 모습을 드러내고 있다.

⑤ ㉤에서 글쓴이는 느리고 무거운 목련꽃의 죽음을 '펄썩'이라는 음성 상징어를 통해 제시함으로써 무게감 있게 떨어지는 목련꽃의 모습을 생동감 있게 나타내고 있다.

3 배경 및 소재의 기능 파악   답 ③

③ (가)의 글쓴이는 '샘물(ⓐ)'의 물맛이 좋고 시원해 마루 앞에 못을 파서 그 물을 가둔 뒤 석가산을 만들었다고 밝히고 있다. 따라서 ⓐ 는 글쓴이가 석가산이 있는 연못을 만드는 계기가 되는 대상이라 할 수 있다. (나)의 글쓴이는 '향일암 앞바다(ⓑ)'에 떨어지는 매화 꽃잎을 바라보며 사람의 생명 속에 흐르는 시간과 봄이 되어 마음 이 부대끼는 사람들에 대해 사색하고 있다. 따라서 ⓑ는 글쓴이가 낙화하는 꽃들을 바라보며 봄이라는 계절의 의미를 탐색하는 장소 라고 할 수 있다.

① ⓐ는 글쓴이에게 미각과 시각, 청각적 즐거움을 제공하는 대상 이라 할 수 있다. 그러나 글쓴이는 ⓑ에서 떨어지는 꽃들을 바라보 며 봄의 의미와 봄에 몸이 마르는 슬픔인 '춘수'에 대해 생각하고 있 을 뿐, 꽃들로 인해 슬퍼하고 있지는 않다.

② ⓐ는 남산에 있는 글쓴이의 별장에 있을 뿐, 글쓴이가 남산에 있 는 별장으로 거처를 옮겨야 하는 원인과는 관련이 없다. ⓑ는 글쓴 이가 자전거를 타며 마주한 장소일 뿐, 글쓴이가 다시 자전거를 타 기로 마음을 먹는 장소와는 관련이 없다. 글쓴이는 봄이 왔기에 다 시 자전거를 타기로 결심했다.

④ ⓐ는 다른 사람들이 만든 것과 비교했을 때 글쓴이 자신이 만든 석가산이 빼어나다고 생각하는 이유가 된다는 점에서 글쓴이가 만 든 석가산과 다른 이들이 만든 석가산에 차별성을 부여하는 대상이 라 할 수 있다. 그러나 ⓑ는 글쓴이가 봄의 의미와 봄에 몸이 마르 는 슬픔인 '춘수'에 대해 생각하는 장소일 뿐, 낙화하는 꽃들의 차 이점을 발견하는 장소와는 관련이 없다.

⑤ ⓐ를 즐기는 글쓴이의 취미를 세상의 호걸들이 비웃는다는 점에 서 ⓐ는 글쓴이의 취미가 지닌 멋스러움을 다른 이들이 확인하는 대상이라 볼 수 없다. ⓑ에서 글쓴이는 봄의 의미와 봄에 몸이 마르

는 슬픔인 '춘수'에 대해 생각하고 있을 뿐, 낙화하는 꽃들의 아름 다움을 다른 이들에게 소개하고 있지는 않다.

4 외적 준거에 따른 작품 감상   답 ⑤

⑤ (나)의 글쓴이는 산수유의 개화를 '파스텔처럼 산야에 번져 있' 는 것으로, 산수유의 낙화를 '지우개'로 자신을 지우는 행위에 비유 하고 있는데, 이는 개화하고 낙화하는 산수유에 대한 글쓴이의 참 신한 시각을 암시적 묘사를 통해 드러낸 것에 해당한다. 그러나 이 러한 암시적 묘사는 산수유가 개화하고 낙화하는 모습과 관련이 있 을 뿐, 산수유가 위치한 공간인 선암사 뒷산의 분위기를 전달하는 것과는 관련이 없다.

① (가)의 글쓴이는 '이 못은 둘레가 겨우 ~ 나무는 네댓 치이다.'와 같이 자신이 만든 석가산이 위치한 못과 석가산의 모습을 설명적 묘사의 방법으로 제시하고 있는데, 이를 통해 독자들은 글쓴이가 만든 석가산을 직접 보지 못하더라도 석가산의 규모를 짐작할 수 있다.

② (가)의 글쓴이는 고요한 밤, 잠이 오지 않을 때 듣는 석가산의 샘 물이 떨어지는 소리가 공후나 축을 연주하는 맑은 소리 같아서 귀 를 즐겁게 한다고 말하고 있는데, 이는 석가산과 함께하는 삶에 대 한 글쓴이의 만족감을 드러내는 것에 해당한다.

③ (나)의 글쓴이는 동백이 한 송이의 개별자로서 제각기 피어나 절 정의 순간에 '백제'가 무너지듯이, '눈물처럼 후드득' 떨어진다고 말하고 있는데, 이는 절정의 순간에 낙화하는 동백에 대한 글쓴이 의 참신한 시각을 드러낸 표현에 해당한다.

④ (나)의 글쓴이는 돌산도 율림리 정미자 씨 집 마당에 피어나 군 집을 이룬 매화를 '꽃구름'에 비유하고 있는데, 이는 매화 숲 전체 의 포괄적인 모습을 드러낸 것에 해당한다. 또한 글쓴이는 꽃잎 하 나하나로 낙화하는 매화를 '꽃보라'에 비유하고 있는데, 이는 매화 숲을 이루는 매화의 낙화 모습을 전달하는 것에 해당한다.

[5~8] 기술

형질 전환을 이용한 유전자 변형 작물(GMO) 육종 기술

해제 | 이 글은 식물이 지닌 유전자를 변형하여 새로운 품종을 육성하는 기술 을 형질 전환의 과정에 따라 단계적으로 설명하고 있다. 첫 번째 단계는 외래 유용 유전자를 발굴하여 복제하는 단계이다. 두 번째 단계는 아그로박테리아 의 플라스미드를 이용하여 재조합 운반체를 만드는 단계이다. 외래 유용 유전 자를 아그로박테리아의 플라스미드에 삽입하여 재조합 운반체를 만든다. 세 번째 단계는 외래 유용 유전자가 결합된 재조합 운반체를 식물의 유전체에 이 식하여 외래 유용 유전자를 발현시키는 단계이다. 네 번째 단계는 외래 유전자 를 도입한 식물 세포를 증식하고 완전한 식물체로 재분화시킨 후 형질 전환된 식물을 선발하는 단계이다. 이렇게 얻어진 형질 전환 식물은 안정성 검정을 거 쳐 품종화가 이루어진다.

주제 | 유전자 변형 작물 육성을 위한 형질 전환의 과정

5 세부 내용 파악   답 ④

정답이 정답인 이유

④ 4문단의 내용에 따르면, 옥신과 시토키닌은 아그로박테리아가 아니라 숙주 식물에 의해 생산된다. 아그로박테리아는 옥신과 시토키닌을 생산하는 유전자를 숙주 식물에 이식한다.

오답이 오답인 이유

① 3, 4문단의 내용에 따르면, 아그로박테리아는 식물체에 근두암종을 일으키는 토양성 세균이다.

② 3문단의 내용에 따르면, 식물 세포의 DNA 구조가 선형의 이중 나선 구조로 이루어진 것과 달리 플라스미드의 DNA 구조는 원형의 이중 나선 구조로 이루어져 있다.

③ 4문단의 내용에 따르면, 아그로박테리아는 숙주 식물에 옥토파인을 만드는 유전자를 이식하는데, 옥토파인은 아그로박테리아의 생존에 필요한 질소를 공급하는 양분으로 이용된다.

⑤ 4문단의 내용에 따르면, 아그로박테리아의 플라스미드에 작물이 가지고 있는 이병성 유전자와 전사 방향이 반대인 유전자를 삽입하여 식물 세포에 이식하면 이병성 유전자의 발현을 억제하여 발병을 막을 수 있다.

6 구체적 사례 적용   답 ③

정답이 정답인 이유

③ 4문단을 통해, 아그로박테리아는 원래 옥신, 시토키닌, 옥토파인 등을 만드는 유전자를 식물에 이식하여 식물의 줄기 혹은 뿌리에 근두암종을 만드는데, 아그로박테리아를 이용한 식물 육종 기술에서는 이 유전자 대신 외래 유용 유전자를 플라스미드에 삽입한다는 것을 확인할 수 있다. 따라서 〈보기〉의 신품종 개발 과정에서 옥신을 만드는 유전자는 식물의 유전체에 이식되지 않는다.

오답이 오답인 이유

① 형질 전환의 첫 번째 단계는 제한 효소를 활용하여 외래 식물체의 DNA에서 필요한 DNA 조각을 절단하는 단계이다.

② 형질 전환의 두 번째 단계는 플라스미드의 T-DNA에서 옥신이나 시토키닌 등을 만드는 유전자를 제한 효소를 사용하여 절단한 후 외래 유용 유전자를 DNA 연결 효소를 사용하여 결합시키는 과정이다.

④ 형질 전환의 네 번째 단계는 외래 유용 유전자가 이식된 식물 세포를 선발 배지에서 선발한 후 재분화 배지에서 선발된 세포를 재

분화시켜 완전한 식물체로 육성하는 단계이다.

⑤ 형질 전환이 이루어진 이후 농업적인 성능 및 효용성, 안정성 검정을 거쳐 상품화를 위한 개체가 선발된다. 선발된 개체는 정밀한 안정성 검사와 품종화가 이루어지고 종자가 증식된다.

7 구체적 사례 적용   답 ①

정답이 정답인 이유

① 외래 유용 유전자와 함께 항생제 저항성 유전자도 식물체에 이식 가능하다는 점에서 ㉠도 두 종류 이상의 외래 유전자를 식물체에 이식할 수 있다는 것을 알 수 있다.

오답이 오답인 이유

② ⓐ는 외래 유전자를 텅스텐이나 금 분말 등의 미세한 금속으로 코팅하여 유전자 총으로 식물 세포에 직접 주입하므로, 유전자 운반체를 재조합할 필요가 없다.

③ ⓑ는 바이러스의 특성상 감염에 의해 성숙한 식물체의 대부분의 세포로 새로운 유전자를 도입할 수 있다. 반면 ㉠은 유전자 도입 이후 재분화 과정을 거쳐야 하므로, 성숙한 식물체에 외래 유전자를 바로 도입할 수 없다.

④ ㉠은 아그로박테리아의 플라스미드를, ⓑ는 바이러스를 유전자 운반체로 이용하여 식물의 형질을 전환시킨다.

⑤ ㉠은 재조합 운반체가, ⓐ는 금속 코팅된 유전자가 식물 세포에 삽입된 후 세포가 재분화되는 식물 조직 배양 과정을 거쳐 형질이 전환된 식물을 얻을 수 있다. 반면 ⓑ는 식물체의 바이러스 감염에 의해 유전자 도입 및 발현이 이루어지므로, 식물 조직 배양 단계를 거치지 않는다.

8 생략된 내용 추론   답 ⑤

정답이 정답인 이유

⑤ 아그로박테리아에 감염됨으로써 외래 유용 유전자는 식물의 유전체에 이식된다. 따라서 아그로박테리아가 생존하지 못하더라도 감염을 통해 목표한 형질로의 전환은 이루어진다.

오답이 오답인 이유

① 선발 배지에 항생제가 충분히 함유되지 않은 경우 항생제 저항성 유전자를 지니지 않은 세포가 살아남을 수 있고, 이런 경우에는 목표한 형질로 전환되지 않는다.

② 항생제 저항성 유전자는 발현된 반면 외래 유용 유전자는 발현되지 않은 경우에는 목표한 형질로 전환되지 않는다.

③ 항생제 저항성 유전자를 포함하지 않은 세포가 선발 배지에서 사멸하지 않는 경우 외래 유용 유전자를 포함하고 있지 않기 때문에 목표한 형질로 전환되지 않는다.

④ 외래 유용 유전자와 전사 방향이 반대인 유전자를 동시에 이식하면 외래 유용 유전자의 발현이 억제되어 목표한 형질로 전환되지 않는다.